论语日新

赖志明 ◎ 著

九州出版社
JIUZHOUPRESS

图书在版编目（CIP）数据

论语日新 / 赖志明著 . -- 北京：九州出版社，
2025.2. -- ISBN 978-7-5225-3539-5

Ⅰ . B222.25

中国国家版本馆 CIP 数据核字第 20250GN055 号

论语日新

作　　者　赖志明　著
责任编辑　习　欣
出版发行　九州出版社
地　　址　北京市西城区阜外大街甲 35 号（100037）
发行电话　（010）68992190/3/5/6
网　　址　www. jiuzhoupress. com
印　　刷　唐山才智印刷有限公司
开　　本　710 毫米×1000 毫米　16 开
印　　张　16
字　　数　270 千字
版　　次　2025 年 4 月第 1 版
印　　次　2025 年 4 月第 1 次印刷
书　　号　ISBN 978-7-5225-3539-5
定　　价　78.00 元

目　录
CONTENTS

导　言

　　联合国教科文组织曾经评出了世界十大文化名人，他们是：孔子、柏拉图、亚里士多德、哥白尼、牛顿、达尔文、培根、阿奎那、伏尔泰、康德。这十个人里面，孔子被放在第一位。孔子凭什么能被联合国教科文组织评为十大文化名人之首呢？这个评价产生的时间离我们不太久远，但是孔子离我们已经很久远了。不论是对于古人还是对于今人，评价终究是立场的产物，比评价更为实在的，乃是理解。评价孔子，不如先走进孔子。

一、孔子及其《论语》

　　孔子，子姓，孔氏，名丘，字仲尼。我们现在姓和氏是合一的，姓李也就意味着李氏。孔子的姓和氏何以有分别呢？在春秋之前，姓和氏是分开的，姓代表着一个大家族，整个家族的人都同一个姓，但这个家族到后来会分化，姓也就会有它的分支，各个分支就对应有不同的氏。孔子是子姓这个族群里面的一个孔氏分支的成员。春秋战国以后，姓和氏才开始合一起来。孔子孔氏，自然也就姓孔了，这是我们后来不加区分的笼统的称法，久之成俗，也不至于产生沟通上的错谬，也就不妨以假为真了。孔子的老家在山东曲阜，山东是儒圣之乡，亚圣孟子也在那里出生。

　　孔子在历史上有很多的名号：孔圣人、至圣、至圣先师、天纵之圣、万世师表、天之木铎……还有一个很长的——大成至圣文宣王先师，被刻成了牌位。这就已经近乎宗教的崇拜了。所谓"天之木铎"，就是上天派来教化大众的教化主。木铎是什么？就是铃铛。铃铛有两种，一种以木质材料为铃舌，是为文铎；一种以金属材质为铃舌，是为武铎。武铎是要动武的，文铎是用来宣文教的。所以，我们现在很多学校的校徽和代表性的建筑物，都有木铎的图像要素在里面。称孔子为"天之木铎"，是因为他是一个大教育家。如果中国要推教育家的话，首推的就是孔子。

孔子一方面是文化人物，在两千多年的生发过程中，他也被神化了。人们对他有着近乎宗教的崇拜，甚至是迷信，把他当神仙来供奉。所以我们有时候称儒学、儒家，有时候又称儒教。孔子的塑像，很多大学都会摆放。孔子像一旦立在那里，马上就会有人去祭拜。我曾见到过身边有趣的实案，孔子雕像的基座上摆放了一些供奉，那是学生们摆放的，祈祷孔子保佑考研成功。基座上放了很多水果、饼干、饮料瓶子，还有纸条，上面写着：

"虽然封建迷信要不得，但是孔子你一定要保佑我上岸。"

"天冷了，多吃水果。"

……

这里面有戏谑的成分，也有认真的成分；有超然局外的成分，当然也有身在局中的成分。半信半疑，不信不疑，时信时疑。心里悬着的时候，它出现了，不悬的时候，它就到一边去了。这不正是中国民间信仰的特点吗？一个伟人，一个历史名人，很容易成为迷信的对象，因为很多时候我们需要一个迷信的对象。这是一种文化现象，学生们如此，整个人类也是如此。在古代社会的背景下，伟人更容易被迷信化、神圣化，如果有权力在里面干预的话，更容易成为神一般的存在。就像关公，他是历史上的真实人物，但是因为他是个名人，有超常的能耐，大家就都把他当神来供奉。

孔子原本是人不是神，他还留下一些比较可靠的生平供我们了解。要了解孔子的生平，首先要注意司马迁的《史记》。《史记》有一篇《孔子世家》，记载有孔子的行迹和思想，还有一篇《仲尼弟子列传》，记载有孔子弟子们的言行和事迹。《史记》的体例大家都比较清楚，首先写皇帝，皇帝写完了，再写那些诸侯王公（皇帝的叔叔、皇帝的儿子等这些旁系），这叫作世家。世家后面再有列传，记载将相大臣，以及少数有可歌可泣事迹的平民。孔子不在列传里面，而在世家里面，可以看到，司马迁对他有多尊重。孔子被称为"素王"，就是说，他不是政治意义上的王，他是没有政治权位的王。"素"就是白的意思，一清二白，没有实际的政治权位。虽然他没有权位，但是大家都尊他为圣为王。所以司马迁写《史记》的时候，不把他放到列传里面，而把他放到世家里面。

《孔子家语》《左传》《礼记》，以及其他一些子部典籍，也有孔子的相关事迹和言行思想的记载。其中，现行本《孔子家语》内容的真伪有较大争议性。《左传》《礼记》《史记》可信度相对较高，但其中也掺杂有许多不可信的部分，它们成为后人研究孔子生平的主要凭依。子书所记载的孔子相关事迹和言行思想，可信度就更低。最能反映孔子思想整体，且较为可信的，要数《论语》。研究孔子的思想，最可凭借的就是《论语》。对孔子思想的研究，差不多也就是对《论语》思想的研究。对中国人来说，只要不是文盲，《论语》或多或少都读过一些。然而究竟读到多少大义，就不得而知了。《论语》看上去比较简单，两万字不到的一些语录，要深读，却不那么容易，要剔出精髓来，那尤其不容易。

要研究一个思想性的人物，最核心的就是要研究他的思想。我们是 21 世纪的新人，经历过开化，经历过启蒙，当然不会把孔子当作迷信的对象。学习孔子的思想，孔子就会活起来，活在我们当下的生活世界里面。读《论语》，就是要读孔子的思想，以时代的视界，借古鉴今，发挥它的效用。孔子在中国的历史上曾起到过举足轻重的作用，时至今日，于个人，于社会，他仍然有着不可低估的价值。

二、孔子在中国文化史上的地位

中国文化有三大生长基点——儒家、道家和佛家，它们构成了中国的主流思想，影响了中国的艺术，其余各文化领域也无不受到它们的影响。儒家是三大基石之一，而且是最为壮硕的一个基石。

儒家源起何处？据胡适先生考证，儒最早就是巫师。在原始社会，巫师是文化的集大成者，是当时最有文化的人。巫师后来演变成了儒生。儒家到孔子那里集大成，而且以此为根，长出了后世两千年儒学的参天大树。三皇五帝，文王周公，都有儒学的苗头，但是真正形成气候的是孔子。孔子以后，儒家思想发展相对稳定，主要是对孔子的注脚和补充，没有根本性的转变。对于儒家来说，孔子是树根，甚至也是整棵参天大树的枝干，后面长出来的都是枝枝叶叶。

都说中国文化博大，有多博大？一部《四库全书》就足以把我们吓住。然而这博大的文化，也并非就没有下嘴处。钱钟书先生说，他读大学的时候，把清华大学的图书馆都读了个遍。这似乎有点不可思议，但细想起来，又好像不是什么太了不起的事。一个图书馆，最基本的，有文理之分，他研究文学的，就不会去看数学、物理、化学等，这基本就砍掉一半。人文典籍里面，还有许多二三流的文献，也基本不用去看，看看作者，瞧瞧书名，基本也就过掉了。中国古代非常核心的典籍，也就二三十本，围绕着那二三十本，出现了千千万万的书，所以把这二三十本读透了，其他的书读起来就非常快。西方的也是这样，从柏拉图一直到近现代，重要的有个五十本、一百本左右。书是读不完的，但是最基本、最经典的东西是读得完的。陈寅恪先生第一次由欧洲回国，往见他父亲散原老人的老友夏曾佑先生。夏曾佑对他说："你是我老友之子。我很高兴你懂得很多种文字，有很多书可看。我只能看中国书，但可惜都看完了，现已无书可看了。"陈寅恪告别出来，心想此老真是荒唐，中国书籍浩如烟海，哪能都看完了。到了七十岁左右，陈寅恪也说："现在我老了，与夏先生同感。"

读书是有取舍的，对于特定的人，有些特定的书必须读。术业有专攻，但也并不是要我们坐井观天。有些书是必读的，人人都必读，只不过有深有浅，有粗有细而已。要进入中国文化的渊薮，《论语》是一个很好的切入口。《论语》读透了以后，可以发现，有上百本上千本的书，都是围着它展开来。有些根本不用看，一翻就知道它说了什么，想说什么，说得怎么样。许多的书，只需看个书名，翻个目录，就可以不看了。要细读的东西是极少的。最基本的，《论语》是要读的。钱穆先生就把《论语》视为中国人人人必读的书。

传统文人读书，最核心的有十三经。十三经里面有一经就是《论语》。科举主要考的就是四书五经，这四书五经，和孔子都有着千丝万缕的关系。《论语》自不必说，五经据说也全部经由孔子整理，《孟子》祖述孔子，《大学》《中庸》只是五经中《礼记》的两个篇章。由此可以看到孔子对中国文化的影响之深远。隋唐以后的读书人要做官，首先要考科举，所以孔子不但影响文化，还直接影响到政治。

李泽厚说："我至今认为，儒学（当然首先是孔子和《论语》一书）在塑造、构造汉民族文化心理结构的历史过程中，大概起了无可替代、首屈一指的严重作用……不管识字不识字，不管是皇帝宰相还是平民百姓，不管是自觉不自觉，意识到或没有意识到，《论语》这本书所宣讲、所传布、所论证的那些'道理'、'规则'、主张、思想，已代代相传，长久地渗透在中国两千年来的政教体制、社会习俗、心理习惯和人们的行为、思想、语言、活动中了。"

很多人觉得自己没读过《论语》，好像不大受到孔子的影响。那只不过是不自觉，没有意识。读完《论语》，兴许会发现，原来自己的心理、想法、言行，很多是从《论语》那里来的。只不过不是直接从那里来，是间接的，可能受过父母的影响，可能受过老师、同学、朋友的影响，可能看过某些综艺节目，看过某部小说、电影、电视剧等，间接地受到孔子的影响。这就是文化，文化的传播有其间接性，很多时候受其熏染而不自知。生长在中国的大地上，儒家的影响一定摆脱不了。中国人的根子里面一定都有中国文化的基因在里面。《论语》为什么要读？因为它是我们中国文化的基因。

三、孔子思想的现代价值

孔子不但对过去有影响，对当下，对未来，也都会有影响。不但对中国有影响，未来对世界也会有影响。这样的话从中国人口中说出，难免显得有些自我陶醉，妄自尊大。我们且不妨听听外国思想家们怎么说。

> 罗素："中国切不可盲目采用欧洲文化，时移世易，但将中国旧文明之不适于今日者，略加改易可已，欧洲人皆言中国如无孔教，中国道德必破产，此语余极赞同。中国最切要者不在西方文化之吸收，反在东方旧有文明之复兴。中国学术远在两千年前已灿然大备，若加以整理使之复兴，则影响世界，极为伟大，对于世界，必有特别贡献，最后中国或成为文化之中心。"

> 伏尔泰："东方找到一位智者。我全神贯注地读孔子的这些著作，我从中吸取了精华，孔子的书中全部是最纯洁的道德，在这个地球上最幸福的、最值得尊敬的时代，就是人们尊从孔子法规的时代，在道德上欧洲人应当成为中国人的徒弟。"

这是西方思想家们说的话。还有更为夸张的说法：

> 汤恩比："能够帮助解决二十一世纪的世界问题，唯有中国孔孟的学说。"

> 75位诺贝尔奖得主联合宣言："如果人类要在21世纪生存下去，必须回头2500年，去吸取孔子的智慧。"

对于这些说法，不能迷信，更不能狂热。任何人都不是权威，我们姑且听之。首先知道有这么一些说法，至于是不是这样，还要经过我们自己的思考。他们为什么会这样说，何种意义上他们说得有道理，何种意义上他们说得没道理。

伏尔泰是个大思想家，他只是说在道德上，欧洲人应当成为中国人的徒弟。至于道德文明，中国要比西方发达。中国两千年的社会，居然可以不依赖法制就能够维持下去，似乎令人难以想象。往前追溯两个世纪，许多外国人刚到中国的时候，一到北京的大街上，看到连警察都没有一个，觉得不可思议，怎么一个国家可以没有警察，而且还能维持秩序。放到现在，我们也想不通，但是两百年以前大家都想得通。时代在进步，有时候我们也可以回过头来，吸取一些前人的智慧。我们说时代在进步，也只是说科技在进步，物质文明在进步。至于道德和艺术等精神的领域，其实都在衰微。也可以这么说，人类的精神是在萎缩的。

孔子的思想，是要教人安心立命于现实的世界。这一点是孔子思想最值得注意的现代价值。我们活着的这个现实世界里面有两种人，一种是能安的人，一种是不安的人。有些人很满足，很坦然，很平和，内心没有太多的怨气，没有太多的痛苦。有些人一天到晚都是怨气，怨这怨那，心理状态很糟糕。如果是前面那一种人，也就可以不用读《论语》了，虽曰未学，必谓之已学，他已经能心安了。然而现实生活中多数人确实又是不能安心的，那还是有读读《论语》的必要。百分之百心安的人是找不到的，但是人与人之间仍有程度之别。由百分之十提升到百分之二十，二十到三十，三十到四十……，那也算是学有所得，也算是安了心。

什么是立命？关于命有很多种解读，有些人说命是必然性，有些人说命是偶然性。按我的理解，立命就是化偶然为必然。儒家行事，目光不在于结果。尽人事听天命，其关键在于尽人事。能尽人事，才有资格谈听天命。有资格听天命，就算立了命。做好事未必有好报，但是做好事，不管是好报还是坏报，内心都能达到一种坦然、安宁、崇高的状态，这是必然性，由自我掌控得来的必然性。如果达到了这种必然，那就是立命了，也可算是安心了，不再为偶然性所左右。所以，安心是建立在立命的基础上的。人的遭遇是有很多偶然性的，很多东西不能由自己把控。你不知道明天会遇到什么事情，或者是天上掉下馅饼，或者是飞来横祸。这谁能说得清楚呢？但是，不管明天会怎么样，是好事还是坏事，尽了人事，内心就能安宁。这就能达到一种必然，安心就是要化偶然为必然，不受外在的偶然性左右，这也就叫立了命。

四、孔子学说的特点

孔学是修身养性之学，这是它的核心。按中国传统文人的说法，也就是所谓的"修身，齐家，治国，平天下"之学。现代社会要靠孔学来平天下可能不大现实，现在是法治社会了。但是修身齐家，还是离不开它的。而且，就算是法治社会，不也同时仍要讲以德辅法吗？法治有它的长处，但和德治一样，也有其并生的局限性。讲法治和德治并重，就是充分意识到了法治的局限性，所以要靠德治来辅助法治。孔子的《论语》七零八碎，却内在地蕴含有一套思想体系，孔学的研究者们已经总结了不少孔子思想学说的重要特点，这里稍做归纳如下：

第一，孔子之学是即世之学。什么是即世之学？就是说，他不脱离生活世界。这一点需要通过与它相对的一些思想学说的对比来理解。理解即世之学，首先要理解什么不是即世之学。比如说宗教思想，那就不是即世的。西方的基督教，视当下世界为通往天国途中的站点，其目的是要通往天国，通过对现实世界的超越，到达彼岸世界的天国。中国也有佛教，靠着天堂和地狱来教化世众，那也不算是即世之学。它们视现实生活为丑陋的、不屑一顾的，要抛弃它、扬弃它，进入另一个理想的世界。孔子思想的主旨和出发点，都与之不同。他确实也承认现实世界很不完满，但他始终要回到日常生活中去。他的学说很平实，都是从一些非常简单的日常琐碎里面来。但是通过这些简单的生活琐碎，他要提炼出哲学思想来，最终回归到生活，回归到现实世界。人的精神需要超升，超升以后，他跟世界不是隔着的，他仍然要回到现实世界中来，去跟现实生活中的人打交道，跟平民百姓的日常打交道，而不是要跟仙佛上帝打交道。孔子既出世又入世。我们经常有出世和入世之分。道家逍遥，想做神仙，想摆脱这个世界，要隐遁山林。孔子不这样，他要入世，但他不与世俗同流合污，他要反思这个世界的不合理，要改造它，要超越它。但是超越的途径就从这现实中来，而且又要回到现实中去。孔子的世界是"一个世界"，这个世界就一个，没有什么天国，也没有地狱，就是现实世界。孔子不问生与死的关系，也不探讨人与鬼神的关系，他只思考现实世界中人与人之间的关系。他修行的方法，也只是在日常生活中，没有特定的场所，没有特别的仪式，没有非如此不可的清规戒律。

第二，孔子之学是大全之学。孔子的思想讲的多是大道理，涉及治国和修身，都是一些比较根本、比较宏大的问题，而且站位很高。我们讲道理往往有一个毛病，讲大话，但是很空，讲的话很有道理，但是这个道理不用你说大家都知道。孔子讲的许多道理，往往就是我们容易犯错误的地方，他点醒一下，我们也就不犯了。这就是大而不空。孔子的学问又是通人之学，不同于专门家的学问，孔子之学的"全"是相对于"专"而言的。孔学是心性之学，目的在于提升健全的人格，专门的学问是要培养专家。专家不一定有很高的人格修养，人格修养高的人不一定就是专家。专家只是钻研某一方面，所以人与人之间的隔阂就比较深。人格修养是基于健全的人性，基于人性的共通性，因而比较有沟通的余地。

第三，孔子之学是圆融之学。孔子的学说注重对立面的统一，它没有人为地设置出许多对立。人和自然不对立，是和谐统一的，他不要征服大自然，不像西方传统的物质文明，要征服大自然。人和大自然是和谐统一的，天和人是合一的。在他那里，心和物不对立，群体和个体不对立，自由和规律也不对立……各个方面，都比较圆融。儒家的中庸之道，就是要在各个方面都协调到一个恰到好处的平衡状态。中庸在孔子思想中的具体贯穿，要仔细研读过《论语》，才能有更深切的体会。

五、学习《论语》的方法

《论语》一共20篇，492章（则），两万来字。如果把标点符号去除掉，两万字都不到。仅仅是阅读的话，一天就可以读完，一天读两万字，那速度一点都不快。但是要从中汲取到智慧的话，那远远不是一天就能搞得定的，读一年，读十年，甚至读一辈子。

学《论语》不一定古文底子要多好。现在市面上好的《论语》译本多的是。文字只是桥梁，贵在能透过言语窥探到背后的思想，得意而忘言。读《论语》也不一定需要智力有多高，能耐有多强。《论语》向每一人开放，而且是平等的，不需要特殊的天资。所需的唯一天资就是一颗不忍之心、恻隐之心，这个天生就有，每个人都有，而且或多或少都差不多，基础是一样的。在此基础之上，再不断往上走。

具体方法是怎么样的呢？一般来讲，可以首先通读一下《论语》的大意。《论语》也就两万字，通读大意的话，一两天是读得完的。钱穆先生说："读《论语》并不难，一个高级中学的学生，平直读其大义，应可通十分之四乃至十分之五。"这并无夸大，除非没有好好上高中，如果高中语文底子还可以的话，是可以读到百分之四五十的。《论语》没有太多很生僻的字，基本都是大白话，在先秦古文里面它算是比较浅显的。因为它主要是些学生记载的平时的语录，都比较直白。如果说实在读不懂古文，可以借助今人的译注，常见的参考书，有杨伯峻的《论语译注》、钱穆的《论语新解》，这两本是比较有代表性的。借助译注，一天两天也能把《论语》读完。至于掌握了多少，可以先不管，就算只掌握了百分之十也都是可以的。这是最基本的，通读大意。

第二，分章细读。《论语》有二十篇，每一篇里面有小的章节，现在甚至都被编好了号（如《学而》第一篇，"学而时习之"章，编号1-1）。每一章节都非常短，有些地方只有十几个字，很容易读。如果觉得哪一章吸引了你，就把它勾出来，读它的各种注解，再去揣摩。这就是分章细读，不需要从头读到尾，从中间抠出来读都可以。不像读数学，需要从头读到尾，通过链条式的演绎推理才能懂。《论语》可以随便翻。卢梭曾坐在草地上读书，随风吹他的书，吹到哪一页他就读哪一页。多么浪漫，多么享受。我想他不是读数学，读数学这样肯定读不懂，读西方哲学也不行。读中国哲学就可以，中国哲学就是这么散漫，不论是《论语》，还是《孟子》《荀子》《庄子》《老子》，都可以从中抠出来，往两边读都可以。分章读比通读肯定是要精深一点，如果现代人的译注仍有困惑，有几本古人的注疏可以参考：三国何晏的《论语集解》，宋代朱熹的《论语集注》，清代刘宝楠的《论语正义》，清代程树德的《论语集释》。何晏的《论语集解》是最早地对《论语》全书展开注释的著作。朱熹的《论语集注》最简练，最切要，所以能成为教科书，成为科举考试最标准的参考，影响最大。刘宝楠的《论语正义》广征博引，论证谨严，多有新见。程树德的《论语集释》收集各类注疏最为全面，但也比较芜杂。《论语集释》不必从头读到尾，可以把它当作一本字典性质的检索工具，实在不懂、拿不准的，可以通过它来检索前人不同的注疏，对比着看。

第三，专题性的读。专题性的读跟分章读又不一样。专题性的读，首先需要找到一个专题，比如一个核心的概念，一个专题事件、人物、名物等。比如说《论语》里面最核心的概念就是仁字。抓住这个"仁"字，专题性地研读两三年，一本专著可能就出来了。

第四，反复读。《论语》读一遍是不够的，《论语》非常短，需要反复读。每读一次会有不一样的感受。以前读了的，隔段时间再读，常常会发现以前没读到的东西。随着知识储备、人事经历、思想心态等的变化，对《论语》的体悟也会发生变化。

第五，要诵读。许多人觉得现在是信息时代，什么都很方便在网络上检索，再没死记硬背的必要。这是非常表面性的一种看法，持这种看法的人，肯定未曾体察过诵读的妙用。诵读和阅读是很不一样的，在背诵的过程中，《论语》会慢慢渗透到血液里面去，是有情感、有生命的，感觉《论语》就像从自己的嘴巴里面说出来一样，不是别人在说，而是自己在说。时间一长，沉浸在里面，《论语》就渗透到血液里面去了。那不再是走马观花，不再是听别人说教。所以，诵读的意义是非常大的。古代读书人为什么摇头晃脑在那里背诵，你觉得那是书呆子，默背也能记住，何必摇头晃脑？为什么我们现在常常觉得知识没有什么价值？因为知识成了信息，不过脑，不过心，那当然没有价值，至多只不过是工具。儒生也要念经，他们念的是四书五经。这些东西，要靠诵读才能内化到生命里面去。如果你觉得世界太单调，太乏味，不妨找些好的诗词来背诵背诵，或许就会发现，这个世界一下子活起来了，一个新的世界向你敞开了。诵读的这层意义，只有切身体会过，才能认识得到。

第六，要重涵养。《论语》里面是有一些知识，但是我们现在什么都缺，就是不缺知识。互联网那么发达，随便拿出手机来，许多东西都搜索得到。电脑的容量比我们大脑的容量大多了。所以我们才会觉得记忆的东西意义不是太大，只有把这些东西升华到生命里面去，成了思想和情感，决定价值观，决定心态，这才有意义。《论语》是人文，不是知识，要重涵养。诵读就是涵养的方法之一，此外，还要在生活中读书。每天跟朋友、同学、老师、亲人打交道的时候，要有所反观，有所反思。读《论语》的过程中，可以和生活对照着看。书要读到生活中去，把《论语》的道理放到生活中去检验。《论语》不是迷信的对象，但可以尝试把它作为信仰的对象，尝试一下，看看过个半年一年，心态会有什么变化，别人的态度会有什么变化。这就叫作把书读到生活中去。同时，也要在生活里面读书。涵养是不容易的，要靠长期的工夫。没有人是圣人，没有人不是圣人。常人和圣人没有本质的差别，只有程度的不同。人格的提升，涵养的提升，也不是一蹴而就，非此即彼，它是一个循序渐进的过程。《论语》为什么要反复读，这也是一个原因。

以上概要性地讲述了孔子及其《论语》，具体的思想，需要结合具体文本逐一剖析，才显得真切分明。

学而第一

说：有人把《论语》的"论"解释为议论，认为《论语》就是孔子发议论的言语。这种解释有点站不住脚，因为《论语》不单单只是论，《论语》还有很多是叙事和描述，并无论的成分。《论语》的"论"字是个后起字，起初其实就是"仑"字。许多汉字的偏旁是在汉字发展丰富的过程中加上去的，同一个字为了区分不同的含义，就加了不同的偏旁。仑，就是把书简编排起来，从小篆字形上很容易看出这种会意，一根根的书简被绳子串着聚合起来。仑语，就是

图 1 小篆"仑"字字形

把说过的一些话编纂起来。《论语》乃是孔子及弟子平时说的一些话，被后人编纂起来，成为一本书。孔子及其弟子的言行与事迹被学生们记载，这些记载被后人编纂处理过后，就形成了《论语》的雏形。战国的时候，《论语》大致已经成书。到西汉时期，又有三种不同的本子：鲁人口头传授的《鲁论语》二十篇；齐人口头传授的《齐论语》二十二篇；从孔子住宅夹壁中发现的《古论语》二十一篇。西汉末年，安昌侯张禹把《鲁论语》和《齐论语》融合为一，称《张侯论》，为当时的权威读本。东汉郑玄又以《张侯论》为底本，参照《齐论语》和《古论语》作《论语注》，遂成《论语》定本。

《论语》的第一篇是《学而》，《学而》为什么被编在第一呢？《论语》二十篇并无必然的逻辑关联，尤其是章与章之间，随机性是很强的。但也并不是完全随机，《论语》有些篇目章节的安排，有时又显出一定的目的，隐隐约约可看到一些思想逻辑的关联。有人专门做过考究，试图把二十篇的逻辑关联贯通起来，但终究还是显得比较牵强。而把《学而》篇放在第一，却有十分充足的理由。因为学在儒家思想中的地位是举足轻重的，儒家修身养性的主要法门就是

学。《荀子》的开篇是《劝学篇》，也是把学放在最前面，与《论语》的《学而篇》刚好可以相呼应。程颐、程颢的语录，被后人编成《河南程氏萃言》，第一篇是《论道篇》，第二篇就是《论学篇》。二程的学问被称为"道学"，以《论道篇》为首，可以看到形而上的道在儒家文本中的地位的提升。

1-1 子曰："学而时习之，不亦说乎？有朋自远方来，不亦乐乎？人不知而不愠，不亦君子乎？"

译：孔子说："学习并能时时复习，不也是一件快乐的事情吗？有朋友从远方而来，不也是一件快乐的事情吗？面对别人的不知而自己不烦怨，不也算得上君子吗？"

注：①说：通"悦"，愉悦。②愠（yùn）：会意兼形声字，从心，从昷，昷亦声。"昷"意为"热""暖"，"心"合"昷"为愠，表示"心里燥热"。引申为生气、怨恨、含怒。此处"愠"，常被解释为怨恨，不贴切，当解为烦躁。

说："学而时习之"需要和"温故而知新"结合起来理解，"学而时习之"的目的，就是要"温故而知新"。孔子说的"学而时习之"，学的是什么东西？如果学的是数、理、化，"学而时习之"的意义顶多只是为了不忘记，无所谓"温故而知新"，所谓"说乎"也显得勉强。牛顿三定律，复习一千遍一万遍，还是那牛顿三定律，不会生出牛顿第四定律来。对于自然科学的知识，温故是为了不忘记，顶多是温故而知故，无所谓"温故而知新"。什么样的知识才有所谓的"温故而知新"呢？就是诸如儒学这样的心性之学。心性之学为什么可以"温故而知新"？因为人的精神跟肉体一样，会反复饥饿。我们天天都要吃饭，今天吃了，不管明天的饱，明天还得吃，才能保证身体永远保持一个健康的状态。我们的精神也是一样的道理，如果说不经常学习心性之学，精神就会饥饿。不要以为读过《论语》以后，好像就可以不再读《论语》了，那是没用的，那只管得了一时的心境和精神状态。我们所执守的许多道理未必就是真理，不是真理为什么还会执守呢？就是因为它对我们刺激的次数太多了。如果生活中碰到十件坏事，就会觉得这个世界是黑暗的，碰到十个坏人，就会觉得这个世界都是坏人。如果多碰到几个好人，就会觉得这个世界还是好人多。这里面就有一个数量的对比关系。人的心境就像一个水池一样，有两根管子注进来，一根流的是净水，一根流的是脏水。这两根管子都在冲撞着心灵，心灵到底是干净的还是肮脏的，那要看哪根管子流的水多一点，哪根管子流的水少一点。佛家念经，反反复复，不厌其烦，意义也就在这个地方。人的心态可能原本开朗，但是一遇到阴郁的事情，心境就会发生改变，心性之学就像清澈的水一样，可以把那阴霾和肮脏冲洗掉。这是一种动态的平衡。心性之学不是学了知道了就了事，隔段时间，它对人心产生的影响就会减弱，意义也在不断消失。所以要反复地学，反复地读。地得天天扫，昨天扫的，那归昨天，昨天干净了，今天又会脏，还得扫。我们洗脸也都天天洗，"洗心革面"这个词说得好，每天都得洗心，每天都得革面。《大学》引用了《盘铭》的一句话："苟日新，日日新，又日新。""学而时习之"的意义就在于日新其德，日新，日日新，又日新。朱熹有句名诗："问渠哪得清如许，为有源头活水来。"读懂了孔子的"学而时习之"和"温故而知新"，才能真正懂得这句诗的意义。

"有朋自远方来，不亦乐乎。"同样是在讲快乐，要与"学而时习之"呼应。内心的快乐，可以通过心性之学的"学而时习之"而获得，如此，所谓的"说乎"才获得了它内在的逻辑。朋友从远方来，来干吗呢？不是来喝酒吃肉、寻欢作乐的，而是来切磋学习的。前面是一个人在学，一个人独自温故，这个时候又有朋友一起来学习。这一章讲的都是学习的问题，后面的"人不知而不愠，不亦君子乎"，也是讲的学习的事情。有朋友从远方来了，与朋友一起学习，朋友不知道，我也不会烦躁，三者循序渐进，贯通一气。如果没有仔细读的话，就会以为孔子在这一章讲了三件不同的事情，好像记录者东拉西扯，把三句零碎的话拼凑到一起记了下来。其实这一章讲的核心问题就一个，就是学习的问题。《礼记·学记》说："独学而无友，则孤陋而寡闻。友天下之善士，故乐。"这句话是对"有朋自远方来，不亦乐乎"的很好的补充和注解，读到《礼记》的这句话，我们更加明白，《论语》里面说的有朋自远方来的快乐，不是因为别的，就是因为一起学习。一个人学习，孤陋寡闻，有朋友一起学，就有一起体道的快乐。

汉字	昷（wēn）	
六书类别	会意兼形声	
最初含义	仁慈、温和	
现代含义	同"温"	
说明：昷即温的本字。从囚，从皿，给囚徒食具（即给囚徒食物），会仁慈温和之意。		

"人不知而不愠，不亦君子乎？"这一句关键就在"愠"字。愠字是竖心

旁，是后起字，起初没有偏旁，就是昷字。昷字读作温，就是温度的温。温度的温加了三点水，也是后加的，起初没有，所以愠和温起初是同一个字，就是昷。昷是很有意思的一个字。小篆字形上面是一个囚字，囚字是一个人被困在牢笼里面的形象，就是囚徒。昷的下面是一个器皿，器皿是装食物的，昷就会意给囚犯送食物，让人感觉到很温馨，很温暖，很仁慈。昷最初的意思就是仁慈、温和。给死囚送点好吃的，这是中国一贯的传统，犯人要处决之前，或许能吃上一顿鸡腿饭，这都是人道主义。为了表示水温，就加了个三点水；为了表示心情，就加了个竖心旁。"愠"是什么样的心情呢？就是心里面暖和，后来又引申出烦热、燥热的意思来。所以说，人不知而不愠的"愠"，不是生气、发怒的意思，而是燥热、烦躁的意思。朋友老是不知道，自己应该容易烦躁，而不是生气，这更符合我们的人之常情。不知道的次数多了，是会容易烦躁的。生气动怒，那也不至于。不论是从文字学上，还是从我们日常生活的经验上，把愠解释为烦躁都要好一些。孔子教人要有君子气度，朋友自远方来，一起求学问道，即使人家经常有不知道的，自己也不要烦躁。

1-2 有子曰："其为人也孝弟，而好犯上者，鲜矣！不好犯上，而好作乱者，未之有也。君子务本，本立而道生。孝弟也者，其为仁之本与？"

译：有子说："一个人为人能孝顺父母，敬爱兄长，然而喜欢触犯上级，很少有这种人；不喜欢触犯上级，而喜欢作乱，更是不可能的。君子要立住开端，开端立住了，道就从这里展开；孝顺父母，敬爱兄长，这就是仁道的开端啊！"

注：①弟：同"悌"，悌是弟的后起字，敬爱兄长的意思。②此处"本"不当作根本解，仁为孝悌之根本，非孝悌为仁之根本，本当作"本源""开端"解。

说：有子即孔子的学生有若，是孔门七十二贤之一，跟孔子长得很像。《史记》载："孔子既没，弟子思慕，有若状似孔子，弟子相与共立为师，师之如夫子时也。"所谓的"状若孔子"，就是说相貌和孔子长得很像，把它理解成思想与孔子相似也可以。《史记》还继续记载了有若被同门刁难的事迹：孔子曾根据天象，推测到第二天会下雨。这是古人的经验，很多时候可以看云识天气。我们现在还有"朝霞不出门，晚霞行千里"的谚语。古人看天象是很有一套的，因为他们没有天气预报，而农耕和军事都对天气有极大的依赖，所以训练出了古人通过看天象来判断天气的能力。孔子引用《诗经》的一句话来作为自己推测天气的根据。"月离于毕,俾滂沱矣",就是说,月亮附于毕星,是降雨的征兆。但经验毕竟只是经验,没有科学的必然性。另外又有一次,月亮同样附于毕星,第二天却没有下雨。同门弟子就问有若,为什么会这样。这是第一个刁难,还有第二个刁难,说孔子曾预测到年长无子的商瞿四十岁后会有五个儿子。到底是真事还是假事,我们搞不清楚。同门弟子就来刁难有若,问他孔夫子为什么可以预测到商瞿生子的事情。有若默然无语,同门弟子就把他赶下了神坛。① 盲目的崇拜,就是这个样子,无缘无故地把人推上神坛,无缘无故地把人推下神坛。推上神坛是稀里糊涂的,没什么道理,推下去的时候也是瞎起哄,没道理可讲。有若比较实在,不知道就是不知道,默然无语,很淡定,有一种君子的坦然。

　　《论语》记载了好几则有若的言论,都相当有思想的高度。这里讲到孝悌和仁的关系。"孝弟也者,其为仁之本与",有些人由此把孝悌理解成是仁的根本。从孔子仁学思想的整体来看,这种理解很难说得通。如果说孝悌是仁的根本,会出现一个很大的问题,就是当孝悌和仁出现矛盾冲突的时候,要以孝悌优先于仁德,这显然是很荒谬的。孝悌是小范围的私德,仁是大范围的公德,如果孝悌优先于仁德,也就是私要优先于公,这和孔子的仁爱精神相去十万八千里。显然,仁应该是孝悌的根本。所有的德都从仁生发出来。仁就是良知,就是爱人之心、恻隐之心,是一种天生的心理本能,孔子的学说就是建立在这样一种心理本能的基础之上的。孝悌也建立在这个心理基础之上。之所以会孝,之所以会悌,都是基于爱人之心、恻隐之心。如果没了仁爱的心理基础,就不会讲什么孝悌,动物也有血缘关系,但是它不会讲孝悌。所以说,"孝弟也者,其为仁之本与",这个"本",不能理解成根本,只能理解成本源和开端。就是说,人之所以懂得爱别人,是因为起初懂得爱父母和兄弟。很难想象,一个连父母兄弟都不能爱的人,会懂得爱其他更为疏远生分的人。人一生下来,打交道的就是父母和兄弟,因为他们爱你,你也受感染,也会反过来爱他们。这种互爱助长了一颗仁爱之心,你就会懂得爱你的朋友,后来就会慢慢地爱那些陌生的

---

① 他日,弟子进问曰:"昔夫子当行,使弟子持雨具,已而果雨。弟子问曰:'夫子何以知之?'夫子曰:'《诗》不云乎?"月离于毕,俾滂沱矣。"昨暮月不宿毕乎?'他日,月宿毕,竟不雨。商瞿年长无子,其母为取室。孔子使之齐,瞿母请之。孔子曰:'无忧,瞿年四十后当有五丈夫子。'已而果然。敢问夫子何以知此?"有若默然无以应。弟子起曰:"有子避之,此非子之座也!"(《史记·仲尼弟子列传》)

人。这就是仁心慢慢往外扩的一个过程。

　　1-3 子曰："巧言令色，鲜矣仁！"

　　译：孔子说："花言巧语，面容谄悦，这种人仁心很少。"

　　说：巧言，就是花言巧语，令色，就是和颜悦色，显出一副要讨人喜欢的样子。为什么巧言令色的人就很少有仁德呢？首先，巧言令色之人往往言不符实，不能赤诚待人，说的多是些不实际的话。如果说的是实际的话，那也不叫花言巧语。明明长得很丑，硬说人家长得很美，明明长得很一般，硬说人家美若天仙，这就是花言巧语。别人听了，心里美滋滋的，很开心。这是人之常情，正是因为人有这样的弱点，所以很多人都喜欢花言巧语，讲一些不符合事实的话，或者把别人的优点无限夸大。如果待人真诚的话，是不忍心用花言巧语的，会更实在一点，讲一些更实在的话，免得别人迷失自己，看不清事实，哪一天因此而受了害。

　　第二个方面，巧言令色的目的在于取悦于人。如果不是要取悦于人的话，很多人是不会巧言令色的。跟人打交道的时候，能够直言直语，是最舒坦的。那么为什么要拐弯抹角，要讲很多不符合事实的话呢？那是因为不得已，或者贪财，或者贪色，或者出于其他原因要攀交情，于人有需求。如果说不要取悦于人，人往往是愿意直道而行的。就像走直线一样，最省力，最舒坦。因为于人有需求而巧言令色，这个时候就把人当作一种满足自己欲望的手段，而不是把它当作目的。如果真心跟朋友相待，不会想着在他身上能获得什么好处，而是希望他达到最好的状态，就不会巧言令色，也没有巧言令色的必要。

　　第三个方面，仁德之人，以仁为己任，任重道远，背负着一种沉重的责任感，就轻浮不起来，也就不会巧言令色。国家的领导人，我们基本看不到他们巧言令色。天下那么多事情要治理，那么多百姓要管理，如何嘻嘻哈哈巧言令色得起来。中国的领导人尤其显得严肃，这与我们传统文化的影响也有关。不单单只是古代的帝王，我们现在的领导人，都要受传统文化的潜在影响，这就是民族心理。为什么他们很端正，很严肃，因为他们实在是笑不起来，天下百姓太多悲苦，恻隐发动，就不忍心巧言令色。像杜甫这样的人，让他巧言令色，想象都难以想象。

　　巧言令色在孔子那里是非常受排斥的，后面还会反复接触到。君子形象、英雄形象，都是顶天立地的人格，都不会巧言令色。孔子推崇的是一种质朴的人格，这种人格有利有弊，我们要充分地认识到它的利弊。尤其是作为 21 世纪的新人，更要有辩证的眼光。

1-4 曾子曰："吾日三省吾身：为人谋而不忠乎？与朋友交而不信乎？传不习乎？"

译：曾子说："我每天多次反省自己：帮别人谋事，我尽心了吗？与朋友打交道，我推心置腹了吗？传授的东西，我温习了吗？"

说："忠"是尽心尽力的意思，后面讲忠恕会着重讲到。"信"一方面是讲信用，还有更重要的一个方面，乃是信任、信赖。朋友之间最讲究什么呢？就是信任，所谓的"信则人任"，别人信任你，你也就会对别人推心置腹，真心实意。这是成为朋友的前提。相反，别人如果对你疑神疑鬼，你就不会全力以赴，会有所保留。我们经常讲知心好友，知心的关键在哪里？就在信任。你对别人推心置腹，别人才愿意对你推心置腹。推心置腹多了，自然也就成为交情深厚的朋友了。父子讲慈孝，兄弟讲孝悌，朋友讲信任。

"传"字有两解。一是别人传授给自己的东西，一是自己传授给别人的东西。这里可以兼取两义。心性之学，关键不在求新尚奇，而在于温故而知新。

1-5 子曰："道千乘之国，敬事而信，节用而爱人，使民以时。"

译：孔子说："领导一个千乘之国，临事严肃认真而又能守信，节约费用爱惜人力，又有时节地役使百姓。"

注：①道：同"导"，引导、领导的意思。"导"繁体写作"導"，是道的后起字。②千乘：古代用四匹马拉的一辆兵车叫一乘。"乘"这一单位常用来衡量兵之强弱，国之大小。春秋战国时，"千乘"一般指小国，"万乘"一般指大国。

说："节用而爱人"是孔子的仁政思想。在孔子的思想里面，于教育也好，于政治也好，都要以仁为本，仁是孔子学说的根基。"节用而爱人"，放到现在，仍然不过时，问题的关键不在于这理念合不合理，而在于执政者能不能做得到。秦始皇修长城，就是不懂得爱民惜力，那是暴政，不是仁政。如果要讲仁政的话，就不要动用太多人力，不轻易搞大规模的工程。如果真正以民为本的话，不能劳民伤财，尽量节约。

在过去的农耕时代，"使民以时"的意义要比现在大得多。农耕时代，播种收割都是有季节的，国家要征兵、练兵，就不宜在收割或者播种的季节进行。

当百姓赋闲在家的时候再来征用，这就叫作"使民以时"。该打仗的打仗，该守卫的守卫。老百姓可以供执政者驱使，但不能乱驱使。

这里要注意儒家与道家政治思想的相通处。他们都是要顺势而为。道家讲无为，无为也不是什么都不作为，而是顺势而为。道家是反对执政者干扰老百姓生活的，尽量少做，没事的时候不要找事，不要搞形式主义，没事瞎折腾。最好是让百姓自己发展，自己生长，百姓需要的时候再来出力。孔子讲"使民以时"，也是要顺着时节，顺势而为，这一点与道家的政治思想是相通的。

1-6 子曰："弟子入则孝，出则弟，谨而信，泛爱众，而亲仁，行有余力，则以学文。"

译：孔子说："作为后辈，家里能孝顺父母，家外能敬爱长辈，谨慎又守信用，博爱大众，亲近有仁德的人。这些做起来仍有余力，就多去学习书本知识。"

说：对于那些太过执迷书本，比较丧失生活能力的人而言，孔子的这句"行有余力，则以学文"具有非常强的警醒作用。人有很多欲望，有些人是贪财，有些人是贪色。同样，求知欲也是欲，如果太过头了，也容易出问题。教义的引导作用都是有针对性的，东边倒来西边扶，西边倒来东边扶，不是固定地要朝一个方向引导，就像医生下药，要对症。有求知欲本是好事，很多人的毛病就在于求知欲的欠缺。又有些人则是求知欲太过度了，亲戚朋友都顾不上了，那也有问题。孔子"行有余力，则以学文"的提醒，就是针对后面这种情况而发的。不要首先想着怎么读书学问，要把生活处理好，如果生活一塌糊涂，跟父母、兄弟、朋友的关系相处得一团糟，那就不要说什么学文了。学文是源于生活，最终落脚点也是生活。把生活搞轻松了，心情也能愉悦，不会乱糟糟的，这个时候就可以踏踏实实地读书做学问了。

1-7 子夏曰："贤贤易色；事父母，能竭其力；事君，能致其身；与朋友交，言而有信。虽曰未学，吾必谓之学矣。"

译：子夏说："崇尚贤德胜过崇尚美色；侍奉父母，能竭尽全力；服侍君主，能豁出性命；与朋友交往，能言而有信。（这样的人）即使不曾求学，我也要说他已经学到了。"

说："贤贤易色"，字面上不太好理解。"贤贤"的句法，与"父父，子子，君君，臣臣"是一样的。第一个"贤"是动词，有尊崇、崇尚的意思，第二个

"贤"是名词，指的是有贤德的人，"贤贤"的意思就是尊崇有贤德的人。"易色"，就是替代美色。"贤贤易色"如果不好理解，补充一个字就好理解了。"贤贤易贤色"，这就好理解了，意思是以尊崇贤德的人替代尊崇美色的人。相同的一个动词带了两个不同的宾语，就省略了一个重复的动词。

"虽曰未学，吾必谓之学矣"，这"学"也是就心性修养之学而言的。自然科学性质的知识学问，没有学也可以做到和学了一样，那是不可能的事情。没有学也可以做到和学了一样，对于一个人的修养而言则是可能的。我们经常可以接触到一些文化水平很低，甚至目不识丁，但是人格很高尚的人。这样的人不在少数，这类人就是不用学习而具有仁德。或者是天性使然，或者是环境使然，或者是间接受到感染和熏陶使然。总之是没有直接接受心性之学的修养和学习，但是可以具备较高的德性。

> 1-8 子曰："君子不重则不威，学则不固。主忠信，无友不如己者，过，则勿惮改。"

译：孔子说："君子不持重就没有威严，学问就不能牢固。注重忠信，不要选择不如自己的人交朋友。有了过错，就不要忌讳改正。"

注：主，等同于注，注重的意思。主忠信，即注重忠信。

说：读先贤书，贵明其用心所在，钻营理辩，往往因小失大者多，得其髓要者寡。"无友不如己者"，就存在逻辑上的问题。不要选择不如自己的人做朋友，逻辑上是说不通的。此长彼短，任何人总会在某个方面不如别人。别人不如你，你不跟别人做朋友；你不如别人，别人又不跟你做朋友。那朋友哪里来？全天下如果执行这个准则的话，全天下的人都不要做朋友了。读《论语》一定不能用机械的逻辑思维来读。如果孔子的这句话放到西方哲学的语境和思维里面，一定会有人来质疑，提出孔子的原则在逻辑上的矛盾。这就是中国哲学和西方哲学的差异。庄子说，祭祀的牛百叶和牛蹄，"可散而不可散"。什么意思呢？又说可散，又说不可散，岂不矛盾？还没有祭祀完成，当然是"不可散（撤）"，祭祀完成了，当然也就"可散（撤）"了。同一句话里面的矛盾，我们或许能知道是说话者的故意为之。前文与后文的矛盾，思想体系内在的矛盾，我们则会以为是说话的疏忽和不周密。这在西方哲学中尤其突出。西方哲学重逻辑，逻辑有三大基本准则：同一律、矛盾律、排中律。思想家的思想需要经受这三大准则的检验。思想会矛盾，因为存在本身就矛盾。人白天不睡觉，晚上要睡觉，岂不就是矛盾？为什么不一直睡觉，或者一直不睡觉？我们始终生存在矛盾之中，要明白这个道理。此亦一是非，彼亦一是非，不同的时间，不同的背景，针对不同的对象，都会出现矛盾。所以，不要纠结于矛盾还是不矛盾。以矛盾来否定思想的正确性，这否定只是形式上的否定，没有内容上的实质意义。矛盾的言论，未必就没有它的道理。

从逻辑上讲，这个地方确实是讲不通的，要读懂它，更重要的是要揣摩其言下之意。孔子为什么要讲这样一句话，他用意何在？逻辑不通，这句话是不是就没有意义了？当然有意义，他的意义就在于告诉人们择友的重要性。《孔子家语》载孔子语："吾死之后，则商也日益，赐也日损。"因为子夏（商）喜欢与超过自己的人交朋友，而子贡（赐）喜欢与不如自己的人交朋友。"物以类聚，人以群分""近朱者赤，近墨者黑"，天天跟那些比较出色的人在一起，品性就容易慢慢提升。天天跟那些烂醉如泥的人在一起，可能就学会了喝酒，慢慢堕落。荀子也讲："蓬生麻中，不扶而直；白沙在涅，与之俱黑。"这个道理在我们的经验中是可以成立的，虽不是百分之百，出淤泥而不染的也大有人在，但是大多数情况下，人的习性是易受到环境的影响的。如果经常跟优秀的人在一起，不知不觉中受到影响，慢慢地会变得更优秀，跟懒惰的人在一起，慢慢地会变得懒惰。从这个角度来讲，孔子的这句话是有意义的。

孔子是不是真的讲不要跟不如自己的人做朋友呢？如果真的是这样的思想，觉得自己高高在上，有一种优越感，那这个人的修养肯定是不到家的。人都是相互学习的，孔子不是说要人完全不跟不如自己的人交朋友。"尊贤而容众，嘉善而矜不能"，这种精神在《论语》的很多地方都有所体现。不管是庄子也好，孟子也好，都有关于这个问题的探讨，他们的态度都是比较一致的，就是要包容不如自己的人，这是无疑问的。庄子说："以贤临人，未有得人者也；以贤下人，未有不得人者也。"孟子说："如中也弃不中，才也弃不才，则贤不肖之相去，其间不能以寸。"此等言论，皆与孔子"宽则得众"之旨相合。

"过则勿惮改"，讲起来容易，做起来难。有时候明明知道错了，也不愿意改，因为下不了台，实在没办法的时候，就糊涂搪塞一下了事。归根到底还是在于我们有"我执"。万事万物都是因缘和合而成，桌子之所以是桌子，就是各种条件、各种因缘和合使其得以成为桌子。桌子就像一盘散沙，随时可能散架，被人砍一刀，被火烧一把，它就不再是桌子了。没有固定的实体存在。"我"也是这个样子，随时可能会散架，这个"我"随时可能变成另一个"我"。是非不是和"我"捆绑在一起的,对了也不是"我"的对,别人那样做他也对,错了也不是"我"的错,别人那样做他也错。

1-9 曾子曰:"慎终追远,民德归厚矣。"

译:曾子说:"谨慎送终,追思远祖,民风就会趋于仁厚了。"

1-10 子禽问于子贡曰:"夫子至于是邦也,必闻其政,求之与?抑与之与?子贡曰:"夫子温、良、恭、俭、让以得之。夫子之求之也,其诸异乎人之求之与!"

译:子禽问子贡:"孔夫子来到一个国家,一定能打听到那儿的政治,是他自己主动打听的呢?还是别人告诉他的?"子贡说:"孔夫子凭他的温和、良善、恭庄、节制、谦让获得,即便是自己求得的,也和别人的求得有所不同吧。"

注:"其诸",齐鲁方言,用来表示不肯定的语气,与"大概""或者"近义。

说:子贡的回答是比较机智的,很善于处理同异之辨。诡辩很多是生于同异之辩,这种诡辩的化解也需依靠对同异的辨明。《伊索寓言》有一则乌鸦的故事:"上帝要拣最美丽的鸟作禽类的王,乌鸦把孔雀的长毛披在身上,插在尾巴上,到上帝前面去应选,果然为上帝挑中,其他鸟类大怒,把它插上的毛羽都扯下来,依然现出乌鸦的本相。……这只乌鸦借来的羽毛全被人家拔去,现了原形,恼羞成怒,提议索性大家把自己天生的毛羽也拔个干净,到那时候,大家光着身子,看真正的孔雀、天鹅等跟乌鸦有何分别。"

这是一个明显的诡辩。怎么来化解这个诡辩呢?要明晰同异之辨。虽然同样都是毛发,同样都是装饰,但是有些是天生的,有些是假的、插上去的,这就又不一样了。同样是主动去探求政治,有些人是汲汲于谋取功名,有些人可能想推行仁政,这就是他们的不一样。许多人诡辩的时候会说,"天下乌鸦一般黑",所谓的利人,归根到底还是利己。类似这样的诡辩其实很好化解的,辨析清楚其中的同异就可以了。《庄子》一书十几万字,思想基调都是主张不要辩论,不要分辨是非。有人就起来攻击他,说他嘴上说不要辩论,自己十几万字的书却全都在跟人辩论。庄子也有辩论,这是他与别人的同;但庄子的辩论是主张平息是非,这就是庄子与别人的异。世间万物一定有它的同,也有它的异,任何两个事物之间都是这个样子,明白同异之辨,就可以回避许多无谓的诡辩。在这个地方,子贡很机智地回应了孔子求政的问题。孔子既然淡泊名利,那么为什么每到一个地方他都会知道那里的政治呢？子贡的意思无非是说，夫子知道一个地方的政治，即使是主动探知的，也是以仁德为出发点，与别人靠阴谋诡计探知，为了私己的目的探知，有着根本的不同。

　　1-11 子曰："父在，观其志；父没，观其行；三年无改于父之道，可谓孝矣。"

　　译：孔子说："父亲健在，就观察他的志向；父亲亡故，就观察他的行为。三年内不更改父亲的准则，就称得上孝顺了。"

　　说：对于孝，要跨时代地去思考。我们现在跟古代肯定不一样，但是也不可能完全不要孝。现在是公民社会，讲究平等。子女跟父母也是平等的，父母与子女的关系不再是主从关系。相处方式是平等的，但是里面的情感基础不能拔掉，情感基础还在。有些人觉得时代变了，孔子讲的父慈子孝那一套都已经过时了。没有错，但也不能说它一点根基都没有了，可以完全不要。我们这个时代仍然要讲孝道，但是我们时代的孝道跟孔子时代的孝道有着很大不同。比如这一则，孔子那个时候讲孝，要讲"父在，观其志；父没，观其行；三年无改于父之道"。就是说，如果父亲健在，就要看孩子的志向怎么样，如果父亲去世，就要看孩子的行动怎么样，三年不改变父亲的规矩，就算是孝。这又是为什么呢？因为在古代是有等级的，父亲就像君主一样，子女就像臣下一样，是有主从关系的，子女要听父母的话。如果父亲没死掉的话，子女不能太有主见，有主见也不能实现自己的主见。所以说，要考察一个上有父母的人，就要考察他的志向。志向是在内心的，不用做出来。孩子可能想去读书，但是父亲叫他去挣钱，那没办法，要听父亲的话去工作挣钱。这个时候就在考察这个孩子的志向。父亲去世了，就可以看他的行动了，因为父亲不在，就有自主权了，什么东西都可以自己做主。这个时候就要看他怎么做，考察这个人，就当考察他的行为。三年之内，因为在守孝，如果在守孝期间，把父亲制定的规矩都改了，这就是不孝。父亲一死掉，就开始跟他对着干，在古代是被认为非常不孝的。家有家法，家法是祖上制定的，由父亲贯彻和修订，如果父亲一死掉，儿子就更改家法的话，就是不孝。对于国家也是这样，皇帝死掉了，作为儿子的新皇帝三年之内尽量不要更改国家的法度，要改也尽量过了三年再改。孔子在这里说"三年无改于父之道"，有情和义的统一在里面。所谓"不改父之道"，应是指不改变父亲的原则性的准则，因为是原则性的，所以不能轻易更改。但是原则性的又未必是合宜的，所以也可以更改，只不过出于情感，不在三年丧期内更改。老规矩有不合适的当然要改，这是义，但又不能马上改，马上改于心不忍，这就是情。要更改的话，三年以后再更改，这就是情和义的统一。

1-12 有子曰："礼之用，和为贵。先王之道，斯为美。小大由之。有所不行。知和而和，不以礼节之，亦不可行也。"

译：有子说："礼的运用，贵在能和；古代圣贤之道，其美妙处也正在这里；大事小事都依着这个原则，但有时也会行不通。知道要和，便一味追求和，而不顾依礼来节制，那也是不行的。"

说：礼的目的是要达到人跟人之间的和谐。礼不是一成不变的，如果时代变了，礼也是要发生改变的。而且具体事情的情境有别，也有个经和权的问题。如果说事事都要遵照礼的准则，有时也会行不通。这和法律是一样的，成文的规定，固定的条条框框，没办法处处顾及得那么细，很多细节的地方，很多特殊的情境，不可能完全照顾得到。所以说，完全按照礼的准则，有些地方也会行不通，这个时候就要权变。一味地靠礼不行，完全不要礼也不行。有时候达到了和的目的，但是违背了礼，那也不行。比如说红绿灯的规则，过红绿灯的时候，经常会碰到一种情境，路口没人也没车，对着红灯，能不能闯过去？法律规定肯定是不行的，闯了会被拍照。即使不被拍照，从道德上来讲也不行。这个就是有子说的"知和而和，不以礼节之，亦不可行"的具体例子。红绿灯的规矩就是礼，在某个具体场景中，突破红绿灯的规矩也可以和谐，因为对向没有车过来，不会出事故，也不会造成拥堵，但是仍然不能闯红灯，规矩仍然要遵守。

1-13 有子曰："信近于义，言可复也。恭近于礼，远耻辱也。因不失其亲，亦可宗也。"

译：有子说："守信能合乎道义，诺言才能兑现；恭敬要合乎礼仪，才能远离耻辱。依靠于关系亲近的人，也同样值得尊敬。"

注：①复：践行。②因：依靠，凭依。

说："信近于义，言可复也"，就是说，诺言需要符合道义才能践行，反之，诺言如果不符合道义，是不能践行的。有子是教我们可以失信吗？儒家最重信用，为什么这里却说可以变卦呢？其前提就在于"信近于义"，信用是要讲的，但是要合乎道义。义就是合宜，就是应该。"信近于义"就是说讲信用一定要合宜，应该讲信用的时候讲信用，有时候不该讲信用的，就别讲信用。如果一味讲信用，那是迂腐痴呆，容易被小人利用。《庄子》里面讲了一个故事，说一个叫尾生的，很讲信用，跟别人约好了在桥底下见面，不见不散。后来尾生先到，就在桥底下等，对方一直没来，他就一直在那里等，后来发大水了，他就抱着桥柱，一直抱着，大水淹过来，最后把他淹死了。这就是迂信，应该权变的时候，他没有权变。有时候受人蒙骗，许了个承诺，后来发现被人家骗了，人家原来是要你去干坏事，那你还继续干吗？当然不干。如果发现所许的承诺是不合道义的，不应该做的，那么就不应该去践行诺言。合于道义的承诺应该遵守，如果承诺本身就是不正义的，那就不应该遵守。合同有法律效力，按道理说，合同签了，一旦违约，就要承受法律责任。在合同条款上可能说了，如果违约，得罚款十万元。但是后来别人一看，这合同的其他条款本身就不合法，那这个合同就没有效力，到法庭上打官司，法庭也不会判罚违约金，因为合同本身就不合法。所以说，"信近于义，言可复也"。反过来，如果诺言合义，那就应该要遵守，这是儒家基本的准则。《史记·孔子世家》记载：

> 孔子去陈。过蒲，会公叔氏以蒲畔，蒲人止孔子。弟子有公良孺者，以私车五乘从孔子。其为人长贤，有勇力，谓曰："吾昔从夫子遇难于匡，今又遇难于此，命也已。吾与夫子再罹难，宁斗而死。"斗甚疾。蒲人惧，谓孔子曰："苟毋适卫，吾出子。"与之盟，出孔子东门。孔子遂适卫。子贡曰："盟可负邪？"孔子曰："要盟也，神不听。"

所谓"要盟"，就是受到要挟而立下的盟约。蒲人要挟孔子，如果他不去卫国，才给他放行。孔子受蒲人要挟，于是答应蒲人不去卫国。但是孔子刚刚离开蒲地，就奔赴卫国而去。这是对"信近于义，言可复也"的最好注解。后来孟子又说："大人者，言不必信，行不必果，惟义所在。"说的也都是同一个道理。

与信一样，恭原本是一德，如果不能合礼，则反成附赘悬疣，去之尤恐不速。我们经常讲对人要恭敬，要尊重对方，这原本没错。但是有子讲，恭敬也要合乎礼义，该恭敬的地方恭敬，不该恭敬的地方恭敬，就会招来耻辱。恭敬本为远耻辱之道，恭敬他人，他人亦当恭敬于己。但如果恭敬太过，不能合礼，则恭敬反招耻辱，故恭必近礼。跟人相处的时候，如果一见人打招呼就点头哈腰，好像很把对方当回事，很不把自己当回事，这就容易给自己招来耻辱。为什么很多时候别人不尊重自己？因为自己没有让人尊重。如果一个人有自尊，别人是会尊重他的。相反，一个没自尊的人，别人就不会尊重他，会践踏他的尊严。如果有人格，知道尊敬对方，同时也不失自尊，就不易遭到别人的侮辱。所以，"恭近于礼，远耻辱也"，恭敬是要合度，要合乎礼义的。该恭敬的时候要恭敬，不该恭敬的时候不要恭敬。

"因不失其亲，亦可宗也"，这是说，依靠于关系亲近的人，也同样值得尊敬。常见的现象就是裙带关系、托关系。这也值得倡导吗？我们要懂这话的背景，有子为什么会讲可以托关系。按常理来讲，是不应该主张托关系的，因为会损害公平正义。但是如果所用之人确实可用，那就不避讳关系。两个人如果能力差不多，综合素养差不多，那么肯定要选用比较亲近的人。毫无疑问，更容易达成和谐与默契，合作起来会更顺利，而且还兼顾到了感情。所以，儒家不避讳姻亲关系。只要把最有才德的人选拔出来，管他有没有沾亲带故。举贤不避亲，这样的例子在历史中时常可以看得到。但是反过来，如果亲近的人没有才能，能不能让他上位呢？当然不行，这就是不义。有人批判儒家，说中国的人情社会，就是儒家造成的。这种批判是没有根据的。西方没有儒家，为什么也爱搞人情关系呢？人情关系是人性本身的一个弱点，儒家在尊重这种心理本能的前提之下，还要兼顾正义。儒家为什么又要主张大义灭亲呢？这就是情和义的一种统一。儒家的教义难也就难在这个地方，很多时候要靠心诚自觉，没有固定的条条框框，要靠自己心诚自觉地去把握一个度，这是很考验一个人的德性修为和聪明才智的。一方面要自觉，心守正义，同时还要知道分寸在哪里，这就是儒家的难点所在。

1-14 子曰："君子食无求饱，居无求安，敏于事而慎于言，就有道而正焉，可谓好学也已。"

译：孔子说："君子在吃的方面不求饱足，在住的方面不求安逸，对事情敏锐，对言语谨慎，对照着道义来纠正自己，这样也算是好学了。"

注：就：靠近、走近、趋向。

说：食不能饱是古代社会的常态，我们现在基本上衣食无忧了。生产力普遍低下的社会，好多人是吃不饱饭的。经历特殊的困苦，有时也会吃不饱饭。吃不饱饭不要紧，只要不饿死，就将就着吃。居住的处所，也不求太安逸。只要在做事情上能勤勉，而且在言语上能谨慎。最重要的是能"就有道而正焉"。

"就"是靠近的意思，"就有道"，也就是靠近有道的人。这个"道"，不单单是指道德。"有道"指的是有修为的人，也指懂得大自然宇宙规律的人，懂得为人处世的规律的人。靠近有道之人，就是好学了。孔子的学问，不单单是在书本上求，他经常在日常生活的言和行里面求。这里提到的都是言行，还有志向。立好了志向，而且在言行上又能够接近于道的话，这就是在学习。通过这一则，我们可以看到，孔子在物质层面是比较淡薄的，这一点后面还会反复涉及。

1-15 子贡曰："贫而无谄，富而无骄，何如？"子曰："可也。未若贫而乐，富而好礼者也"。子贡曰："《诗》云：'如切如磋，如琢如磨。'其斯之谓与？"子曰："赐也，始可与言《诗》已矣！告诸往而知来者。"

译：子贡说："贫困但不谄媚，富贵但不骄傲，怎么样？"孔子说："也挺好。但是不如贫困而能快乐，富贵而能好礼。"子贡说："《诗经》说：'切了还要磋，琢了还要磨。'说的就是这个道理吗？"孔子说："端木赐啊，现在可以开始和你讨论《诗经》了，告诉你已说的，你可以知道未说的。"

说：子贡是孔子聪明学生的代表，他经商挣了不少钱，是比较富裕的。子贡复姓端木，单名赐，后来成为民间信奉的财神。所谓"端木遗风"，指的就是子贡遗留下来的儒商风范。子贡在这里向孔子问贫富和修养的问题。

我们常说"人穷志短"，人在没钱、身处困境的时候，迫切想要改变现状，有时候就难免容易阿谀奉承别人。一旦富贵起来呢，就得意忘形变得比较骄傲，盛气凌人。这是我们常态心理下容易犯的毛病。子贡就说，有的人不会这样，贫穷的时候，他不谄媚，而且富贵的时候，也不骄傲。他问孔子这人如何，孔子告诉他，好是很好，但是还有更好的，那就是贫穷的时候，他不仅不谄媚，而且能快乐。这里容易想到颜回，他就是一个在贫穷之中不仅不谄媚，而且能比较快乐的人。富贵了，不但不骄傲，而且还能懂礼，尊重有钱的人，也尊重没钱的人，尊重长辈，也尊重晚辈，这就叫作"富而好礼"。孔子说了更高一层的人格。可能子贡已经做到了富而无骄，孔子要让他进一步提升一下。孔子就是这个样子，对不同的人有不同的要求，循序渐进地诱导。

"如切如磋，如琢如磨。"这是诗经里面的一句话。切、磋、琢、磨是加工四类不同器物的不同称谓。加工骨头叫作切，加工象牙叫作磋，加工玉器叫作琢，加工石头叫作磨。又有人说，切、磋、琢、磨是四道程序，一道比一道精。第一道程序可能比较粗糙，把玉切下来就可以了，然后要磋要琢，最后一道程序需要打磨光滑，越来越精细。这里的语境，用后一种意思应该更为妥帖。修身如治玉，也是一层比一层精细，一层比一层讲究。子贡引用《诗经》的这句话是很切合场景的，所以孔子说他"告诸往而知来者"。"往"是什么呢？就是已经说了的。"来"有未来、尚未发生的意思，但是在这个地方不是。"往"是已经说了的，"来"就是还没说的。已经说了的，懂得了，还没有说的，也懂得了，这是对子贡的褒奖，称赞他聪明，一点就通，闻一知二。

1-16 子曰："不患人之不己知，患不知人也。"

译：孔子说："不担忧别人不知道自己，只担忧自己不知道别人。"

说：这句话如果能够做到的人，他是会比较安心的。儒家的修身是以自我为本的，从自己身上发现问题，而不是在外面发现问题。反思的时候，首先都是从自己入手，而且有担当意识。有过错自己来担当，有功劳别人先去分享。有毛病先从自己身上分析，有优点先从别人身上挖掘。这是一种责任感，一种担当意识，在儒家思想里面比较突出。

为政第二

2-1 子曰："为政以德，譬如北辰，居其所而众星共之。"

译：孔子说："依靠道德来理政，就好比北极星一样，安居其所，众星都环绕着它。"

说：这一章的文字也很简单，唯一的难处就是"共"字。之前提到，许多有偏旁的汉字，起初是没有偏旁的。这个"共"就是比较早的"拱"字，还没有加上偏旁。拱就是环绕，拱桥就是一个环形的桥，拱就是围绕着一个中心，有一个环绕。后来为了表示动作，就加上了提手旁。

北辰，就是北极星，夜空中最亮的那颗星，可以靠它来寻找方向。因为，据说北极星永远都是不动的，其他的星星都会转，会改变方位。我们有时候会觉得奇怪，太阳是恒星，却也东升西落，我们觉得它会转。地球围绕太阳转，但是我们以地球为中心的时候，太阳是动的。恒星尚且会有升降，为什么北极星可以是不动的呢？这是一个天文学的知识，其实古人不懂，孔子也不懂。他觉得北极星好像是一颗星星，固定在那里不动，所有星星都围绕着它转。这是那个年代的局限性，现在天文学发达了，我们当然可以知道为什么北极星是永远不动的。因为所谓的北极，它不是一颗星，不是恒星，也不是行星，它只是一个方位，是地球自转的转轴所指向的一个方位。过了多年以后，这个位置上的星可能会变成另外一个。永远会有一颗星星居处在那个地方，不过不是同一个。就像古代有很多皇帝，但是皇帝也要换着来。地球自转，只有轴是不动的，那个位于轴的方位上的星，就是我们看到的北极星，随着时间的变化，它会被更替。但是孔子不知道，他以为那是一颗恒定不变的星，所以他用北极星做了一个比喻，说政治如果以德为主，实行仁政，那么大家都会来归附，大家都围绕着你转，不用强迫，大家都从远方来朝拜你，归服于你。用武力雄霸天下，大家当然不会服他。大国气象，只能以文德服远人。中国曾经是天朝上国，威服过周边的小国，小国自愿前来进贡，进贡那么点东西，还会让使者带一些回去，可能带回去的东西是进贡来的数倍。这就是大国气象。大家和平共处，我不征服你，你愿意跟我和平共处，以我为尊贵，那只是对我的一种尊重而已，事实上我也没有剥削你，这就叫作"以文德怀远人"。所以孔子就讲，"为政以德，譬如北辰，居其所而众星共之"。

2-2 子曰："《诗》三百，一言以蔽之，曰：'思无邪'。"

译：孔子说："《诗经》三百篇，用一句话来概括，就是'思无邪'。"

注：①《论语》里面的"诗"，多指《诗经》。

说：对于孔子的这句话，后人是有许多争论的，不是说所有的人都认可。"思无邪"出自《诗经·鲁颂·駉》："駉駉牡马，在坰之野。薄言駉者，有驈有皇，有骊有黄，以车祛祛。思无邪，思马斯徂。"这是一首描写马的诗。随便引一首，就可以看到《诗经》文字上的困难。古书里面，《论语》算是比较好读的，《诗经》有点难，《尚书》更难。"佶屈聱牙"，说的就是《尚书》。《駉》这一首诗，文字生僻，而且语法难通。但是如果读《诗经》多了，也不会觉得太难懂。駉、驈、皇、骊，马字旁的全都是马，"祛祛"，就是奔跑的样子。《駉》主要描写的是有很多不同的马在田野里面奔跑。"思无邪"是用来形容马的状态的，孔子用来归纳《诗经》三百篇的核心精神。

"思无邪"是什么意思呢？毛诗序对它有个注解，说是"发乎情，止乎礼义"。"思无邪"有两个方面的要义，一是情之真，一是情之正。首先，情感是真实的，"发乎情"就是说，真实情感从内心涌动出来，不是道学家说干话，不是将诗写到枯燥无味的地步。诗心很简单，就是男女之爱、朋友之爱、父母之情……发挥本能的一些情感冲动。《诗经》里面描写的很多爱情，非常淳朴，非常直白，非常真实，一点都不造作。发乎真，这是"思无邪"的第一个要义。第二个要义，就是要正，要"止乎礼义"。情感是真实的，但也不是完全没有节制的。人的情感有时候近乎动物性的本能，如果不限制的话，与动物无异。在先秦的时候，虽然有所谓的礼，但是很多人是不遵循礼的。我们读一下《左传》，可以看到很多王公贵族，不管是男是女，完全不遵守礼教。原始民族的很多民歌，其实许多都是很粗鲁、很粗野的，甚至近乎兽性的也很多。为什么《诗》三百是无邪的呢？因为，《诗经》是经过孔子删减过的。从民间到庙堂，孔子收集了很多诗歌，里面可能有很多是色情的，孔子都把它删减掉了，留下来的必然就是止乎礼仪的了。后人看《诗经》，觉得有些比较直露的情感，其实那已经很正了。如果能看到孔子删减之前的诗歌，定然会更加露骨。《诗经》的《国风》和《小雅》，好多都适合背诵。《大雅》和《颂》有些不好背诵，因为那是很官方的一些文字，而且有些会比较长，有些是歌功颂德的文章，读起来没那么有味道。《国风》最真实，最热切，可以看到原始的、质朴的情感。现代人尤其需要读读《诗经》，可以唤起我们原本的、最真实的情感。

钱穆说："三百篇之作者，无论其为孝子忠臣，怨男愁女，其言皆出于至情流溢，直写衷曲，毫无伪托虚假。"鲁迅就有点不同意，他说："《诗》三百篇，皆出北方，而以黄河为中心……其民原重，故虽直抒胸臆，犹能止乎礼义，忿而不戾，怨而不怒，哀而不伤，乐而不淫，虽诗歌，亦教训也。然此特后儒之言，实则激楚之言，奔放之词，《风》《雅》中亦常有。"《诗经》当然有"奔放"，比如里面讲到一对小男女，晚上约会，又有点不好意思。隔着道墙，男的就想要翻墙过去。女的就说，我的好哥哥，你要小心点，不要来翻我的墙，不要把我的树给折断了，不要让狗吠起来，以免被哥哥和嫂嫂知道了。这算不算淫荡？如果这种感情能叫淫荡的话，那也不要有什么恋爱，不要有什么男女之情了。所以，鲁迅所讲的，是程度的问题，他有他的一种标准。鲁迅的标准跟儒家的标准是有程度上的差别的，鲁迅要求得更严格一些，所以他觉得风雅里面也有"激楚之言，奔放之词"。但是按孔子的要求来说，那"激楚之言"，仍然在情理的范围之内。孔子自己有时候也骂学生，但那也是在礼义的范围之内。人是鲜活的人，不可能从来都不会愤怒，孔子也有情感，也会愤怒，只不过他不会毫无节制地淫奔，不会毫无节制地谩骂。鲁迅又说："惟诗究不可灭，则又设范以囿之。如中国之诗，舜云言志，而后贤立说，乃云持人性情，三百之旨，无邪所蔽。夫既言志矣，何持之云？强以无邪，即非人志。"这就有点钻牛角尖了。其实还是一个程度的问题，完全没有节制、有一点点节制以及节制到情感扭曲，这三者是有差别的，岂可非此即彼，一概而论。

2-3 子曰："道之以政，齐之以刑，民免而无耻。道之以德，齐之以礼，有耻且格。"

译：孔子说："用政治手段引导，用刑法手段整顿，百姓或许能幸免于罪，却不能有廉耻之心；以道德来引导，以礼教来整顿，百姓能有廉耻而且愿意归顺。"

说：道就是导，疏导。让所有人都一致，这叫齐。每个人都有自己的见解和个性，用刑法来规范，就不能随意妄为，大家都完全遵守共同的规则，这就是"齐之以刑"。刑就是刑法，差不多相当于我们现在的法，古代的刑跟我们现在的法更接近。刑包括了惩罚，也包括了规范。以国家的法规来引导，老百姓可能可以免于法度所禁，但是难免无耻。法律没有规定到的地方，就可以不听话了？法律能规定得那么详细吗？规定到的，就不做，没规定到的呢，什么都可以做，这不就是无耻吗？法律是有局限性的，法律不可能面面俱到，再健全的法律它始终有漏洞。法律的手脚触及不到的地方，还须靠人的羞耻心，靠人的自觉。

礼就是自觉恪守的规范。"道之以德，齐之以礼，有耻且格。"格通恪，恪守的恪。有法不一定有德，有德一定有法，这就是孔子的道理。现在有些人指出，法律是最底线的道德。道德的底线再往下走，就违法了。道德是自觉自修，但不能越过法律的底线，越过底线就要受到制裁，没有越过底线，有些不道德事情做了也不会受到制裁。这个逻辑关系应该是一种包含和被包含的关系，道德是一个大的范畴，法律是里面的一个局部，而且是底线。如果说用道德来规范，自然也就符合法度，但是如果用法度来规范，就不一定符合道德。所以孔子说要"齐之以礼"，这个礼，里面有法律规范的内容，但是它更加注重自觉性。礼和法的关系是什么？礼有点像我们现在的法，区别在哪里呢？礼跟法律一样，也是一套行为规范，但它是自发的，不需要强迫。法律是强制的，规定的义务要执行，禁止的要避开，否则就会受到制裁。违背了礼，顶多受到道德的谴责，这就是不一样的地方。孔子是主张仁政的，主张要以道德来治理天下，这是他的理想，但这理想是很难实现的。孔子的学说是一种理想，是一种信仰，是朝着那个目标的方向。不要以为目标达不到，它就没有意义。古代的许多文人嘴上喊着要隐逸，但事实上他们多数也没有隐逸。他们做不到隐逸，但是一个有隐逸之心的人和一个没隐逸之心的人，他们做起官来是完全不一样的。有隐逸之心的人，他始终有个寄托，有个归宿。没隐逸之心的人呢，他整天在官场上往上奔，会很累，而且没有退路。有时候钩心斗角，在官场里面完全是用一套政治的规则在那里游戏。对于有归隐情结的人，就不一样了，虽然他没有达成事实上的归隐，但他心里向往归隐的时候，他心里感觉到更清静，有寄托，有希望，而且在政务中也相对会更加超功利一些，没那么市侩。政治也一样，现实中得朝理想方向努力，可能能达到十分，能达到二十分，并不断朝那个方向发展。有标杆和没标杆会很不一样。孔子的学说也是一样的，德政是个标杆，现实中实施起来，不可能做到完全的德政。这一点孔子自己心里也清楚，尤其是在春秋战国那样一个乱世的情况下，更是空想。有几个人能用他的道理来治理天下呢？秦始皇如果信儒家，他肯定不可能灭六国。那是特殊时期，必须要用暴力来夺取天下，但是夺取天下以后，必须用孔子的那一套来治理天下，否则不易长久。事实正是这个样子，秦始皇以暴力得天下，同时他又以暴力治天下，所以他很快就亡国了。汉朝吸取了秦始皇的教训，崇奉儒家的学说，虽然里面也有法家和道家的成分，但是旗帜上是要喊儒家的。梁启超说，中国两千年的政治用的都是荀学。荀子的学说也不是纯粹的儒家学说，荀子继承了孔子的学说，但他最重的不是仁，而是礼，礼就有法律的成分在里面，所以它实际是儒和法的结合。

2-4 子曰："吾十有五而志于学，三十而立，四十而不惑，五十而知天命，六十而耳顺，七十而从心所欲，不逾矩。"

译：孔子说："我十五岁开始立志学习，三十岁能够立身，四十岁没有大的困惑，五十岁知道天命，六十岁耳随心顺，七十岁遵循内心去做可以不违背规矩。"

说：十五岁是志学的年龄，大概相当于我们现在进大学的年纪。现在的十七岁跟古人的十五岁是非常接近的。这个年龄段求知欲最为旺盛。太小了懵懵懂懂，什么都不知道，都是灌输式的，都是被别人牵着鼻子学。真正开始醒悟，觉得学习很迫切，就是孔子说的十五岁左右的年纪。十五岁特别有求学的冲动。当然，有些人根本不爱学，到死都不会自己想学，这样的也大有人在。

到了三十岁，就当有所立了。"三十而立"这句话大家听得太多了，但是多数人也都误解了它的意思。我们说一个人"三十而立"，往往就是说他三十岁事业有成了，或者有家庭，有小孩。一般人理解"三十而立"是这样理解的，这种理解跟孔子所讲的完全不是一码事。孔子从来不跟你讲多少岁结婚，多少岁有事业，这些都不是特别重要。当然也不是完全重要，但那是附带性的，不是作为人生的追求目标。更重要的是什么？立命。孔子讲的立，具体是立于什么呢？这个孔子后面还会讲到，就是"立于礼"。"兴于诗，立于礼，成于乐"是孔子更粗糙一点的人生阶段的划分。第一个阶段，是用诗歌来萌动激发原始情感。第二个阶段就是"立于礼"。如何才叫作"立于礼"了呢？就是能立得住身，有所措其手足了。人经常是很难安的，跟人打交道也好，做事情也好，总感觉这也不对，那也不对。或者说是很拘束，很拘谨，在一个陌生的场合，见了一些陌生的人，手也不知道怎么摆，脚也不知道怎么摆，坐立不安，这就叫无所立，无所措其手足。反过来，一个人很规范，也不会拘谨，很自然地就那样，很舒适、很自如，这就是有所立。这只是一个方面，其他各个方面都是如此，一个人的行为、言语、心理状态，很自如，而且合规范，这就叫作有所立了。三十而立，其实是非常难的事情。十五志于学，许多人都可以跟得上孔圣人的步伐，越到后面就越跟不上。"三十而立"，有几个人三十能立？能立的都是圣贤。但依然还是有程度的差别的，不是说大家都达不到的，就是空设的，没意义。即使达不到，衡量人的时候，还是有个程度之别的。

　　"四十而不惑"，这个也是很难的。孔子说："可与立，未可与权。"能有所固守，又未必能够权变，权变是需要智慧的，看得真切，辨得灵活，能够做到如此，就算不惑了。不惑是不惑于哪些该变通，哪些不该变通，这是古代经学家的看法。我倒觉得，"四十不惑"要和"五十知天命"结合起来理解。"不惑"肯定也不是就琐碎的知识而言的。琐碎的知识，不要说四十，就算四百、四千，都还会有惑。因为人的知识是无限的、无止境的。所以，如果从认识论的角度来讲，不可能讲四十不惑。那么，不惑是不惑什么呢？仍然是指修身而言的，孔子之学是修身立命之学，在修身立命的层面是不会困惑的，这就叫不惑了。四十和五十有什么区别？不惑和知天命有什么区别？真的很难说出个一二三来。我的理解，这个地方可以做一种互文，互文在《论语》里面也有好多。"秦时明月汉时关"，这是最典型的互文，它不仅仅是指秦朝的明月和汉朝的关隘，而是指秦朝的明月和秦朝的关隘，以及汉朝的明月和汉朝的关隘。第一个主语同时要对应两个宾语，第二个主语也要同时对应两个宾语，这叫作互文，这是汉语里面很常用的一种句法。"四十而不惑，五十知天命"，如果以互文句法该怎么理解呢？就是四十不惑且知天命，五十不惑且知天命。如果这样理解的话，知天命就是不惑，不惑就是知天命。一个人怎么才能做到不惑？不是说知识上无所不知，而是说真正知天命了，这就是不惑。能不困惑于自己的境遇，不会质问为什么好人没好报，不会质问为什么环境这么糟糕，不会质问为什么运气这么不佳，不会质问为什么处处不如意……这就算是通达，当然也就是不惑。所以在这个地方，宁愿把它做互文来解释，还解释得更通一点。历代注解众说纷纭，也解释不出个所以然来，四十和五十太难区分了。

六十岁的时候什么都能听得进去了，不会再生反感抵触情绪。"七十而从心所欲，不逾矩"，这是最高境界。如果用西方哲学的术语来说，"从心所欲不逾矩"就是合规律性与合目的性的统一，是自由和必然的统一。人是自由的，但是自由要受到现实社会规律的制约，人在规律面前是不自由的。大自然的规律，人不能违背，这就叫作合规律，人在这个方面是没有自由可言的。但是人又有意志，人不是完全机械的、物质的，人有意念。人要打破自然规律的作用，靠的就是意念。比如杯子要往下掉了，人用手把它阻挡住，突然这个杯子就不会往下掉了。人是有自由意志的，寻常坐在那里，想着什么时候站起来，随时可以站起来。按自然规律来说，将永远坐在那里，靠着分子的运动，慢慢地在那里老化、衰朽，但是人有自由意志，就会动起来。孔子说的"从心所欲不逾矩"，用大白话来解释就是：想怎么样就怎么样，而且不会破坏规则。这是多高的境界！本来早上想睡一下懒觉，这是一般人的惰性，但是你现在就是不想睡懒觉了，而学校的要求恰恰就是不要你睡懒觉，要你七点钟起床，八点钟上课。这就是"从心所欲不逾矩"。规矩面前，我们往往觉得不自在，孔子说"从心所欲不逾矩"，想怎么样就怎么样，而且刚好想要的就是符合规矩的，这个是很难的。孔子说他自己"七十从心所欲不逾矩"，到底做不做得到，这是有疑问的。圣人都可能做不到，更何况我们常人呢？所以孔子的话很多时候是理想，是信仰，我们要反复强调它是一种信仰，是让人朝着它往前奔的一种力量，不是要人真正地达到，因为永远也不可能达到。但是我们的目的是要不断向它靠近，靠近了一层就进步了一层，人格境界超升的过程，就是不断地朝那个理想靠近的过程。

> 2-5 孟懿子问孝，子曰："无违。"樊迟御，子告之曰："孟孙问孝于我，我对曰'无违'。"樊迟曰："何谓也?"子曰："生，事之以礼；死，葬之以礼，祭之以礼。"

译：孟懿子向孔子问孝。孔子说："不违背礼节。"樊迟为孔子驾车，孔子告诉他说："孟懿子向我问孝，我告诉他'不违背礼节。'"樊迟问："指的是什么呢?"孔子说："父母健在，就以礼节侍奉他们；父母死了，就以礼节埋葬，以礼节祭奠。"

说：《论语》有许多地方讲到孝，孝这个概念需要时代性地去批判和继承。不必依古代的程式规范地去遵循孝道，但孝的精神还是要有的。要有心肝，这个心肝不单单是对父母，对长辈、对朋友、对爱人、对子女，对任何人，都是一致的。所以我们仍然有必要讲孝，汲取孝的精华。古代社会的孝毕竟是在古代社会的环境里面，它和君臣一样是有主从关系的。古代的君臣之道，君是主位，臣是辅位，有一种君本位的观念，是有等级的。到了现代，就需要有平等观，要注入民主平等的思想来讲孝，这就是孝的时代性。所以孔子的思想是活的，要改造，不能拘泥。孔子的智慧，需要汲取其背后的精髓，来适应我们这个时代，不能只停留在表面。

孟懿子问孝，孔子说"无违"。"无违"是什么意思呢？如果把它理解为完全不违背，就有局限。父母说什么就是什么，这就是孝吗？这是愚孝。孔子肯定不是这个意思。那么"无违"是什么意思呢？黄式三有个注解说："古人凡背礼者谓之违。"这个注解比较靠谱，不违什么呢？不违礼。不是说不听话就是违，行为不符合规范了，这才是违。孟武子问孝，孔子告诉他不要违背礼。就是说社会上有一套规范，要遵循，不要违背，这就算孝。

樊迟是孔子的学生，他在给孔子驾车的时候，跟孔子聊天，又聊到孟懿子问孝的事情。孔子说"无违"，樊迟觉得太抽象，太难理解，请孔子回答得更具体一些。孔子说："生，事之以礼；死，葬之以礼，祭之以礼。"这就很明显了，都是在讲礼。所以说，"无违"就是无违礼。父母在世的时候，依礼来侍奉他们，父母去世以后，就依礼去埋葬他们，以后还要依礼来祭奠他们。

这个地方也不要觉得是封建，对于社会的风俗习惯，我们永远不要太过轻视。人是社会的人，不是单个的人，虽然说时过境迁社会的规范和风俗会变，但是每个时代都有它的规范和风俗，风俗不因新旧而分高低。不是说遵循两百年以后的风俗习惯就前卫，就一定有道理，这个不然。古人讲忠孝，我们还得放到那时的社会语境里面去看。在现实生活中，人是跟他那个时代的人打交道，不同的时代有不同的社会心理，社会心理决定着人的不同的心理体验，以及不同的相处方式。我们现在就觉得火葬没那么令人难以接受，但是假设你时空穿梭到两百年前，你告诉当时的人们，那是很愚昧的想法，大家都不要土葬，再过两百年大家都会火葬，所以大家还是采用火葬吧。这就与当时社会背道而驰，显得不近人情，会让大家都很痛苦。如果下葬的是父亲，母亲可能会痛苦，子女也会痛苦。让大家都痛苦了，那就不叫作礼了。相反，放到我们现在的时代，大家的观念都转变了，大家觉得火葬很正常。母亲也不会痛苦，子女也不会痛苦，兄弟姐妹都不痛苦了，那么就可以这样做了，这就是风俗习惯。不要对风俗习惯嗤之以鼻，因为我们是社会性的存在。人跟人交往多少要顾及别人的感受，别人的感受也会决定自己的感受，这是相互的、连成一体的，人与人是掺杂在一起的一个共同体。

在年轻人身上经常容易发生一些不通达的自作聪明，有很深的我执，往往觉得自己很前卫，经常很厌嫌父母，觉得他们的思想太过陈旧。比如，为什么还重男轻女，为什么家庭观念还那么重，为什么非要结婚生子？有时候子女会因为这些观念跟父母有抵触心理。尤其是一谈到男女观念的时候，觉得父母为什么还这么封建愚昧，现在都21世纪了，为什么还有重男轻女的心理作祟，所以内心里很抵触，会跟父母对着干。父母面子上已经投了降，底子里偶尔流露一下惯习，那也不行。淫威所及，不依不饶，非要让父母从里到外全身心地洗心革面了不可。这种过分的我执，在现实中是不少见的。未必要跟父母一致，但是也不必非得跟他们抵触。他们毕竟是成长在上一个世纪的人。21世纪的新人，经历了一百多年的观念洗礼，从小接触的就是新观念，可以做到男女观念淡薄一点。新的一代已经基本可以做到男女平等，再到了后一代，就更不会重男轻女，也不会给孩子们施压，一定希望他们结婚生子。父母辈毕竟从小在传统观念里熏陶长大，他们已经形成了那样一种心理定势，要改变是非常难的。也不要觉得他们就多愚昧，试想一下，如果把自己放在他们的处境里面，在五六十年以前出生，也同样会是那个样子。所以，不用抵触，相互尊重。也允许老一辈有老一辈的心态，但是同时也明白，自己是21世纪的人，那么自己就不会像父母要求自己那样要求自己的子女。尊重父母，如果有可能成家的话，尽量成家，当然也不要太过委屈，要权衡。有些人是完全不顾及父母的感受的。不顾及自己的感受当然也不行，都是极端。走极端导致的结果是什么呢？父母很郁闷，于是自己肯定也就开心不起来。父母如果很郁闷，自己也没好日子过，天天烦你，你也受不了。反之，你很郁闷，父母又怎么好得起来。通达人就会相互包容，懂得权衡，最终这两种观念可以达到某种程度的交融和谐。到了自己做父母，就会开明一点，不管子女结不结婚，不关自己的事。想结婚就结婚，不结婚也觉得无所谓。

"无违"也可以换个解释法，不解释成不违礼，就解释成不违背风俗习惯，这就好理解了。孔子的智慧，可以嫁接和拓展，不要仅仅拘泥于礼，那太局限了。无违就是无违风俗习惯，尊重了风俗习惯，就是尊重了他人的心态。父母的心态是怎么决定的，不就是风俗习惯决定的吗？不就是旁人的眼光决定的吗？

旁人的眼光是什么？是社会舆论，它不是空穴来风的，许多时候社会舆论是有其合理性的。要矫正自己的言行，有时候我们要靠舆论。因为舆论是旁观者，比较冷静，而且是公理。我们经常讲公道自在人心，许多时候舆论就是公道，它不站在某一个人的立场，不依据某一方的利益来思考问题，而是站在公众的视角来思考问题。所以，舆论许多时候是能体现公道的，我们需要顾及舆论和风俗，但是也不要受它们的束缚，我们不是社会风俗和社会舆论的奴隶。

2-6 孟武伯问孝。子曰："父母唯其疾之忧。"

译： 孟武伯问孝道。孔子说："父母只担忧他的疾病。"

说： 孟武伯问什么是孝？孔子说，父母只担心他的疾病。反过来讲，其他都不用担心了。除了身体疾病之外，其他都不用父母操心，什么事情都做得井井有条，也不会去触犯法律，不会为非作歹，行得端坐得正。"父母唯其疾之忧。"这里也可以看到一种父母的无功利的爱。挣的钱多少，父母不关心，官位多大，父母不关心，父母只担心你身体好不好。

2-7 子游问孝。子曰："今之孝者，是谓能养。至于犬马，皆能有养；不敬，何以别乎？"

译： 子游向孔子问孝。孔子说："现在所谓的孝，只是指能够对父母有所养。人对狗和马也都能有所养，对父母不能敬，和对待狗马有什么差别呢？"

说： 仁爱有两个不可或缺的基本要素，一个是亲，一个是敬。亲是要消除人我之别，敬是要保持一定的人我之别。二者如阴如阳，贵能亲中有敬，敬中有亲，在对立之中取得二者的和谐统一。亲而不敬，容易导致狎昵轻慢；敬而不亲，容易导致淡漠寡情。孝是仁之一端，不能无敬。父母跟子女之间，朋友和恋人之间，如果没有敬，很难走得长久。不懂得尊重对方的人格的时候，两个人的关系就很容易破裂，包括父母在内。父母不尊重子女，子女不尊重父母，都容易导致感情的破裂。有时候父母对子女缺少敬，把子女当作自己的宠物一样，什么都要听自己的，什么都是自己说了算。子女的生活、事业，甚至是婚姻，全都给安排好了，这也不叫作慈爱，父母根本没有尊重子女的意愿，那也是缺了敬。现在独生子女多，有些孩子从小比较自我，非常骄横，对父母颐指气使，咋咋呼呼，动不动就暴跳如雷，那更是病态。父母对子女缺了敬不行，子女对父母缺了敬也不行。

2-8 子夏问孝。子曰："色难。有事，弟子服其劳；有酒食，先生馔，曾是以为孝乎？"

译：子夏向孔子问孝。孔子说："侍奉父母面容不能从容。父母有事情，就帮他们操劳，有吃有喝，能以他们优先，你认为这就算得上孝吗？"

注：①色难：色，脸色；难，艰难，不从容。②馔（zhuàn）：会意兼形声。"巽"的意思是"辅助""翼辅"，兼表声。"食"与"巽"合起来，表示"辅助主人陈设食物"，后引申出"饮食，吃喝"的含义。

说：这段话里面有一处文字上的难点，"色难"这两个字不大好理解。先看色字，色字在古文里面有好多层意思。佛家讲的"色即是空，空即是色"，这个色就不是一般意义上的色，不是颜色的色，也不是情色的色。色就是现象，色即是空，是说我们看到的是现象是空。色就是我们看到的东西，形状、颜色等等。色还有一种常见的语义，那就是脸色，也叫作颜色。我们说的颜色，如红、黄、蓝等，那是现在的语义。在古代，颜色指的就是脸色。颜就是脸，页字旁，表示额头，凡是有页字旁的汉字，都跟人的头有关。页字就是人的脸型，有眉毛，也有嘴巴，有鼻子，所以有页字旁的，往往都是与人的头有关。颜就是人的面容面貌，颜色就是人的面容，所以色就是颜，颜就是色，色就是人的面容。那么"色难"呢？就是面容、表情很为难，很刁难，"色难"就是不和颜悦色，总感觉到心里不畅快，跟人过不去，不给人好脸色看。"有酒食，先生馔。""先生"是什么意思？先生就是先出生的，这里指的就是父母。子女是从父母肚里生出来的，父母一定比子女先生。先生的含义，后来就演变成长辈，再往后演变就是老师，再演变就是对他人的尊称，包括晚辈，也不分男女。有事，可以替父母操劳，有吃的有喝的，先让父母吃，这就是孝了吗？还不够，关键是脸色要好。如果"色难"的话，一切都白费。有些事情父母根本不需要子女操劳，甚至有时候父母还愿意为子女操劳，吃的喝的都以子女优先。这些都不是最重要的，最重要的是要和颜悦色，对父母要温和一点，不要经常闹情绪，不要老是板着个脸，横挑鼻子竖挑眼。人的心安了，处处他都能安，跟任何人交往他都能安。经常跟父母闹情绪的人，可想而知，他跟朋友，跟领导，跟谁都会闹别扭。所以说，首先要做到跟父母不闹别扭，才可能做到跟朋友、同事、领导不闹别扭。为什么要先从孝做起呢？因为孝是基于最近的血亲关系，对最近的人能做得到了，那么对其他旁的人或许也就能做得到。

2-9 子曰:"吾与回言终日,不违,如愚。退而省其私,亦足以发,回也不愚。"

译:孔子说:"我和颜回交谈一整天,他很少反驳,像愚蠢的人一般。回去以后反省自己,又能发挥我的言论,颜回这个人,不是个愚蠢的人啊!"

说:孔子说颜回这个人不喜欢驳斥自己。颜回没有跟孔子钻牛角尖,所以孔子说他"不违"。颜回好像很愚笨的样子,老师说什么就是什么,但是他从孔子那里离开了以后,又会反省,而且有所发现,可能还会想到一些孔子没讲到的东西。所以说颜回这个人不是真的愚蠢,只是看上去好像笨笨的。许多人比较缺乏的,就是倾听的修养。一个真正有修养的人,第一关就是学会倾听。一听别人哪句话讲得不到位了,就觉得这个人胡说八道,就不愿意听下去,或者马上要反驳一下,如果是这样的态度,就很难吸取到什么东西。相反,先听完人家讲什么,听完了以后,再反思有哪些合理的,有哪些不合理的,这就叫作能学。没有听之前,可能脑袋里一片空白,听了以后,起码会有正面和反面的观点,即使别人讲得不对,那么不对的地方可能会有反面的观点,脑袋里就不再是一片空白了。西方哲人说,谬误是迈向真理的第一步,说的就是这个道理。谬误是通往真理的前提,如果没有谬误,就没有所谓的是和非,没有所谓的正和反,什么都没有,一片空白。相反,如果有所谓的错了,那也就意味着它的反面是对的,真理就开始出来了。脑袋里有正确和错误之分的时候,就开始有观念了,思想也就开始了。所以说,首先不要急着分辨是对还是错,首先倾听,听一下别人讲的什么东西,再思考讲得对不对,再提出自己的观点。求知就是这样一个过程,颜回就是这样做的。一个人独处的时候,要静静地去反思,而且有所发现,提出独立的见解,这种虚心和气而且上进的求知态度,很值得我们学习。

2-10 子曰:"视其所以,观其所由,察其所安,人焉廋哉?人焉廋哉?"

译:孔子说:"考察一个人行为的动机,做事的手段,安与不安之处,人的人品哪里藏得住呀!人的人品哪里藏得住呀!"

注:①所以:以,因,原因,这里指行为的动机。②所由:由,经由,这里指做事情的手段。③廋:形声,从广,叟声。广(yǎn),表示就着山崖做成的房子。廋,表示隈曲处,这里引申为"藏匿"。

说:廋字是一个广字头的字,但凡广字头的字,都跟房屋和居住有关。原始人是穴居的，居住在洞穴里面，居住在悬崖底下，广就是石崖的形象。厂字头和广字头是一样的，都与居住有关，比如大厦的厦。廋就是躲在石崖里面，就是隐藏的意思。"人焉廋哉"，就是说人要伪装自己很难。"视其所以，观其所由，察其所安"，所以是藏不住的。这里也有互文，如果要强做解释，做出"视""观""察"的区别，那是白费力气，因为它们就是一个意思，看作互文来理解就好理解。不必强做区分，总而言之就是看一个人。首先看初衷和动机，他凭什么做这件事情？以什么目的来做这件事情？这就是"视其所以"。要知其然，也要知其所以然。观察一个人，考察他做的事情，首先要看动机，这是第一个层面。第二个层面，"观其所由"。由就是凭借、通过，也就是通过什么手段来达到目的。第三个层面，"察其所安"，看他在哪些方面能安，哪些方面不能安。孔子从这三个方面来考察一个人。首先是动机，动机是很重要的，有时候我们做了一些看似道德的事情，但是如果动机不纯的话，还不叫作道德，这是康德非常有名的一种论调——道德要看动机。比如，有人从行为上帮助了某个老人，但是他帮助老人的目的可能是要图谋他的财产，这就不叫作道德了。有的男性帮助女性做了一件好事，可能是他对人家有所觊觎，这也是不道德。所以动机是很重要的，我们一方面要讲行为的效果，一方面也要看行为的动机。第二是手段，手段也很重要。有些人觉得只要达到了效果，手段不重要。那也就是不择手段，不择手段而达到目的，短期内有时是有效的，长期看却是不行的。王安石用人，早期也用了一些小人，只要有能耐，能帮助我成事，我就用你，用了的结果是什么呢？最后反扑过来，反咬一口，让自己一败涂地，前功尽弃。大国气象是什么呢？大国气象就是非但要强大起来，而且要用正大光明的手段强大起来。第三看心态，看他哪些地方能安，哪些地方不能。如果一个人整天很忧愁，可能因为损失了一些金钱，可能因为哪个位置没上去，闷闷不乐，那么大概就知道该怎么定位他，知道该怎么跟他相处了。从大街上捡了两百块钱，看他得意扬扬很开心，那你也知道这个人是什么样的一种人了。相反，如果一个人在这些方面不为所动，他只关心天下老百姓过得好不好，那这又是另一种境界的人了。所以看人从这三个方面去看，看动机，看手段，看平时心境的安处与不安处。不同性质的人就有不同性质的相处之道。有些人说，宁愿得罪君子，也不愿得罪小人。跟人打交道容易，跟"鬼"打交道就很难。这要看怎么说，有些人，跟他讲孔子、孟子、庄子、释迦牟尼、基督耶稣……都没用，他无动于衷。这种人是不是就很难对付，也未必尽然，这种人恰恰很好对付。看那坐在地上的小狗，你跟他谈什么大道理都没用的，但是难道你就驱使不了它了吗？只要一个骨头"啪"的一下扔出去，它"嗖"的一声就窜过去了。原来这是最好对付的。小人未必就难对付。君子好相处，但是君子要真正打动他，要驱使他，是极难的事情。小人很容易驱使，但是小人不好相处，他随时可能背后捅你一刀。跟君子和小人相处，要有不同的智慧，要从《论语》里面学会怎么去跟君子相处。至于怎么跟小人相处，这个根本不用在书本和课堂上学。课堂只教该怎么做君子，该怎么跟君子打交道。

2-11 子曰："温故而知新，可以为师矣。"

译：孔子说："温习旧的道理而能知道日新其德，这是值得效法的。"

说：温故而知新，非以新其知，乃以新其德。人的知识，日新月异，求新以求进，温故难以得新；至如人的德行，以旧为常，守正而勿失，则温故而可以日新。《盘铭》说："苟日新，日日新，又日新。"其所谓"新"，也是新其德，非谓新其知。人之恶欲，如尘垢之日日污人，旧学之道性善，如清水之日日净人，是所谓"温故而知新"。这里需要注意一下"师"字，不是说能"温故而知新"就可以当老师了，不是这个意思。师是师法、效法的意思。温习旧的道理，而能知道日新其德，这是值得效法的。

2-12 子曰："君子不器。"

译：孔子说："君子不能像器皿一样。"

注：器，即器皿，每一器皿有其专门用途，但比较局限，能为此用则不能为彼用。这里以器比喻具备专能而不能通达的人。

说：器是什么呢？如果看到甲骨文，就很好理解了。金文的器字字形，四个口，都是些瓶瓶罐罐，代表很多的东西在那里，中间一个犬（狗），在看守着这些器具。金文很形象，就是有一条家犬在看守着很多东西。跟器相对的是道。《易传》里面说："形而上者谓之道，形而下者谓之器。"这就很明晰地区别了器和道。形而下的，那些具体的东西，就是器；最上层的东西，那就是道。孔子讲"君子不器"，就是告诉大家，不要仅仅只成为工具和手段。不要仅仅只会一技之长，只成为别人的手段，人应该是自己的目的。要活得像个人，就要有道，要追寻道。道不是简简单单的道德，道德只是道的一

图2 "器"字金文字形

个方面。比如说审美和自由，不也是属于道的层面吗？人与天地合一的时候，那不也是道吗？人跟自然山川上下天地同流，不也是道吗？人得到彻底的解脱，心情很愉悦很洒脱，内心得到一种安宁，这都是道，不要局限于道德。人获得道，不单单只有道德这一途径，审美和宗教也都可以。"君子不器"，就是提醒大家要有精神追求，人要有终极目的的追求，不只是充当手段。如果说没有个体价值的追求，没有精神归宿的话，人永远只是社会机器上的一颗螺丝钉。那么存在的价值何在呢？反过来，我们自身就是目的，事物的存在是为我们每一个个体而存在的，个体就是目的。"君子不器"，如果具体一点就是说，不要只会一技之长，不要只学一点数理化。数理化很重要，但是仅仅有这些还不够，还要想一下，为什么要学数理化，学这些知识的目的何在？这个要清楚。

2-13 子贡问君子。子曰："先行其言而后从之。"

译：子贡问怎样才算君子。孔子说："先做好了想说的，然后再把它说出来。"

说：孔子回答问题，跟我们现在的思维完全不一样。依我们现在的思维，问一个事物是什么的时候，是要追寻它的本质，追寻一个一以贯之的有效概念。但是孔子不这样，孔子很零碎。子贡问他什么是君子，他在子贡这里这样说，在另外一个学生那里又那样说，都只说不同的层面，根本不会说君子跟小人的本质区别是什么。他不会做这样的划分，这样的划分是我们受到西方学术思想影响的现代式的思维试图要做的。子贡问君子，孔子只给他描述一点君子身上具备的某些特质，这就算回答了问题。其他很多地方也是这样。学生问一个东西，孔子就只回答它的某一个方面，不会面面俱到，什么都回答，更不会说要回答其本质，所以他的回答可以无穷无尽。这里回答的是言和行的方面，对君子的规定当然远远不止言和行，还有其他许多方面，孔子这里只回答了言和行。他说先行其言而后从之，就是说先做出来，然后再把它说出来。巧言令色，夸夸其谈，说得很花哨，但是做起来都做不成，给人许的诺言也好，给人定的标准也好，都达不到。这是先言其行，而后从之。孔子要反过来，先行其言而后从之，先做了，做完了以后再来说。只有这样才能做到言行一致，否则的话是很难做到言行一致的。

2-14 子曰："君子周而不比，小人比而不周。"

译：孔子说："君子相互团结而不相互勾结，小人相互勾结而不相互团结。"

注：①周：周密，紧密，团结。②比：本义是夫妇并肩匹合，引申出并列、

亲近、勾结等含义。

说：比的甲骨文字形是两个人并在一起，比就是
靠近的意思，朋比为奸，就是两个人一起干坏事。比
字有时候可以做褒义，有时候可以做贬义。"天涯若
比邻"，比邻就是靠近的邻居，很亲近地靠在一起的
两个人。"天涯若比邻"是说，虽然身隔天涯，但是
两个人仍然心贴着心很亲近。这算是褒义，起码算是
中性。《论语》这个地方的比是贬义，是小人勾结的

图3　"比"字甲骨文字形

意思。周，是很紧密、很周严的意思，甲骨文的字形就是稻田里面撒满了谷子，
种满了稻草。周就是密的意思。现代汉语往往把两个同样含义的字叠放到一起
连缀着说。我们现在说的周密，其实用一个字来表示就可以了，古人只说一个
字，要么说周，要么说密。周就是密，很稠密，后来又衍生为很团结的意思。
君子很团结，很周密，但是不朋比为奸，不相互
勾结。做事情的时候可以很团结，但是不结党营
私，这就叫"周而不比"。小人呢，"比而不周"，
两个人可以相互利用，为了达到某个目的，暂时
团结一致，沆瀣一气。目的一旦达成，树倒猢狲
散，相互攻击，这就叫作"比而不周"。比和周，

图4　"周"字甲骨文字形

孔子怎么区分呢？同样都是团结，为什么在君子身上就是"周而不比"，在小人
身上就是"比而不周"了呢？这个怎么来区分？区分的界限就在于符不符合道
义，符合道义那就是团结的"周"，不符合道义就是狼狈为奸的"比"。归根到
底，还是要以道义来区分周和比的。

2-15 子曰："学而不思则罔，思而不学则殆。"

译：孔子说："学习而不思考就将迷惘，思考而不学习又将危殆。"

注：①罔，同"惘"，迷惘。惘是罔的后起字。②殆：危险。

说：有一个物理学家在实验室里做实验，看到一个学生非常勤奋，白天在
那里用功，晚上也在那里用功，一天到晚都在实验室里做实验。那个物理学家
就过去点拨了一句："你整日在这里做实验，那么你哪里来的时间去思考呢？"
这跟孔子讲的是一个道理。太勤奋了，如果不思考的话，那也是枉然。"思而不
学则殆"，这个毛病更容易犯，"学而不思"的毛病还没有那么容易犯。勤奋好

学的人本身就不多了，"学而不思"的人更少。勤奋好学的人，一般还是有思考的习惯与反思的能力的。杨绛批评一个青少年说："你最大的毛病就是想得太多，书读得太少。"这不就是孔子"思而不学则殆"的变了样的说法吗？到了懵懂的年纪，十六七岁，会有求学的冲动，这个年纪开始有许多困惑生出来。困惑来了，就要去学，不懂得汲取前人智慧，天天只是在那里独自盲目地思考，这就容易走上邪道。没有经过整个人类文明所积累的智慧的引导，一个人是很难在思考的丛林里面不迷路的。

2-16 子曰："攻乎异端，斯害也已。"

译：孔子说："专攻于新说反论，这是有祸害的啊。"

说：杨伯峻将本章译为："批判那些不正确的言论，祸害就可以消灭了。"这种翻译是有问题的。虽然说差异细微，但这不是言辞上的差异，而是思想上的根本差异，不能不辨。异端，字面上解，即是不同的一端。和什么不同呢？主要是指和正道、常道不同，大家都这么说，自古皆这么说的，他偏不这么说。攻乎异端，即致力于标新立异。专以批判异端为务，其害亦不穷。如果说一个人一天到晚都在抨击异端邪说，这个人就很容易误入歧途。跟什么人在一起就会受到什么样的熏染，每天接触异端思想的话，即使在批判它，也容易走向偏激。大家反反复复在那里批判异端的思想，异端思想不就被传播开来了吗？消灭异端邪说，就好比对付无理取闹，正确的办法不是辩驳，而是淡然处之，不理会。见怪不怪，其怪自败。我们现在的问题比孔子时代还要严重，因为我们现在的科研和学问，评判的标准就是有没有创新。自然科学肯定是要有创新的，但是人文科学也这样评判就会有大问题。孔子这样说，我非不这么说，庄子那么说，我非不那么说，这就是异端。为了求创新，故意把它颠倒过来，为了吸引人的眼球，为了哗众取宠，经常会做这样的事情。孔子是比较保守的，整个儒学，那些儒生们都比较保守。孔子主张"述而不作"，把先贤们提的大道理继承下来，传播出来，既影响自己，又影响别人，这就是他们的目标和任务。张横渠说："为往圣继绝学，为万世开太平。"朱熹也是这个样子，他尽量不立新，当他在解释前贤的思想的时候，自然会有自己的见解渗透在里面。古代的那些大儒们不是说"不作"，而是"以述为作"，不以新为目标而不自觉地出了新，新与不新原本不是最核心的。

2-17 子曰："由，诲女知之乎！知之为知之，不知为不知，是知也。"

译：孔子说："仲由啊，我告诉你什么是智。知道就是知道，不知道就是不知道，这就是智。"

说：如果老师上课提问，学生会紧张害怕，那说明老师和学生就都还缺乏"知之为知之，不知为不知"的精神。如果师生都秉着"知之为知之，不知为不知"的精神，将提问视为互动，视为展开一个问题，慢慢地靠近某个东西，慢慢地取得一种理解的过程，那学生就不会害怕老师的提问。回答不出来是很正常的，谬误是迈向真理的第一步。知道就知道，知道多少就说多少，不知道就不知道，要知道自己哪里不知道。没有什么丢脸的，因为人都有局限性，不可能什么都知道。宋儒特别着重地讲诚，这也是一种诚。

2-18 子张学干禄。子曰："多闻阙疑，慎言其余，则寡尤；多见阙殆，慎行其余，则寡悔。言寡尤，行寡悔，禄在其中矣。"

译：子张问孔子求官职得俸禄的方法。孔子说："多听，有疑问的先保留，其他的也要谨慎地说，这样就能减少过失；多看，有所不安的先保留，这样就能减少懊悔。言语少过失，行动少懊悔，求官得俸之道也就在这里面了。"

注：①干禄：干，求取；禄，俸禄；干禄，即求取官职，求取俸禄。②阙：同"缺"，让缺着，即保留的意思。

说：这段话有点文字上的难度，后面半段相对来说好理解，前面半段有点难解。"阙"，就是对于有疑问的东西，先悬置，付诸阙如。先不下论断，也不说知道，也不说不知道，先知道有这么回事，不置是非，先把它悬搁在那里，保持谨慎，这就能够减少过失。"多闻阙疑，慎言其余，则寡尤；多见阙殆，慎行其余，则寡悔。"这两句话是有逻辑关联的，前面是告诉人怎么说话，先听别人怎么说，然后自己再怎么说，后面是告诉人怎么行动，先看别人怎么做，然后自己再怎么做。"殆"，就是危殆，不安。危，也叫不安，就是看别人做的事情，有些人觉得可能自己去做，心里会难安；有些事情别人能做得出来，自己去做可能会做不出来。这个时候就要谨慎了，多去看，有些事看多了觉得值得就去做，有些觉得不值就不能去做。心里有疑问，不知道能不能做，心里有点不安，遇到这种事情，就尤其要谨慎小心，不要轻易去做。言语上很谨慎，说出来的话不容易犯错，那么行为上做出来的事情就不容易后悔，这样为官，也就会比较顺畅了。这是孔子教学生怎么为官的言论。

2-19 哀公问曰："何为则民服？"孔子对曰："举直错诸枉，则民服；

举枉错诸直，则民不服。"

译：鲁哀公问："怎样做才能让百姓信服呢？"孔子回答道："把正直之人提拔到邪曲之人上面，百姓就信服；把邪曲之人提拔到正直之人上面，百姓就不服。"

注：①举：推举，举用，提拔。②错，通"措"，"安排，放置"的意思。

说：孔子在没有一官半职的时候，许多君王、诸侯和王公贵族们还是会经常请教他该怎么治理天下。孔子经常会给他们提建议，所以孔子是有干预政治的。孔子做过官，但是他多数时候都不做官，他不做官的时候也对政治有间接的干涉。把正直的人安置在枉曲的人之上，实现政治的清明，这是孔子由上而下澄清政治环境的方法，后面还会屡屡涉及。

2-20 季康子问："使民敬、忠以劝，如之何？"子曰："临之以庄，则敬；孝慈，则忠；举善而教不能，则劝。"

译：季康子问："该怎么做，才能让百姓尊敬、忠诚而又能相互劝勉呢？"孔子说："对待百姓庄严，百姓就会敬重；自身孝慈，百姓就会忠诚；能提拔善人又能教育无技能的人，百姓就会相互劝勉。"

说：季康子问，如何让老百姓敬重、忠实于自己。孔子告诉他从自己入手，如果君主自己严谨庄重的话，老百姓对君主就会敬重。如果君主自己嬉皮笑脸，一点都不严肃的话，那老百姓肯定不会尊重君主。对领导者来说，要有这样的一种气质，要让人尊重，那么首先自己要庄重。老百姓怎么又会对君主忠实呢？君主自己首先要对自己的父母孝顺，对自己的子女慈爱。能做到这样，在上的有表率，那么老百姓对自己的父母也会慈爱。有了这样的素养，再来推广到国家，那么百姓对帝王就会忠。所以孔子讲治国经常要讲到孝。为什么要以孝治天下，历代帝王很多都注重以孝治天下，因为一个人在家庭里面能孝，他才有可能把仁心推广到国家和君主身上。臣下对待君主也像对待父母一样。把孝推广到君臣关系上，那就是忠，忠和孝性质上是一样的。为什么要孝治天下呢？因为孝可以让人有心肝，对父母有心肝，然后对君王有心肝。孔子教季康子的道理，也就是这么个道理。

2-21 或谓孔子曰："子奚不为政？"子曰："《书》云：'孝乎惟孝，友于兄弟。'施于有政，是亦为政，奚其为为政？"

译：有人问孔子说："先生您为什么不从政呢？"孔子说："《尚书》讲：'孝啊！这真是孝啊！友爱于兄弟。'能推广到政治上去，这也是在为政，要怎样才算为政呢？"

说：有人问孔子为什么不去从政。孔子就引了《尚书》里面的一句话告诉他，在父母面前孝顺，在兄弟面前友悌，扩展到政治上，就是为政。孔子的意思是说，即使不从政为官，在家里能把家族的人伦规则处理好了，也就是把政治处理好了。不在其位，不谋其政，一旦在其位，该怎么为政，就把在家庭里面的那一套搬过去。跟父母怎么打交道，跟子女怎么打交道，跟兄弟怎么打交道，把这一套搬到政治关系上，天下就可以得到治理了。孔子是这样一种政治理念。原则可大可小，小就在家庭里面，大就在国家里面，都是可以一以贯之的。中国的政治自宋代以后，家族自治的功能日益凸显。朱熹的民间宗庙祭祀改制，把家族自治功能发展得更加极致。费孝通总结说，中国古代社会的治理依靠的是一套双轨制的秩序，自上而下的一轨由皇权下延，自下而上的一轨由家族和地方乡绅上延。结合这种双轨制的治理秩序，就更能理解孔子以家政为国政的理念。

2-22 子曰："人而无信，不知其可也。大车无輗，小车无軏，其何以行之哉？"

译：孔子说："做人而没有信用，真不知道他还能做些什么。大车没了輗，小车没了軏，又如何能行走呢？"

注：輗（ní）：古代大车车辕前端与车衡相衔接的部分。軏（yuè）：古代车上置于辕前端与车横木衔接处的销钉。

说：孔子在这里只是举了个例子，他没有哲理的论证，只是举了个例子。人如果没有诚信，就像"大车无輗，小车无軏"。轭套在马背上，要有一个杆子，把它连接起来，那就是軏，是很关键的地方。小车上面的这个部件叫軏，大车上面的就叫輗，輗和軏是马车上的同一部件，只不过有大车和小车之别。试想一下，如果把马车的这个部件去掉了，会出现什么状况呢？马拼命地往前跑，车子以及坐在车子上的人仍然还是静止不动的。前面的马不管跑得多快，如何拼命往前走，但是车子还是不能动的。这个比喻非常形象，人如果没有信用，去跟人打交道，就像赶马车没有輗和軏，拼命使劲，人还立在原地不动，因为那个关键的连接点已经去掉了。人跟人之间的关键连接点去掉了，那就很难前进。所以说，做人没信用，就没办法在天底下行得通。

2-23 子张问："十世可知也?"子曰："殷因于夏礼，所损益，可知也；周因于殷礼，所损益，可知也。其或继周者，虽百世，可知也。"

译：子张问："未来十代的情况大体可以知道吗?"孔子说："殷朝沿袭了夏朝的礼制，所减损和增益的可以知道；周朝沿袭了殷朝的礼制，所减损和增益的可以知道；后面还有延续周朝礼制的，即使是一百世，也是可以知道的。"

说：世是一个时间概念，但不是一百年，我们现在说的一世纪那是一百年。但是古人说的世不是一百年，而是三十年。"世"字的小篆字形，上面就是三个十，把三个十绑起来，这就是"世"。也有人是这么认为的，说古人的寿命很短，能够活到三十岁，一辈子差不多就过掉了。总而言之，一世就是三十年，二世就是六十年，三世就是九十年。三生三世，没多长的，三世就只有九十年，一百岁都不到。

汉字	世	
六书类别	指事	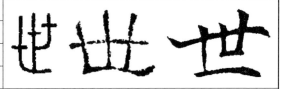
最初含义	三十年	
现代含义	世界、世道	

说明：从卅而曳长之。古人以三十年为一世。"止"上加三个圆点，表三十年；止，到此为止。

子张问孔子，三百年以后的事情可以知道吗？孔子就告诉他，肯定可以知道。因为礼有普遍性，增损可知，延续的也可知。当然，孔子的语言不是严格的逻辑性的语言，有时是很形象、很夸张的。孔子讲的礼，有它的普遍性，也有它的时代性。一个时代有一个时代的风俗，一个时代有一个时代的礼。但是孔子又觉得，时代性的东西还不是根本，礼的根本是它普遍性的东西。因为人性不变，只要人性不变，那么不管是一百年还是一千年，礼一定有它固定不变的东西。比如诚信，孔子那个年代要讲诚信，我们现在还是一样要讲诚信。这就说明礼有普遍性的要素，因为人性有普遍性的要素，所以礼也有普遍性的要素。虽然礼也会有所更改，不是一成不变，孔子明确承认了礼有损益，历朝历代都有所增加，也有所减少，但是里面一定有某些固定不变的东西，那就是礼最内核里的东西，虽百世可知。

2-24 子曰："非其鬼而祭之，谄也；见义不为，无勇也。"

译：孔子说："不是要祭祀的鬼神却去祭祀，这是谄媚。遇到义所当为的事而不为，这是没有勇气。"

说：鬼这个字，我们现在一般是个贬义词，神则一般是褒义词。这里就不能这么狭隘地理解。父母死掉了也叫作鬼，祭祀的祖宗都是鬼的范围，所以，古人不单单祭神，也要祭鬼。孔子是不信神的，他也不信鬼，但是他坚决要坚持祭祀的礼仪。个中缘由，后面还会再详细讲到。孔子只讲现实生活中的事情，他不讲神仙世界，也不讲鬼怪世界，但是他仍然主张要祭祀。祭祀也要有边界，边界就是，不属于祭拜范围的鬼不祭拜，要祭就祭与自己有紧密干系的鬼。比如去世的父母、老师，跟自己很亲近的人，他们死掉了，都是要去祭拜的。至于其他不甚相关的人，就不要去祭拜。别人的父母你去祭拜干吗呢？比如上司的父母不是自己的父母，干吗去祭拜呢？不属于祭拜对象，非要去祭拜，这就是谄媚。因为没有情感的瓜葛，可能只是基于利益关系。要祭拜父母，是因为你跟他们有情感的瓜葛，他们生了你养了你，活着的时候，你对他们有情感，他们死了，你还会怀念他们。每到固定的时间点，你就会去给他们上上坟，烧烧香，去缅怀一下，这是情感的本能。至于其他人呢，八竿子都打不着的，你去祭奠，这就是"非其鬼而祭之"。之所以要这样做，肯定是要谄媚别人，给人献媚。你的上司跟你有利益瓜葛，去祭拜一下他的祖宗，别人就感觉你好像很尊敬他，可能就会给你一点好处。孔子反对"非其鬼而祭之"，因为这不诚，没情感基础，去祭拜，那根本就不是出于本心，是出于功利关系，是谄媚。"见义不为，无勇也。"应该去做的不去做，这就是没有勇。孔子为什么会突然冒出这么一句话？据说当时他的学生在季氏手下做官，季氏没有遵循礼节，去不该他祭拜的泰山祭拜。孔子就说出了这一则的前面半段话。孔子对此有点遗憾，觉得自己的学生没有去进言阻止，于是又说了这一则的后面半段话。

八佾第三

3-1 孔子谓季氏："八佾舞于庭，是可忍也，孰不可忍也？"

译：孔子说到季氏："以八行的阵列在庭院跳舞，这都忍心做得出来，还有什么是做不出来的呢？"

注：古代乐舞八人一列，即一佾（yì）。

说：当时鲁国三大家族之一的季氏，在自己的家里面跳天子规格的八佾舞，孔子说"是可忍，孰不可忍"。佾字，单人旁，说明跟人有关，右上一个八，右下一个月。月字旁在汉字里面表示肉，月字旁的字都是跟肉有关，肝、肺、脾、肾、肥胖、脂肪等，全都是月字旁。所以月字旁不当叫月字旁，当叫肉字旁，最早就是肉字，写着写着就演变成月字了。佾，就是八个人，八人成一列，是为一佾，八佾就是八列，每列八人，共六十四人。古代的舞乐，该用多少个人，是有严格规定的。八佾只有天子可以用，诸侯只能用六佾，大夫用四佾，一般的庶人用两佾，这有非常明确的规定。季氏为大夫，依礼当用四佾。季氏用八佾，这意味着什么呢？他把自己当作天子了。所以孔子看着就很受不了，说这都忍心做得出来，还有什么不能做出来？

3-2 三家者以《雍》彻，子曰："'相维辟公，天子穆穆'，奚取于三家之堂？"

译：孟孙、叔孙、季孙三家在祭祀完毕撤去祭品时以《雍》为乐。孔子说："'诸侯王公都来助祭，周天子威仪穆穆。'三家在堂上唱这样的诗，有何可取之处呢？"

说：这一则跟前面一则也是相呼应的，说的都是在下的诸侯违背了礼。孔子一旦引了《诗经》《尚书》，文字就不好理解。从侧面可以反映出，五经的文字，比《论语》《孟子》要难得多。三家，当时鲁国的三大家族，孟孙氏、叔孙氏、季孙氏，实权都掌握在他们的手上。《雍》是《周颂》里面的一篇，祭祀要结束的时候，会唱一下这首诗歌。但这首诗歌只有天子可以用，这也是礼的规定，所以三大家族用这个诗乐来撤祭，是违背礼的。由此可见，三大家族不单单跳舞用八佾，他们在各个地方都用天子之礼，天子当时完全没有实权，政权都掌握在三家的手上，他们基本是想怎么样就怎么样，君主根本就是形同虚设。

"相维辟公，天子穆穆"，这句有难度。理解古汉语，理解不通的时候，可以试着调换语序，汉语是非常灵活的，经常可以任意调换语序。"相维辟公"换过来就是"相辟维公"。辟是什么意思呢？辟的最初字形是一个人跪在那里，边上有一把刑刀（辛），一张嘴巴。这是一个会意字，又是一个跪着的人，又有刑具，又有人在发号施令，就是法律、法度、君主的意思。辟就是君主的意思，复辟，就是原来的君主被废掉了，把它重新恢复过来。公就是诸侯，相就是辅佐，"相维辟公"就是"相辟维公"，就是说，那些诸侯王公只是辅佐天子，而不是天子。"穆穆"，是形容仪容很华丽的一个形容词。汉语里面的叠词往往都是形容词，绿油油、红彤彤等这些叠词，都是从古汉语里面转化过来的。"天子穆穆"，就是天子很威严的样子。"相维辟公，天子穆穆"是说，诸侯王公都来辅佐天子，天子赫赫威严。三大家族用这样的诗歌来撤祭，非常地名不副实，非常地不应景，所以孔子说"奚取于三家之堂"。

3-3 子曰："人而不仁，如礼何？人而不仁，如乐何？"

译：孔子说："人不能有仁德，礼又有什么意义呢？人不能有仁德，乐又有什么意义呢？"

说：孔子能说出这句话，在当时是非常了不起的，他直接把礼由外化的形式，内化成了内在的心理情感。这是孔子对礼乐文明做出的巨大贡献。当时的礼，很多已经演变成徒具外壳的形式了，礼是由古代的巫术演变过来的，最早的礼是用来祭拜神灵的。礼的仪式后来很多都变成空泛的形式，慢慢地，大家都做成了形式主义。这个时候孔子就站出来说话了，他提醒大家再不能这样，礼到了这个地步已经没意义了。那该怎么改造呢？孔子强调礼要以情感为依托，要有情感的基础。在孔子之前，官方的意识形态主要围绕着礼来展开，到了孔子那里，则要以仁为核心展开。仁是最根本的，仁从哪里来？是天生的，人天生就有仁爱之心、侧隐之心。仁就是两个人，就是人和人之间的关系。两个人靠什么来相处？就靠仁爱之心。仁爱之心哪里来？天生的。这个孟子补充得很好，他说，如果有个襁褓之中的婴孩被放在井（露天的水井）的边缘，颤颤巍巍好像就要掉到井里，这个时候，不管是好人，还是十恶不赦的坏人，看到后都会把那个小孩抱起来放到一边，不让他掉到井里面去。这是出于人的本能、天赋、本性，这就是人的恻隐之心、不忍之心，人的良知良能，天生的，任何人都有。不要说好人就有，坏人就没有，恻隐之心是人人平等，人人都有的。那么为什么有些人会做坏事呢？为什么有些人会做一些自己不忍心去做的事情呢？那是因为受到了利益的遮蔽。利欲熏心，利益把恻隐之心遮蔽了。为了谋取某种好处，把原来具有的良知遮盖住了，不是没有，而是被遮盖住了。所以孟子教人修养，就是要把被遮蔽的东西重新掀开，把它暴露出来，而不是要另外地创造构建出来。仁心不用去建设，因为它原本就在心里面，天生就有。不是要树立仁心，而是要去蔽，把它重新焕发起来，所以叫作"兴于诗"，用诗把仁心焕发起来。所以，仁是最根本的，天生的；礼不是天生的，要靠后天的教养、后天的规定。礼跟仁是什么关系呢？礼就是仁的外化。人的心理本能，把它固定化、外在化，规定成一套仪式准则，这就叫作礼。礼是一套外化的固定的程式，仁是内在的情感，把内在的情感外化出来，这种形式就叫作礼。形式可以多种多样，随着时代的变化而变化，人的仁爱之心则基本上是不会变的。仁是决定礼的，礼要以仁为根本，所以孔子说"仁而不仁，如礼何"。如果没有仁爱之心，徒有一些礼的形式，这有什么意义呢？我们经常听说吃人的礼教，当礼教达到了一种极端，违背人性，已经没有人的仁性作为根基的时候，就不再是真正意义上的礼了，那是徒具外在形式的东西，就没有意义了。比如古代的三寸金莲，母亲缠女儿的脚的时候，缠得孩子哇哇大叫，不会于心不忍吗？这明摆着就是虚礼，是吃人的礼教。不单单是缠小脚，古代还有很多这样的礼，形同虚设的形式，违背了人的内心的本真情感。所以孔子强调，礼一定要以情感为依托，要以情感为本，一旦发现礼跟情感相违背了，那么礼是要被改造的。礼不是一成不变的，形式要以内涵为根基。后面的一句"人而不仁，如乐何"，也是同样的道理。总之，仁是礼和乐的精神内核，礼和乐是仁的精神的外化。礼和乐要是离开了仁，就变成了徒具外壳的形式，就失去了它应有的价值。

　　3-4 林放问礼之本。子曰："大哉问！礼，与其奢也，宁俭；丧，与其易也，宁戚。"

译：林放问孔子什么是礼的根本。孔子说："问得真好啊！礼，与其奢侈，不如节俭。丧葬，与其讲究治办，不如讲究哀戚。"

注：易，平易，治地使其平整也称易，所以易又衍生出"治办"的意思。

说：《八佾》篇从开头到这里，都在讲礼。林放问的问题，刚好就是上一则孔子所论述的仁和礼的关系的问题。林放问礼的根本在哪里？一句话，就在仁，礼的根本就是仁。但孔子不是这么回答问题的，他不是那么抽象地回答，孔子的思想体系需要经过梳理才能看得清楚，他回答问题的方式永远都是这一枪那一枪的。他说，礼与其讲究排场，大办特办，还不如简约一点的好。"丧，与其易也，宁戚"，"易"字有点不易理解。易，我们现在最常见的意思是平易、简易。平易，平就是易，易就是平。地面很平，也叫作易，把地面不平的地方给整理平了，也叫作易。所以，易有治办的意思，易就是平，也就是治办，把它治办平整。孔子说，丧事与其大办特办，还不如内心哀伤一点。这也就是说，礼要以情感为本。置办的排场就是形式，形式做得非常好，各个细节都做得很到位，还不如简约一点，情感上悲戚一点。理论化的表达，就是礼要以人的情感为依托，仁是礼的根本，这就是对林放的回答，是以我们现代人的思维和语言方式所做出的回答。但是孔子的回答很具体，他回答问题永远都是这样，要掌握住他的思维方式，他不是用抽象的方式回答，而是用很具体的东西给回答出来。

3-5 子曰："夷狄之有君，不如诸夏之亡也。"

译：孔子说："夷狄之国虽有君主，还不如中原之国没有君主。"

注：夷狄：中国周边的小国，东边的称"夷"，南边的称"蛮"，西边的称"戎"，北边的称"狄"。这里以夷狄指代周边文化落后的小国。

说：孔子有非常充足的民族自信心和文化自豪感。当时的情形，中原地区其实是很乱的，春秋战国，纷争不断，君主、天子已经名存实亡了，是个礼崩乐坏的混战的年代。即使是这个样子，孔子仍然觉得中原比周围那些夷狄之国要好。夷狄之国虽然说是统一的，有君主，但是它不能长久，可能过段时间就会改朝换代，甚至被消灭掉了。因为他们没有发达的文明。华夏是有礼乐文明的，有非常繁复、非常成熟的礼乐文明。孔子觉得这才是最值得骄傲的，即使现在没有实质性的天子，以后也还会有，而且后面的天子还会继承前面天子的礼乐文明。夏、商、周都是代代相传的，虽然改弦更张，君主换了好多个，朝代也都更迭了，但是那礼乐文明还是不变的，华夏文明的主心骨还是源源不断地被保持着的。一直到现在，我们还说自己是华夏子孙，改朝换代都几千年了，为什么我们还说自己是华夏子孙呢？因为我们的文化内核和精神内核没有变。孔子的自信心就是从这一点得来的。

3-6 季氏旅于泰山。子谓冉有曰："女弗能救与？"对曰："不能。"子曰："呜呼！曾谓泰山不如林放乎？"

译：季氏到泰山去祭祀。孔子跟冉有说："你不能劝阻吗？"冉有回答说："不能。"孔子说："哎！难道泰山的山神还不如林放吗？"

注：①旅：祭祀山神的一种祭礼。依当时的礼节，只有天子才可以祭祀天下名山大川。季氏是鲁国大夫，并无资格祭祀泰山。②救：挽救，劝阻。③曾谓泰山不如林放乎：林放知礼之本，以无礼僭越之祭为礼祭，是为不知本。

说：这里的旅，是祭祀天地的意思。诸侯去泰山祭祀是越礼的，泰山只有天子可以祭拜。泰山祭祀的仪式包括"封"和"禅"两部分，所谓"封"，就是在泰山之顶聚土筑圆台以祭天帝，增泰山之高，以表功归于天；所谓"禅"，就是在泰山之下的小山丘上积土筑方坛以祭地神，增大地之厚，以报福广恩厚。帝王一定是受命于天，且国泰民安才有资格封禅泰山。季氏做了这样一种大规模的祭祀，孔子就感到很遗憾，感到心里不舒服，因为他的学生冉有就在季氏那里做官。他跟冉有说，你难道不能挽救吗？你难道不能去劝一劝季氏不要去泰山祭祀吗？冉有说我实在没本事，我已经劝过了，但是季氏不听，我也没办法了。孔子感叹道：泰山难道会不如林放吗？前面一则，讲的就是林放问礼之本。林放都知道问礼之本，都知道要回避那些形式的东西，如果泰山神灵真的有知的话，他连林放都不如吗？林放都知道问礼之本，那泰山神灵就更应该知道问礼之本。祭奠首先要符合礼，以无礼之祭为礼祭，泰山神灵如果有知的话，不会高兴的，祭祀也是白费。如果违背了祭祀的精神，那么祭祀有什么意义呢？

3-7 子曰："君子无所争，必也射乎！揖让而升，下而饮，其争也君子。"

译：孔子说："君子之间没什么好竞争的。一定要竞争，那就比赛射箭吧。比箭的时候相互作揖，然后登场，退场后又一起喝酒，这种竞争也是符合君子之道的。"

说：道家给我们的印象就是无所争，道家是出世的哲学，与世无争。孔子在这里也说"君子无所争",这跟道家又是不谋而合的。儒家和道家有很多会通的地方,大智慧都有殊途同归的地方,方式不同,最终达到的目的是一样的。儒家培养出来的君子人格,也都是与世无争的。像苏东坡这样的,虽然说他有道家情结,即使没道家情结,他也不争。君子无所争,如果真的要争,那争什么呢?"必也射乎"。古代有六艺,礼、乐、射、御、书、数。六艺里面就有射,射就是竞争,跟人比一比,看谁射得准。射,有文射和武射,文射就是投壶,武射就是弓箭射击。射也是一种争,但射的目的是要让人讲礼。在射之前,大家相互跟对方作个揖。所以,我们看到,中国人比武跟西方人有些不一样,西方人比武一上来就打,中国人比武要先给对方作个揖。中国的传统就是这个样子,武里面也有文。中国人打架讲武德,所以很多武师也非常讲道德,这就是传统。大家要射箭比赛,先来作揖,然后再登堂,登堂射完以后大家再一起喝个酒,气氛很融洽。即使要争斗,也要很文明,讲礼节。所以说,射是可以培养礼节的,在斗争之中如果能讲礼的话,在其他地方更能讲礼,六艺里面要放一个射在其中,有它深刻的意味在里面。

3-8 子夏问曰:"'巧笑倩兮,美目盼兮,素以为绚兮'何谓也?"子曰:"绘事后素。"曰:"礼后乎?"子曰:"起予者商也,始可与言《诗》已矣。"

译: 子夏问:"'嘴巴笑起来是那么地好看呀,眼睛转起来是那么地动人呀,素粉来给她做装饰呀。'这说的是什么意思呢?"孔子说:"绘画时要先施粉白色为底子。"子夏说:"礼是不是在(仁之)后呢?"孔子说:"是卜商启发了我呀,现在可以和你讨论《诗经》了。"

注: ①倩:形容笑貌美好。②盼:形容目睛转动时之美貌。③绚:文采,装饰。

说: "巧笑"就是笑容很美好,"倩"是形容笑起来很好看的样子。"美目盼兮","盼"就是左顾右盼,眼睛在转,形容女子很好看。汉语怎么才能读得深?要读四书五经,四书五经读完了,读其他的古文势如破竹,就像读大白话。把最原始的汉字的意义都理解清楚了,后面就很好理解了。为什么现代人读了很久的古文,古文还是很糟糕,而古人读个五年八年,古文就那么精深?因为他们首先读最难的古文,读最原始的古文。五经读完了,其他就很简单了。"素以为绚兮","素"是什么意思?素就是白,白素贞为什么叫白素贞?贞是白的意思，素也是白的意思，白也是白的意思。白素贞，就是"既白，又白，又白"的意思，取这个名字，就表示这个人很贞洁，是很纯洁的一种形象，虽然是妖，但是这妖很纯洁正直。"绚"就是绚丽，刚好是"素"的反义词。"素以为绚兮"，什么意思呢？就是以没有颜色为最多的颜色。我们经常会听到，绚烂之极复归于平淡。孔子说，最华丽的东西要以最平实的东西为基础。染色，首先要有一个白的东西可以让人染。所以白是基础，在白的基础之上，才有色彩可言。素和绚虽然是反义词，但这二者仍有本末主次的分别，绚丽仍要以平淡为基础，因为没有平淡，就无所谓绚丽。如果连没有颜色的对象都不存在，那还染什么色呢？白色是根本，色彩是衍生出来的东西。人的生活也是这个样子，生活中有很多华丽的东西，但是要知道，如果没有平淡的内心做基础，华丽的东西是空的，得不到任何有效的体验。这里面有很强的哲学意味。孔子告诉子夏，"绘事后素"。画画有五颜六色，但五颜六色都要以白色作为基础。画画要衬个白底子，有时候画很多的颜色，首先在下面要铺一层白粉。孔子讲的道理，就是绚烂要以平淡为根基。子夏做了一个很聪明的补充，他追问道："礼后乎？"礼就是后来加上去的很绚丽的色彩，那么，白底子又是什么呢？可想而知，就是仁，是人的本性。孔子一听到子夏的追问，非常开心地说：子夏真是聪明啊，还启发了我，我以前都没想到这一层，我虽然知道素和绚的关系，但是我没想到把它对应到礼和仁的关系上去，仁和礼的关系，就是绚和素的关系。礼是绚丽的东西、有形式的东西、很讲究的东西，仁是很质朴的东西，就是人的本能、良知、恻隐之心。这里也可以看到一种和谐的师生关系。孔子的师生关系不是以师为尊，好像老师就什么都知道，学生就受老师教训，不是这个样子。师生关系应该是平等的，老师只是先知道一点，很多时候老师也不知道。有时候学生是老师，老师是学生。如韩愈所说："弟子不必不如师，师不必贤于弟子。闻道有先后，术业有专攻，如是而已。"

3-9子曰："夏礼，吾能言之，杞不足征也。殷礼，吾能言之，宋不足征也。文献不足故也，足，则吾能征之矣。"

译：孔子说："夏朝的礼，我可以讲解它，但它的后代杞人不能为我印证了；殷朝的礼，我可以讲解它，但它的后代宋人不能为我印证了。这是它们的典籍和贤人欠缺的缘故，不然，定当能和我的见解相互印证。"

注：①征：证明，印证的意思。②文献：文和献，文指典籍，献指贤人。

说：这一则仍然涉及礼的普遍性。孔子前面讲了，礼有它普遍的东西、必然的东西、代代相传的东西，"百世可知"。孔子说夏礼和殷礼还可以讲解，但是杞国和宋国不能为他的讲解做出印证了。杞和宋是小国，没有留下文献，也没有留下什么耆老，人和物都没有留下来，活的东西和死的东西，都没有可资参考的。虽然看不到文献，看不到活人，但是也可以猜想，杞、宋两国的礼大体是什么样子。不管是哪个国家，礼大致应该是那个样子，但是没有东西可资印证。虽然不能完全印证，但是应该知道大致是个什么样子。因为没有文献，所以不能完全确证。这里为什么要把杞国和宋国拿过来说事呢？逻辑非常清楚，夏国就对应着杞国，后来夏国灭亡了以后，夏国的子孙就封在杞这个地方，成为后来的杞国。殷朝灭亡了以后，殷的子孙就封到了宋这个地方，成为后来的宋国。这个是代代相传的，不会乱的。杞国最早在河南商丘一带，后来被人驱逐攻打，开始颠沛流离，迁了好多地方，一直迁到山东潍坊一带。跟杞国相关的一个广为人知的典故，就是杞人忧天。杞人忧天所针对的就是杞国人，说杞国人很蠢，整天都担心天会塌下来。这里可以看到对小国的歧视，把他们当蠢人看，把很愚昧的事情都加到他们的身上，就是为了挖苦讽刺杞人的愚蠢。宋国也是个小国，跟杞国很接近，也被歧视，被附加上了一些愚蠢的事迹。比如守株待兔，说的就是宋人，揠苗助长，说的也是宋人。蠢事都加到了小国家人民的头上，这是一种文化上的歧视。这里更影射着当权群体对被取代政权遗留群体的敌对和歧视。

3-10 子曰："禘自既灌而往者，吾不欲观之矣。"

译：孔子说："禘祭之礼，自献酒程序伊始，我就不想往下看了。"

注：①禘（dì）：禘是古代帝王、诸侯举行各种大祭的总名。②灌：借作裸（guàn）字，又作盥，祭祀时先以酒香气献于受祭者前，即为"灌"。

说：禘是一种祭祀，从文字上就可以看出一些门道。"示"是祭祀用的祭台，台子上面放了一些东西，可能是肉，可能是水果，就是用来祭祀神灵的一个台子。以"示"为偏旁的字都与祭祀或神灵崇拜有关。祖、神、祀……全都如此。禘字右边一个皇帝的帝，既表示声音，又表示意思，禘就是帝王的祭祀。

图5 "示"字图解、小篆及楷书字形

灌，就是盥洗的盥，以香气献于受祭者。最早的时候有口头语言没书面文字，很多同音字后来会相互替换。孔子说，自献酒程序开始，就不想往下看了，因为这个祭祀不合礼。帝王才能用的祭祀礼，官僚们在举办，所以孔子不想往下看了。

3-11 或问"禘"之说。子曰："不知也。知其说者之于天下也，其如示诸斯乎？"指其掌。

译：有人请教"禘"礼的相关理论。孔子说："我不知道。知道这种理论的人，对于整个天下，不就像摆放在这里一样吗？"说完指着自己的手掌。

3-12 祭如在，祭神如神在。子曰："吾不与祭，如不祭。"

译：祭祀祖先的时候，就好像祖先真的在那里一样；祭祀神灵的时候，就好像神灵真的在那里一样。孔子说："如果不亲自去祭祀，就犹如没有祭祀。"

说：首先要注意一个前提，孔子是不信鬼神的，这一点在《论语》中有充足的文本支撑。但是他又说，在祭祀鬼神的时候，一定要当作鬼神就在那里。"祭如在，祭神如神在"，只是说"如在"，没有说真的就"在"。一字之差，就有孔子对鬼神的不一样的看法。祭祀的时候就好像神灵真的在那里一样，这就潜在地意味着孔子不信"神在"。神不在，但是要把它当作在。"吾不与祭，如不祭"，如果不亲自参与祭祀的话，那还不如不祭祀。可能以前有些人会托别人去祭祀。或者有什么事情请假，让别人替自己去祭祀。孔子说这样是不行的，托别人去祭祀，祭祀的意义何在呢？这恰好说明孔子不信神，如果神真的存在的话，那么托别人去祭也是可以的，托人给烧一些纸钱，给带一点猪呀、羊呀、鸡呀等祭品。如果真的是为了祭祀鬼神的话，鬼神就获得了这些东西，不管谁带去的，不都一样么。孔子却不那么认为，如果把祭祀的注意力放在鬼神上面，祭祀是没有意义的。祭祀的意义在哪里呢？就在活人身上，鬼神未必存在，但是祭祀对祭祀的人是有意义的。谁去祭祀，谁的心里就有了归宿，这意义在于祭祀者。祭祀的礼仪后面，还浓缩着整个家族的认同感，它让整个家族凝聚在一起。现在21世纪了，还有很多地方在兴建祠堂，形成一种风气，试图回归一些以前祭祀的传统。这反映了一个什么现象？文化是在进步还是在退步？难道要退回到封建迷信吗？其实不是这样子，很多人觉得仍然有必要把家族凝聚起来，通过死去的人，把活着的人凝聚起来。大家一起去扫墓，一起去祭祀，祠堂里供奉着共同的祖先，有血缘的认同，甚至形成一定的资源共享和互换。所以，祭祀的意义与其说在于鬼神，还不如说在于活着的人。为什么孔子不信鬼神，却仍然要坚持祭祀，道理也就在这里。祭祀的意义落实在祭祀者身上，所以必须亲自去祭祀。叫别人代替，那么所谓的诚心，所谓的寄托，就都不存在了，祭祀就完全流于形式，没有任何意义了。

3-13 王孙贾问曰："'与其媚于奥，宁媚于灶。'何谓也？"子曰："不然，获罪于天，无所祷也。"

译：王孙贾问孔子："人们都说'与其讨好屋角神，不如讨好灶神'，这话是什么意思呢？"孔子告诉他说："这话说得不对，如果违逆了天理，祈祷也是没用的。"

注：①奥：屋的西南角称"奥"，这里指西南角受祭的神。②灶：灶神。

说：这里又讲到鬼神的问题。奥和灶是两种神。在古人的观念里面，任何地方、任何方位都有神灵存在。灶上有灶君，连厕所都有厕神。东南角有神，西南角有神，反正各个方位都有神。奥是西南角的神，灶是灶神，掌控着饮食，很实在的一个神，当时可能有这样一句谚语："与其媚于奥，宁媚于灶。"就是说，与其献媚于西南的屋角神，还不如献媚于灶神。灶神是实实在在的，掌管着饮食起居，屋角神好像没什么实际的用处。也就是说，掌实权的人才更应该去献媚。王孙贾不会不知道这话什么意思，他故意拿出来问孔子，就是想劝孔子出来做官。孔子揣着明白装糊涂，回答他说：不是这个样子，这句话讲得没道理，要是违背了天理，做事违背了正义，祈祷什么神都没用。这里也反映出孔子不信神，顺着天理去做就是了，不要昧着良心。不必献媚于灶神，也不必献媚于奥神。一旦做了伤天害理的事情，违背了道义，怎么祈祷都没用。不要去信那些鬼神，不要把命寄托在鬼神身上。

3-14 子曰:"周监于二代,郁郁乎文哉!吾从周。"

译:孔子说:"周朝借鉴于夏商两代(又有所完善),其礼乐制度真是盛大呀!我崇尚周朝。"

注:郁郁:茂密繁盛的样子。

3-15 子入太庙,每事问。或曰:"孰谓鄹人之子知礼乎?入太庙,每事问。"子闻之,曰:"是礼也。"

译:孔子刚进太庙(助祭),各种事宜都向人请教。有人说:"谁说叔梁纥的儿子懂礼呢?在太庙,各种事宜都还要向人请教。"孔子听到了,就说:"这正是知礼的表现啊。"

注:太庙:鲁国祭祀周公的庙,当时孔子在太庙当助祭。

说:孔子这个时候有个一官半职,在太庙里面帮助祭祀,做了个司仪官。但是很奇怪,这个司仪官每遇到事情都要问一下。按道理说司仪什么礼仪都懂,什么礼仪都是别人请问他,他为什么反过来要请问别人呢?所以有人就说,谁说鄹人的儿子懂礼呢,他什么都不懂,什么都得问别人。鄹人的儿子指的就是孔子,孔子是叔梁纥的儿子,叔梁纥封在鄹地做官,所以说孔子是鄹人之子。孔子就回答他,这就是礼。为什么呢?谦虚呀。初来乍到,任何事情都要向前辈多多过问一下。所以孔子说,这就是礼。

3-16 子曰:"射不主皮,为力不同科,古之道也。"

译:孔子说:"比赛射箭,不在于能不能穿破皮革,因为每个人的力气有等差,这是古人的道理啊。"

注:①射:比赛射箭。射的比赛标准有中和贯之分,中即射中中心,贯即贯穿箭靶。射不主皮,即比赛以射中靶心的皮为标准,而不以是否贯穿靶皮为标准。孔子这里说的射应该是礼乐演习之射,而不是军事演习之射,所以说"射不主皮"。②科:等级。

说:射击不比力量,只比射得准不准,这就是文。礼射是比较文绉绉的,不较量力气,规避粗暴和野蛮。行军打仗肯定是要比力气的,谁的力气更大,对别人的杀伤力肯定就更强。孔子讲的不是战场上的事,而是日常生活中的比赛射击。"不主皮"是什么意思呢?射箭的时候有靶子,靶子上面就裹着皮,射击比赛的讲究不在于能不能射穿皮革,也就是说不比力气大小。每个人力气有大有小，有些是小孩，有些是成人，有些是文官，有些是武官，各种人的力气都不一样，所以在比试的时候，不比力气大小，只比射得准不准。六艺里面的射，是要培养礼让的素养，使人不好争斗。孔子的哲学不是斗争哲学，和道家一样，也主张不斗争，讲究和谐。

3-17 子贡欲去告朔之饩羊。子曰："赐也！尔爱其羊，我爱其礼。"

译：子贡想减损掉告朔这一祭祀所用的活羊。孔子说："赐啊！你吝惜你那活羊，我吝惜我的礼数。"

注：①告朔（gù shuò）：朔是每月的第一天，即初一。秋冬之交，天子颁告历书给诸侯，里面会说明每月初一是哪一天，这种制度叫"颁告朔"。诸侯接受历书之后会藏于祖庙，并在每月初一杀一只羊祭祀祖庙，这种祭礼就叫作"告朔"。②饩（xì）：古代祭祀或馈赠用的活牲畜叫作"饩"。③爱：爱惜，吝啬。

3-18 子曰："事君尽礼，人以为谄也。"

译：孔子说："侍奉君主尽礼了，人家也还会认为是谄媚。"

说：这句话很有意味。按照礼的准则来跟人打交道，人家还会以为那是谄媚。日常生活中，人们常以自我为中心，自我的标准就是最权威的标准。我们还会以自己的标准来衡量别人，如果自己是三，那么就会觉得二太短，四太长。有时候我们希望越长越好，五比四好，六比五好，但是当发现自己是三的时候，就觉得四太长，五也太长，二太短了，三是最好的。何以别人以礼的标准来行事，也会觉得他谄媚？因为他自己根本就不讲礼。孝也是这个样子，如果你以孝来对待父母，在别人看来，你可能就是愚孝，因为他根本就不讲孝。他自己就是个不孝子孙，所以在他看来，你必定就是愚孝。每个人都以自己的标准为标准，所以每个人都不会觉得自己是小人，即使做了小人的事，也都不会觉得自己是小人。自己做得不到的地方，会觉得别人做得太过。小人之心看君子，看着就是不顺眼，总觉得别人太过较真。孔子感慨，侍奉君主尽礼了，人家还会觉得你谄媚，这当然是针对无礼之人来说的，尚礼的人不会有那种感觉。

3-19 定公问："君使臣，臣事君，如之何？"孔子对曰："君使臣以礼，臣事君以忠。"

译：定公问："君主驱使臣子，臣子侍奉君主，应该讲究哪些呢？"孔子回答说："君主驱使臣子讲究一个礼，臣子侍奉君主也讲究一个礼。"

3-20 子曰："《关雎》，乐而不淫，哀而不伤。"

译：孔子说："《关雎》这首诗，快乐而不放荡，悲哀而不痛苦。"

说："关关雎鸠，在河之洲，窈窕淑女，君子好逑……"，《关雎》是很为人所熟知的，孔子非常赞美这首诗，说它快乐但不放荡，哀伤但不过度痛苦。孔子对《关雎》有很高的评价，充分认识到它的价值，所以把它置为《诗经》的第一首。快乐也不要过度，哀伤也不要过度，这个中庸的审美标准很符合中医的养生理念。中庸的标准，恰好能够体现五脏的和谐。任何一种情感，太过激烈都容易出问题，就算是开心也不能太过度。人如果长期处在兴奋开心之中，心脏会受不了的，容易引发心脏病。范进中举，太过开心，一下子被冲击懵了。一个人长期沉浸在很兴奋的状态之中，容易生病。很郁闷，很哀伤，也会生病。五情对五脏，五情不能和谐，五脏就不能和谐。喜伤心，怒伤肝，忧伤脾，悲伤肺，恐伤肾。只有中庸的情感才对健康有好处，儒家中庸的审美标准，对于养生是有非常好的帮助的。

3-21 哀公问社于宰我。宰我对曰："夏后氏以松，殷人以柏，周人以栗。曰：'使民战栗。'"子闻之，曰："成事不说，遂事不谏，既往不咎。"

译：哀公问宰我社神的相关事情。宰我回答道："夏后氏用松木，殷代人用柏木，周代人用栗木，蕴含使老百姓战战栗栗的意义。"孔子听到了，说："已经做了的事情就不说它了，已经完成的事就不再奉劝了，已经过去的事就不再追究了。"

说：什么是"社"？祭祀土神要用树木来立一个位子，以代表被祭祀的土神。现在与社相关的最常用的词就是社会，社会好像跟神灵崇拜完全没关。只要是示字旁的字，都跟神灵崇拜有关。社也是示字旁，最早也跟神灵崇拜有关。社是会意字，从"示"，从"土"，会祭祀土地之意，就是祭拜土地的仪式，也指土神。祭拜要有个有形的对象，总要朝某个地方祭拜。土地那么大，无从拜起，那么就找一棵比较大的树（通常是当地最大的树）来作为祭祀的对象。有时候会在树下建一个小屋，放个小神龛，没有的话就简单在树底下插一些香火蜡烛，杀鸡或者放猪头，在那里祭拜。那被祭拜的树，就叫作社树。大家对社树是很敬畏的，不能砍伐，连上面的枝条都不能砍伐，而且不能在树的周边大小便。现在很多地方可能还流传着这样的风俗。因为祭拜的地方会聚拢一批人，大家一起祭拜，这就构成了一个社会。社会就是这样来的，最早是群体性的祭祀。

哀公向孔子的学生宰我问社礼的讲究。这原本是个可以对哀公进谏的很好的机会。但是宰我没有利用好，还在那里调笑。他说，夏代以松树作为社礼的祭拜对象，殷代以柏树作为社礼祭拜的对象，周代以栗树作为社礼祭拜的对象。栗树的栗和战栗的栗是一个字，宰我就说，周人的用意是要使民战栗。也就是说要严刑峻法，让大家害怕。孔子一听自己的学生说这样的话，身上起鸡皮疙瘩。一个很好的进谏的机会，非但没有利用好，没有担起进谏的责任，反倒在那里胡说八道，把君王引到邪路上去。让老百姓害怕，这怎么能行呢？搞政治，让老百姓害怕，用严刑峻法来把大家吓住，让大家来听从，这是不行的，刚好跟孔子的仁政理念是相违背的。孔子很遗憾地说，事情过去了，就不再说什么了，已经做完的事情就不再奉劝了，已经过去的事情也不再追究了。我们可以看到孔子对宰我的极度的失望。

3-22 子曰："管仲之器小哉！"或曰："管仲俭乎？"曰："管氏有三归，官事不摄，焉得俭？""然则管仲知礼乎？"曰"邦君树塞门，管氏亦树塞门。邦君为两君之，好有反坫；管氏亦有反坫。管氏而知礼，孰不知礼？"

译：孔子说："管仲的器量真是狭小啊！"有人问："不是因为管仲节俭的缘故吗？"孔子说："管仲有三处收入，他手下的官差也从不兼职，哪里算得上节俭呢？""那么管仲算得上知礼吗？"孔子说："国君门前设置了屏风，管仲也照设。国君为了两国的交好，在堂上设有放置酒杯的设备，管仲也照设。管仲都算得上知礼的话，那还有谁不知礼呢？"

注：①三归：有三处府第可归。②摄：兼职。③塞门：屏风。④反坫（diàn）：坫土筑的平台。互相敬酒后把空酒杯放还在坫上，即"反坫"，为周代天子及诸侯宴会时的一种礼节。管仲是大夫不当用此礼。

说：《论语》应该有三个地方涉及孔子对管仲的评价，孔子的评价前后有些不一致，我们须要知道为什么会出现这样的情况。孔子为什么一会儿对管仲肯定，一会儿对管仲否定，一会儿说管仲是君子，一会儿又说管仲不是君子？在本章，孔子明显对管仲是持一种否定的态度。"管仲之器小哉"，就是说管仲还没有上升到道的高度，因为他不懂礼。管仲的思想主要应该是法家，他的治国思想跟孔子是不一样的。孔子承认管仲的治国才能，但是管仲对礼不是太重视，孔子在这方面对他是有所苛评的。

3-23 子语鲁大夫乐，曰："乐其可知也。始作，翕如也；从之，纯如也，皦如也，绎如也，以成。"

译：孔子对鲁国的太师（乐官）谈论他对音乐的看法，说："音乐的整个过程可以探知它的规律：开始是热烈的，而后是纯和的、明净的，结束时，似连绵不绝的。"

注：①翕如：翕（xī）：从羽，从合，会聚合羽翼之意。鸟将飞势必先敛翼，翕的本义即是鸟敛翼将飞。如：……的样子。这里用翕如来形容音乐即将开始，先聚合后舒张。②纯如：纯正和谐的样子。③皦（jiǎo）：同"皎"，洁白明净的意思。④绎（yì）：本义是把整个蚕茧抽成一根丝。绎如，即连绵相继，络绎不绝，如同抽丝的样子。

说：这里可以看到，孔子对音乐还是比较精通的。《史记》里面有关于孔子音乐修养的记载，据说孔子弹琴弹得非常好。孔子很会欣赏音乐，他说自己听了《韶》乐，绕梁三日不知肉味。听到美妙的音乐，完全沉浸在其中，三天都不想吃肉，一般人没有这么高的音乐修养。

3-24 仪封人请见，曰："君子之至于斯也，吾未尝不得见也。"从者见之。出曰："二三子，何患于丧乎？天下之无道也久矣，天将以夫子为木铎。"

译：仪地的边防官来请见孔子，说："有君子来到这里，我没有不请见的。"随行的学生带他见了孔子。出来后，（边防官）说："诸位何愁（你们的老师）暂时失位呢？天下无道已经很久了，上天是要让你们的老师振木铎啊！"

注：①仪，地名，当时属于卫国。②封人：封疆之吏，即边防官。③丧：丧位，即去掉官位。④木铎：铎是一种以金属为框的铃铛，体腔内有舌，可摇击发声。铃舌分铜舌与木舌两种，以铜为舌者为金铎，以木为舌者即为木铎。文事奋木铎，武事奋金铎。

3-25 子谓《韶》："尽美矣，又尽善也。"谓《武》："尽美矣，未尽善也。"

译：孔子这样评价《韶》："美极了，又好极了。"这样评价《武》："美极了，却不够好。"

注：①《韶》，舜时的音乐，旋律优美，又和乐谐善。所以孔子说它"尽善尽美"。②《武》：周武王时的音乐，阵容强大，但有杀伐之气，所以孔子说它

"尽美不尽善"。

说：孔子在这里把美和善区别开来了。他说："《武》尽美矣，未尽善也。"很明显，在这里美和善是不一样的。孔子对《韶》的评价最高，《韶》是舜时的音乐，舜是圣君，他那个时代的音乐又和谐又好听，而且有教化的作用，所以是尽善尽美。《武》是周武王时的音乐，周武王统一天下，靠的是武力，这个时候制作出来的音乐就有它的时代性，阵容很强大，但是有杀伐之气，所以孔子说这样的音乐美是很美，但是不尽善。美和善是可以不一致的，有可能美而不善，有可能善而不美。在孔子之前，美和善基本是混沌不分的。在整个中国文化里面，美和善也经常不分。最有代表性的就是我们说的美德，德明明就是伦理上的善，为什么不说成善德，而说成美德呢？中国人在这个地方美和善是不分的，美德的美字，就是善的意思，美德就是善德。英语 Good family，按说就是和善的家庭，但中国人翻译为美满的家庭，把 good 翻译成美。汉语里面，很多时候都是美善不分的。但是美和善毕竟有区别，我们经常会发现有些东西是善的，但是它不美，有些美的但是它不善。我们常说"良药苦口"，药喝了对身体有好处，可以治病，当然是善的，但它不美味，是苦的，让人很不舒服，这就是善而不美。所以说，善和美是可以不统一的。现代的很多艺术是不讲究美善统一的，有时候为了追求美，可以不需要善。在我们中国传统社会里面，可能很少会出现这样的艺术，因为有儒家的教育，儒家的观念在影响着我们的艺术和审美。孔子的理想是尽善尽美，要美善统一。中国古代的很多艺术，往往都以道德为前提，论艺术也好，论艺术家也好，往往要注重道德，这都是受到了儒家的影响。

3-26 子曰："居上不宽，为礼不敬，临丧不哀，吾何以观之哉？"

译：孔子说："身处上位而不宽宏，懂得礼节却不懂严肃庄敬，对待丧事不怎么哀伤，（对这种人）我还有什么好观察的呢？"

说：这一则是说在上位的要宽大，前面有类似的一则，可以呼应起来。在高位的，或者身份比别人高，或者智慧比别人高，或者财富比别人多，这都叫作居上。居上的要能容下，这跟《道德经》里面的教义是一样的，是儒和道的互通处。

里仁第四

4-1 子曰："里仁为美。择不处仁，焉得知？"

译：孔子说："居处仁道就是美，不选择仁道处世，又怎么称得上有智慧呢？"

注：里：居住。"里仁"或被解释为居住在有仁德的乡里，或被解释为居处仁道。两种解释都能与孔子的仁学思想相符。

说：从篇名可以看出，《里仁》篇开始会有很多地方要讲到仁了。《八佾》篇讲礼讲得比较多，《为政》篇讲政治、讲孝讲得比较多。孔子最核心的思想是仁学思想，这里开始就要集中讲孔子的仁学思想。里，是居处的地方的一个单位名称。北京就有平安里。什么什么里，什么什么弄，相当于某个街道、某个胡同的意思。名词演变成动词，又有居住的意思。里仁，有人理解为居住在有仁德的地方。仁德之乡，大家都很讲礼，都很讲仁德，民风淳朴，不狡诈，百姓都有仁爱之心，到这种地方居住，是大有好处的。注重生活环境，不天天跟小人混在一起。孟母三迁，就是这样一种思想的产物。"蓬生麻中，不扶而直；白沙在涅，与之俱黑。"从思想上来讲，还有更好一点的解释，可以把里仁解释为居处仁道。里仁，不只是说居住位置的选择，而是说各个方面都要践道而行，履仁道而行，这就叫里仁。把"里仁"释为居处仁道乃更具普遍意义，涵摄范围更加广泛。不走歪门邪道，走在康庄大道上，走在仁道上，这就是里仁。各种路向，不选择仁道，哪里算得上是"智"呢？"知"就是"智"，智慧的"智"是后起字，下面加了个日，最早的时候，智慧的"智"就写作"知"，《论语》里面有好多处都这样。天天搞阴谋诡计，如果没有处在仁道上，就不算是有智慧。

4-2 子曰："不仁者不可以久处约，不可以长处乐。仁者安仁；智者利仁。"

译：孔子说："不仁的人不能够长期安居贫穷，也不能长期安守快乐。仁者安守仁，智者利用仁。"

说：不仁者不可以久处约，不可以长处乐，反之，仁者就可以长处约，就可以常处乐。为什么不仁者不可以长处约，不可以长处乐？难道还会有人不能安处快乐吗？有快乐还不会享受吗？有大鱼大肉还不晓得吃吗？有豪宅还不知道住，有豪车还不知道开吗？当然，这些都会。鱼会吃，车会开，房子会住，但是不会从这里面获得长足的快乐。现实生活中很多人都是这个样子，欲望要不断地满足，快乐只是在于满足欲望的一瞬间，一旦欲望满足了，又会追逐新的欲望。欲望悬在那里的时候，要靠近它，要大费周章。为了住一套好房子，可能费了十年二十年的工夫。房子刚住进去，很开心，过不了多久就觉得没劲了。这就是规律，但凡物质上的追求，都有这样的特点，在追逐的过程中会有长期的付出、长期的劳累，而且伴随着得不到的痛苦。一旦得到，欢乐又很短暂，这是物质享受对我们最大的一个挑战。物质享受的快乐非常短暂，就在满足的一瞬间，满足之前和满足之后，都没什么快乐可言。拥有一千万的人不比拥有一百万的人更快乐，拥有一百万的人不比拥有一万的人更快乐，这道理何在呢？我们的快乐不是由物质财富决定的，欲望的满足只在一瞬间。但凡拥有了的，都不能引起欲望满足的愉悦，只会引起失去的痛苦，所以物质上拥有越多的人，获得快乐的可能性反倒越小。仁者与之相反，内心笃定了，他既可以处贫，也可以处富。如果心态训练到一定高度，以仁道为最高追求的时候，贫也能乐，富也能乐，如果在二者之间的任何一种状态都能乐，这就叫作能长处乐了。颜回居处陋巷，他可以很快乐，因为他不以物质追求为自己的目标，没有获得，也不会痛苦，而获得了呢，又能安守。这是最不容易的事情。贫穷也能快乐，富贵也能快乐，这需要修养，跟没有文化教养的基于本能直觉的反应是不一样的。为什么不能获得快乐？从根本上决定于心态。获得快乐的法门不在外求，而在于内在的修心。仁者和不仁者的最初分流在何处呢？就是志向的不同。安与不安，在于立志，在于价值观。《论语》里面反复讲到志向，到了宋明儒学，就更加注重志向的问题。志向就是价值观，价值观会决定心态，心态会决定行为。

"仁者安人"是志向问题，"智者利仁"也是志向问题。对仁的追求，可以有两种态度，一个是作为目的，一个是作为手段。作为目的，就是以仁为最高追求，所有的学习也好，生活也好，都围绕着它来展开，目标就是要实现仁道。人要谋生，要挣点钱，养活自己，还要养家糊口，但那不是最终目的，最终目的是要在保存自己身体的前提下，实现仁道，让自己有仁，让天下也有仁。以仁为手段，则不能算是仁者，至多能算是智者。孔子的理想是仁和智的统一，但是仁和智毕竟不是一个东西，它们有可能统一，也有可能不统一。以仁为手段，比如你做一件感动他人的事，别人会感激你，他就会来帮助你，你感动了他，动了他的侧隐之心，他就会来帮助你，为你付出。比如刘备三顾茅庐去请诸葛亮，靠的就是仁。第一次刘备跟诸葛亮讲的是天下大乱，诸葛亮拥有如此聪明才智，应该出来平定天下。诸葛亮理都不理，只是笑了一下，在那里摇扇子。后面是怎么把他感动的呢？刘备跪了下来，在那里哭，并对诸葛亮说，你不出来，让天下的老百姓怎么办，老百姓正在受苦呢，你怎么忍心安卧不动？这个时候把诸葛亮的侧隐之心给激发了。诸葛亮于心不忍，就跟刘备出山了。这就叫作智者利仁，就把仁作为手段。当然刘备是有仁爱之心的，《三国演义》里面的刘备就是一个仁者的形象。但是请诸葛亮的时候，他是把仁当作手段的，后面诸葛亮也反复利用刘备的仁来作为达成目的的一个手段。有些人为了挣钱，也利用侧隐之心，让人不忍心拒绝。安仁和利仁之间是有高下分别的，在儒家的人格观里面，仁者是最高的，智者是其次的。历代评价人物的时候，以德为先，这是儒家的教义。

4-3 子曰："唯仁者能好人，能恶人。"

译：孔子说："只有仁者，能合理地爱人，能合理地厌恶人。"

说：每个人都对别人产生好恶，觉得有些人很讨厌，觉得有些人很讨人喜欢。这种厌恶和喜欢，如果不是出于仁心的话，就会颠倒瞀乱。人的好恶很多时候是出于私心。私心就是欲望，能够满足欲望的，就觉得很讨人喜欢，不能满足欲望的，就觉得很讨人厌，这就叫作"不能好人，不能恶人"。因为不公正，对人的喜欢和好恶都是围绕着自己来。干坏事被别人举报了，就对那举报的人恨之入骨，算计着哪天要摆他一道。有人讨得了自己的喜欢，虽然他做了一些不合理的事，但是自己觉得这个人还蛮可爱的。有些人对子女溺爱，子女明明做了不好的事情，明明很放纵，也觉得很可爱，最终就把子女给害了。这就叫作"不能好人，不能恶人"。仁者恶人，出于公心，虽然讨厌，但不是要置之死地。仁者恶人是要人改过，能够自新。父母严厉一点，会对自己的子女有打骂，子女觉得父母讨厌自己了，要惩罚自己了，这也叫作恶人。但这恶人的目的是要让人成长和提升，让人更好地发展。

4-4 子曰："苟志于仁矣，无恶也。"

译：孔子说："如果志于仁，对人就不会有厌恶了。"

说：这一则的核心思想跟前面一则完全是一样的。"苟志于仁矣，无恶也。"不是说对人绝对没有什么讨厌，而是说虽然讨厌，但不是从根本上否定。诸葛亮挥泪斩马谡，他要斩马谡，但他同时挥泪，很不忍心。可知诸葛亮内心里对马谡还是很有感情的。诸葛亮把马谡斩了，但他不是出于愤怒，不是出于私心，而是出于国家的法度军纪，必须要这么做。虽然这么做了，但心里还是不忍心，很痛苦，很难受。从根本上来讲，诸葛亮对马谡不是讨厌。孔子讲，"毋固毋我"，对自己和他人都不持实体化的态度。实体化的态度就是：桌子是桌子，椅子是椅子，好像都有一个固定的实体化的东西在那里。任何事物都是因缘和合聚在一起的，只要条件变了，实体马上就会散掉，成为别的事物。孔子的好恶观也与这种观念相通。"我"不是一个固定的"我"，随时在变，"你"也不是固定的"你"，也随时在变。讨厌只是对事不对人，做了坏事，只讨厌这件事，把这件事改正过来，那就不再讨厌了。所以说，不是讨厌这个人，而是讨厌他身上因缘和合的事情，事情是一件件的，可以改过的，这就叫作"无恶"。反过来，有些人的好恶是针对人的。某件事情上得罪了他，他就记恨于心，以后你做每件事情都看不顺眼，迁怒于人，以后做得再好，仍然讨厌你。这就有一种固执，有个"固我"和"固他"在，这就是有所恶。

4-5 子曰："富与贵，是人之所欲也；不以其道得之，不处也。贫与贱，是人之所恶也；不以其道得之，不去也。君子去仁，恶乎成名？君子无终食之间违仁，造次必于是，颠沛必于是。"

译：孔子说："财富和权贵，都是人们想要获得的，如果不能够以正当的手段获得，那我宁愿不要；贫穷和卑贱，是人们都不想要的，如果不能以正当的手段摆脱它，那我宁愿不去摆脱。君子如果抛弃了仁，如何能成就他的声名？君子没有一顿饭的时间可以离开仁，不管是在仓促匆忙的时候，还是在颠沛流离的时候，君子都在追求着仁。"

说：富和贵是有区别的，富是财富多，贵是地位高。两者都是世俗所想要追求的，那么孔子的态度是什么呢？孔子也有世俗化的一面，他跟世俗不是矛盾的，他的理论的出发点都是人之常情，基于世俗，又超越于世俗。人都会追求富贵，追求名声，这个孔子也没有否定，但是要讲究手段。要获得富贵和名声，得符合道义，以正当的手段获得。多数人是不愿意去偷去抢的，但是有些人就是愿意去偷去抢。有些人更高尚一点，不偷不抢，但是他愿意去乞讨。再高尚一点的，乞讨他也不愿意。再高尚一点的，只要是不符合道义的，他都不要。很多人是遮遮掩掩的，觉得好像别人不知道，不道义、不正当的他也会去做。孔子承认大家都嫌弃贫穷和低贱，但是如果不是因为道义的原因导致的，那么也不用去摆脱。反过来说，有一些人贫贱，是因为不合道义，那就要改变。一个人会贫穷，可能就是因为自己身上有某些毛病，习惯不好，不够勤奋，不会做人，背离天理，自然就贫困。这是可以指责的，需要改变。但是有些人不是这个样子，明明很勤奋，明明很有道义感，但是他很贫穷。他受穷，不是他个体的原因，可能是社会的原因，或者其他。比如说身在战乱的年代，整个社会都很混乱，很黑暗，政治生态一塌糊涂。这个时候如果挣了大钱，可能就是在发国难财。孔子说，贫贱和富贵要看有没有道义，有道义的话，即使贫穷和低贱也没什么要紧。

4-6 子曰："我未见好仁者，恶不仁者。好仁者，无以尚之；恶不仁者，其为仁矣，不使不仁者加乎其身，有能一日用其力于仁矣乎？我未见力不足者。盖有之矣，我未之见也。"

译：孔子说："我没有见过（真正）爱好仁德的人，（也没有见过真正）厌恶不仁德的人。爱好仁德，就会把它视为最高；厌恶不仁，那也是一种仁，因为它不会让不仁的事情施加在自己的身上。有能一天都在仁上下工夫的吗？我没有看到过能力不足的！或许真的有吧，但我没有看见过。"

说：好仁的人会把仁视为最高，把仁当作最高志向，把它当作根本的准则，其他东西跟仁有冲突的时候，会把仁摆在优先的地位。看到有不正义的事情，有违背良心的事情，厌恶它，这就是恶不仁。看到事情不公正或者违背天地良心的时候，要出来干涉一下。"路见不平，拔刀相助"的传统，就是恶不仁。孔子感叹说，他从来没有见过真正好仁的人，没有见过真正厌恶不仁的人。孔子在质疑，为什么看不到，是因为很难达到吗？孔子说不是的，他从来没有看到力量不够的。意味着什么呢？仁这个东西，不是由力决定的。力，可以理解成力量、力气、能力、智力。仁不在力，也就意味着，人人都可以求仁。那么仁由什么来决定呢？就是心，看能不能尽心，有没有求仁的努力，是不是想着尽量达到，有没有这样一种意念，有没有这样一种趋向性。一百斤的担子，不可能每个人都挑得起。孔子评价人是不是仁者，不在于他的力气是否挑得起那一百斤的担子。力气大挑得起的就是仁者，力气小挑不起的就不是仁者，肯定不是这个样子。挑得起的人，如果不尽心，能挑两百斤却只选择挑一百斤，这也不叫作仁。反过来，有人挑不动一百斤，但他努力能挑多少是多少，这就是在尽心尽力，就是仁了。到底有没有尽心尽力，别人或许不知道，自己肯定知道。有没有尽心，需要自我反观，扪心自问，自己是不是尽心尽力了，是不是问心无愧。所以说要心诚，宋儒们特别重心诚，也是这个道理。为仁在于尽心，尽心须靠心诚。

4-7 子曰："人之过也，各于其党。观过，斯知仁矣。"

译：孔子说："人的过错，各有其类别。观察一个人的过错，就可以知道这个人了。"

注：①党：类。②仁：人。

说：《论语》里面的仁字有好多层含义，这个地方的含义不是仁爱，这里的仁就等于人。仁是"人"字加"二"字，也就是两个人，最早的时候，仁和人是相通的。仁是两个人，是人和人之间的关系。每个人都有他的过错，而人的过错是有类型之别的，看一下人所犯过错的类型，大概就知道这个人是什么类型的人了。

4-8 子曰："朝闻道，夕死可矣。"

译：孔子说："早上知道了道，晚上死去也值得了。"

说：早上知道了仁道，晚上死掉也值得了。也就是说，把仁当作最高的追求，实现了最高追求，那么人生的目的也就达到了，死都不怕了。这种话我们现在听起来可能会觉得很假，因为我们生活在和平年代，太过安逸，太过平庸了。如果在战争和苦难的年代，许多人恐怕都会对这句话有很深的共情和感动。我们现在或许觉得许多烈士的牺牲行为不可思议，但是在战争年代，那不可以思议的事情事实上就是产生了许多，一点都不假。人性可以焕发出难以想象的恶，人性也可以焕发出难以想象的善。视死如归，为道义牺牲的，历来都大有人在。

4-9 子曰："士志于道，而耻恶衣恶食者，未足与议也。"

译：孔子说："人以道为志向，却又以粗衣粗食为耻，也就没什么好说的了。"

说：一个人如果以道为最高志向的话，就不会贪图物质的享受，衣食住行都可以不计较，差不多就行了。很多人觉得物质很重要，他们也不否认精神追求的重要，只是觉得首先要满足物质，物质有了保障，才有精神追求可言。这原本也没有错，但是人们经常会以它为借口，来满足自己无止境的欲望。欲望是无止境的，为什么放不下孜孜不倦的物质追求，然后要说精神需先以物质为前提呢？就是因为志向是在另外一边，志向在另外一边的时候，就可以找借口。因为欲望永远是无止境的，一万块钱一个月也是满足温饱，两万块钱一个月也是满足温饱。同样就是这一万、两万，有人就可以当机立断，甚至五千、一千，他照样可以以精神追求为主要目标。所以说，对于精神的追求来说，没有什么借口，任何人，当下即是。

4-10 子曰："君子之于天下也，无适也，无莫也，义之与比。"

译：孔子说："君子对于天下的事情，没有敌对的，也没有亲慕的，只求合于道义。"

注：①适：通"敌"。②莫："慕"的本字。

说：很多有共同部件的字可以互通，因为它们最初就是同一个字，只是随着汉字的演变发展，加上不同的偏旁来表示不同的意思，才分化区分开了。有人打趣说，古人写了错别字，后人为了护前人的短，就说是通假。这是笑话，事实当然不是这样。因为写错别字是随机偶然的，古人的通假却是成体例的，这个人这样通假，别的人也那样通假，汉代的人那样通假，唐代的人也那样通假。那就说明，通假不是偶然犯的错误，是有固定的体例的。敌字和适字为什么会相通呢？我们看一下这两个字的演变：

	金文	小篆	隶书	楷书
敌				

	金文	小篆	隶书	楷书
适				

敌和适，去掉偏旁完全一样，最初它们就是同一个字。后来为了表示区分就加上走字底，成为适字，加上攴（pū）字旁，成为敌字。适起初跟走路有关，就是去某地的意思；敌跟攻打有关，最初就是抵抗、攻打的意思。攴（pū）字的小篆字形，就是一只手拿着一个东西在敲打，攴字旁有敲打的意思。所以，敌和适是互通的，最初都是啻字，后来才有了偏旁的区分。有些地方啻被改成了敌，有些地方啻被改成了适。有些版本的《论语》，这个地方写的就是敌字。同样的道理，慕和暮，起初也都没有偏旁，只是一个莫字。

莫是会意字，上边是草，下边也是草，中间是太阳，表示太阳落山之际，也就是日暮的暮字。后来为了区分，莫下面加了一个日字成为暮，专门表示日落的时间；加了一个心字成为慕，专门表示仰慕的心情。敌和慕刚好相反，一个是敌对的，一个是倾慕的。孔子说，君子对于天下的事情，没有敌对的，也没有亲慕的，只有合于道义的。事情该不该做，不问关系是不是亲密，该通过的就通过，不该通过的就不通过。这个地方就显示了公平和正义。儒家不是一味讲人情的。

4-11 子曰："君子怀德，小人怀土；君子怀刑，小人怀惠。"

译：孔子说："君子心怀道德，小人心怀乡土；君子心怀法度，小人心怀恩惠。"

说：君子和小人最初不是道德高下的区分，只是贵族阶级和平民阶级的区分。君子起初是指君王的儿子，后来指代一切的贵族；小人就是小民，平民百姓。因为在孔子之前，贵族才有机会接触教育，平民一般是没有机会接受教育的，这就导致贵族的文化素养普遍较高，平民百姓就没什么文化教养。所以，后来就以君子指代有修养、有道德的人，以小人指代没修养、没道德的人，于是开始演变出道德上的区分。《论语》里面的君子和小人这两种含义都有，有时候会用原始的含义，有时候会用后来演变的含义。比如说这个地方，明显用的就是原始的含义。"小人怀土"，一般的老百姓，关心的就是老婆、孩子、热炕头，没心思也没机会关心国家大事，脑袋里想的就是种田、吃饱饭、养老婆、养孩子。所以说"小人怀土"，只想着自己的一亩三分地，心怀自己的乡土。将这里的小人理解成道德上的评价就很难说得通。君子"怀德"，怀抱着天下的秩序，怀抱着天下的教化，怀抱着国家的情怀。尤其是后面一句更明显，"君子怀刑，小人怀惠"，君子挂念的是国家的法度合不合理，平民百姓挂念的是国家是否给了什么好处，是不是减税了，有没有什么补贴。

4-12 子曰："放于利而行，多怨。"

译：孔子说："依照于利益来行事，常常易生怨恨。"

注：放：依仿、依照。

说：这句话点出了日常生活中许多怨气的来由。许多事情基于利益来思考，以利益来驱使，就容易生怨。平时做动员，都是以利为驱动，这就会出问题，时间长了就会生出许多怨恨。以道义来动员，大家或许怨恨更少。道义驱动的士兵打仗时，往往一往无前，死而无憾。管理学讲了一个原则，就是说奖励未必都起积极作用，对一些自觉、有修养的人，少说奖励的话效果可能会好一些。有些人没什么情怀，做事就是为了吃碗饭，多给钱就多出力，少给钱就少出力。对于这种人，是要多去激励，多采取奖励措施的。但是对于有情怀的人来说，就不要搞这一套，搞这一套反倒适得其反。有义而已，何必言利？

4-13 子曰："能以礼让为国乎？何有？不能以礼让为国，如礼何？"

译：孔子说："如果真能以礼让来治理国家，那还有什么难处呢？不能以礼让治理国家，礼又有什么意义呢？"

4-14 子曰："不患无位，患所以立；不患莫己知，求为可知也。"

译：孔子说："不担忧没有地位，只担忧拿什么来获得地位。不担忧别人不知道自己，只追求那值得别人知道的东西。"

4-15 子曰："参乎！吾道一以贯之。"曾子曰："唯。"子出，门人问曰："何谓也？"曾子曰："夫子之道，忠恕而已矣。"

译：孔子说："曾参啊！我的道理一以贯之。"曾参说："是。"孔子离开后，门人问曾参："先生说的是什么意思呢？"曾参说："先生的道理，忠和恕就可以贯穿了。"

说：曾子以"忠恕"来概括孔子之道。忠现在最常见的意思是一心一意，丈夫对妻子忠，妻子对丈夫忠，臣下对君主忠，等等。但是忠最早的意思还不是一心一意，而是尽心的意思，做事情尽了最大的努力，这就叫忠。如心为恕，什么叫如心？就是将心比心，设身处地想一下，把自己放到别人的处境里面，该怎么样。恕有宽恕的意思，那是后起意义。宽恕和将心比心有什么关系？自己犯了错，是没有人不原谅自己的，我们只是经常会不原谅别人。自己犯了错，别人要来责备，就有一千一万个理由回护。当时是怎样怎样，出于什么什么原因，就做了那样的事情。我们会找借口，因为我们容易原谅自己。如果设身处地去想一下，别人犯了错，能像自己犯了错一样，给他找各种理由，原谅他，这就是如心，就是恕。所以宽恕是恕的后起意义，恕起初就是将心比心的意思。仁道怎么去推行？第一步就是忠，尽心尽力，只要做事情尽了心，那就是仁。不在于能力有多强，能量有多大。没有说能力越大就越是仁，有几分力就尽几分，这是第一步，首先从自己入手。自己尽力尽心了以后，再往外推，往外推就是把别人当自己，这就是恕。"己所不欲，勿施于人""己欲立而立人，己欲达而达人"，把别人当自己，人我一体。先从亲近的人开始，慢慢地由近及远。整个天下人相互之间能够融为一体，世界就和谐了，这是孔子仁道的终极。

4-16 子曰："君子喻于义，小人喻于利。"

译：孔子说："君子通晓于道义，小人通晓于利益。"

注：喻：晓喻、通晓。

4-17 子曰："见贤思齐焉，见不贤而内自省也。"

译：孔子说："见到贤能的，就想着要追上他；见到不贤的，就要内心反省自己（是否有同样的问题）。"

说：这一则是要克服两个心理毛病。我们容易有两个毛病：第一个毛病，看到别人优秀，要么自卑，要么易生嫉妒的心理。也就是俗话说的见不得别人好，我们有时候会有这样的毛病。第二个毛病与第一个毛病是一体之两面——看到他人有缺点，能力不足，就容易自傲。如果修养到家，这毛病也不难克服。不过，事实上很多人是没有这个修养的，看到别人有长处，会有嫉妒心理，或者产生自卑情结。孔子的这则言论是要我们克服这两种畸形的心态，不管看到比自己好的，还是看到比自己差的，心里都能淡定坦然，这就是一种修养。如果修养到了，第一反应就会是：看到别人的长处，就向他学习，向他靠近，跟他做朋友，学习他的长处，不断提升自己；看到别人哪里做得不太好，就要自我反省一下，换位思考，想想自己是不是也存在同样的毛病。

4-18 子曰："事父母几谏，见志不从，又敬不违，劳而不怨。"

译：孔子说："侍奉父母含蓄地劝谏，如果自己的意见不被父母听从，则恭敬而不触犯父母，为他们担忧，但不生怨恨。"

注：①几：隐微，含蓄。②劳：忧心。

说：这里的"几"字稍微有点难理解。几是个象形字，最早就是指案台、桌子、茶几之类的东西。这个字后来又演变成一个形容词，有很神秘、很隐微的意思。《易经》有所谓"知几其神"，就是说，很隐微、很细微的东西都能察觉得到，这就算是很神妙。"事父母几谏"，几就是很隐微、很细微，或者说很含蓄的意思。就是说，侍奉自己的父母，有时候要劝谏，但是这个劝谏要比较含蓄隐微。父母毕竟是长辈，劝谏的时候要注意方式方法。我们现在还好一些，因为现在是平等观念的社会，父母跟子女的关系相对来说比以前要随性一些，等级观念没那么强。古代等级观念很强，晚辈指摘长辈，长辈心里会很不舒坦。觉得你后生小子，我吃过的盐比你吃过的饭还多，要你来教训我？长辈做错了，也死不认账，年轻人来说上两句，就觉得很不舒服。辈分长的容易有这样的毛病，现在很多人仍然如此。那么做晚辈的该怎么办？看到父母有问题，跟他们对着干，肯定是不行的，情绪牵动起来，往往适得其反。孔子的观念是，长辈有时候耳朵是听不进去的，所以要劝谏的时候，一定要含蓄隐微，不要那么直接，让人下不来台，更不要有情绪。谏言就好像药一样，大家都不愿意吃，虽然是良药，但是大家不愿意吃药，因为药是苦的。那怎么办呢？放一点糖在里面，或者加一层糖衣。劝谏也是这个样子，尤其是对于长辈和上级，不单单是父母，还有老师、领导，甚至是君主。劝谏的时候要注意含蓄，注意引导对方的情绪，让他吃下良药的同时，感觉味道甜甜的。

但是，太过含蓄，有时候又起不到劝谏的作用，这个时候就很容易引发矛盾。自己的意见父母不愿意听从，这是很寻常的。你是有足够的手段，可是人家也有足够的固执。这个时候怎么办呢？"敬而不违，劳而不怨。"仍然表示尊敬，而且不触犯，不抵触，没有怨气，只是为之感到担忧。担忧但是不怨愤，不要固执己见，感觉自己就是对的，别人不听自己的，就一定吃亏在眼前。

别人不听自己的意见，自有他的原因。首先，未必自己百分之百就一定是对的。我们劝谏别人的时候，都是觉得自己是对的，但是谁能保证，你就一定百分之百是对的。你觉得你是对的，那只是你觉得。别人还觉得自己是对的呢，到底谁是对的，没办法完全确证。自己的意见也有可能是偏见。经常是两种路向都可以，你也对，他也对。无所谓对错，非要人家按自己的来，那就太过自我中心主义了。

即使真是别人错了，自己也不要太固执。可以劝，可能别人原本忽略了没看到的，劝了以后，人家注意了，有所改观，这是有效的劝。反之，劝了以后，如果别人不听，仍然要按自己的去做的时候，或许他有其他的考量，也可能你说的他做不到。有些事情大家明明知道，但是不能按道理去做。吸烟有害健康，很多人也认可，但是要他戒烟他就是做不到，很难受，控制不了自己。人家做不到，你还在那里反反复复地说，就没有任何意义了。人家做不到的还是做不到，你以同样的方式反复劝，人家只会觉得你啰嗦，特别想要远离你。甚至有些不是意志的问题，而是能力范围之外的事情，你非要他那样去做，反反复复絮叨，那不就是无中生有，闹出矛盾来了吗？实在不听的时候，就不要再劝了。对他恭敬，而且对他表示担忧，这就足够了。

孔子这句话的核心精神在于对父母的敬（敬而不违）和爱（劳而不怨），针对的一般是日常生活中的小事，也不能机械化、绝对化地理解。遇到父母明显有悖正义，如谋人性命等大是大非问题，难道仍然"敬而不违，劳而不怨"？有非常之事，必有非常之手段，这又是经和权的问题了。

4-19 子曰："父母在，不远游，游必有方。"

译：孔子说："父母健在，就不远游；非得远游，也有具体的去处。"

说：父母在，不远游，这是针对古代社会而言的。在古代社会，出行非常不方便，交通和通信都十分欠发达，一旦不在父母身边，基本上就切断了联系。所以，那时要出门远游的话，父母是会非常担心的。而且长年累月都不回家，这个人基本上就从父母身边消失了。对父母来说，有子女跟没子女是一样的了。父母健在，就尽量不要出远门。古代的中国社会又是一个安土重迁的社会，大家都固守一方，没有特别重要的事情，都不会远游。实在有重要的事情，有必要出远门，就一定要告诉父母具体的去处。父母也不会没着没落的，不致于有什么事想找子女都找不到，想打听消息也都打听不到。外出就要告诉父母，要去哪里，要换一个地方了，也要写个信给家人，告诉他们你又要去哪里了。那么对父母来说，这子女就还在，不至于生了跟没生一样，什么时候死了都不知道。这也是孝的一个方面，对父母也是一种安慰。到了现代社会，就没有必要这么死板了。现在交通这么发达，要去哪里，一天可能来回好远的路程。而且现在有通信工具，就是去国外，一个电话打过来也都很方便。所以不必拘泥，但是背后的精神，仍然可以去体会，去贯彻。不要到危险的地方去，不要去做不法的事情，不要让父母担忧，这个是可以引申一下的。

4-20 子曰："三年无改于父之道，可谓孝矣。"

译：见《学而》篇。

4-21 子曰："父母之年，不可不知也。一则以喜，一则以惧。"

译：孔子说："父母的年龄，不能不知道。一方面为之高兴，一方面为之担忧。"

说：对于父母的年龄，子女有什么好高兴的？因为父母又长了一岁，今年59岁的，明年就60岁了。看着父母一年一年在增长寿命，心里开心。又有什么好担心的呢？因为父母又老了一岁，今年79岁的，明年80岁，可能就要归天了，所以就很担心，颤颤巍巍地，好不容易又熬过了一年。尤其是90多岁的老人，快要上百岁，很容易让人担忧，保不准哪一天就出事了。所以，要知道父母的年龄，一则以喜，一则以惧，这也是一种孝心。孝未必表现为行为，有时候也是一种心理，外在显不出来有什么行为表现，只是内心的一种心理的反应。

4-22 子曰："古者言之不出，耻躬之不逮也。"

译：孔子说："古代的人不轻易出言，因为害怕自己的行为跟不上。"

说：这里要灵活一点理解。"古者言之不出"，不是说不出话，而是不轻易说话，不轻易出言。因为害怕自己的行为跟不上自己的言语。也就是说，要小心许诺，小心讲志向，小心说话。跟人家许诺了以后，做事情的时候有可能拖拖拉拉，或者根本兑现不了，大打折扣。所以，话先不要随便说，有什么想做的，先做了再说，做完了再跟人家说，这就没什么了。话先放出去了，后面有很多不可控的因素，可能根本不能兑现。这里孔子在讲言和行的问题，要注意孔子对言和行的态度。他是教大家言出必行，尽量说到做到。油嘴滑舌的人没有责任感，无所谓，信口开河，什么都可以说。君子说话还是要慢一点，多想一下，不妨慢慢悠悠的，因为要对所说的话负责。

4-23 子曰："以约失之者鲜矣。"

译：孔子说："因为节制而犯过错，这是很少见的。"

说："约"就是保守一点。一个人因节制保守而犯错，这是很少见的。所以孔子是有保守的一面的。孔子最理想的状态是中庸，他绝对不是说保守最好，中庸是最好的。但是万一做不到中庸呢？这就会有两种可能，一是朝保守的方向发展，一是朝激进的方向发展。孔子宁愿选择保守的方向。如果实在做不到中庸，做不到恰到好处，那么宁愿保守一点，更不容易犯错。这里其实也蕴含有一种无为的思想，有时候宁愿少做一点。

4-24 子曰："君子欲讷于言而敏于行。"

译：孔子说："君子要言语迟钝，行动敏捷。"

说：这一则又是在讲言和行的问题。第22、23、24则，都体现出孔子保守的一面。"君子欲讷于言而敏于行"，教人小心说话，说慢一点，不要油腔滑调，不要轻率。做事的时候呢，利索一点，当然不是说不讲质量，而是说要迅速敏捷。说了就做，及时一点去做，不要拖三推四，这就叫作"敏于行"。言语上木讷一点，行动上利索一点。

4-25 子曰："德不孤，必有邻。"

译：孔子说："有德之人不会孤独，一定会有同伴。"

说：这一则从侧面反映出孔子的一种孤独感。他为什么会说出这么一句话呢？他是要继续坚守自己的道路，即使孤独也不怕。而且他很乐观，走仁道一定不会孤独，肯定还有人在追求仁德。不会大家都尔虞我诈，肯定有人愿意尊奉德行，一定会有人跟自己做伴的，因为德是就人与人之间的关系，就是考虑人和人之间的感受，就是不要看眼前的利益，要看长远的利益。自己会这样，那么别人也会这样，所以讲道德不要怕被孤立，一定会有人跟自己做伴的。一种隐隐的圣贤寂寞由此流露而出。

4-26 子游曰："事君数，斯辱矣；朋友数，斯疏矣。"

译：子游说："侍奉君主太过琐碎逼促，就会招来耻辱。与朋友交往太过琐碎逼促，就会被人疏远。"

　　说：数，就是数量很多，次数很多，反反复复絮叨，大事小事都在絮叨，很琐碎，很逼促。有时候我们自己会这样对待别人，别人也会这样对待自己。古代很多人臣在君主面前进谏的时候也会这样。孔子说，如果这样，就会遭到耻辱。如果你对别人说得太多了，人家就不重视你，不拿你的话当回事，甚至有时候回怼你，当面侮辱你。虽然说未必是刻意要侮辱你，但是他不会再充分重视和尊重你了。对朋友也好，对上司也好（以前是君主，那么现在就可以扩充到领导上司），如果太过琐碎，太过逼促，别人就会不尊重你，不重视你的意见，甚至有时候真的会直接侮辱你。朋友也会疏远你。道理不用反复讲，讲了一遍，别人可能忽略了，再讲第二遍，人家还不那样做，说明是有原因的。反反复复说还有什么意义呢？这个时候就不是说的问题了，唯一的办法就只能是引导和感染。而这种引导和感染不是言语上的，一定是在潜移默化之中的，让他感觉不到，但是他突然就改变了观念和行为，这是感染的力量，就不是嘴巴上说的问题了。谏始终只是在嘴上用工夫，一旦嘴上的工夫无效，就要用情感和行为来引导。通过生活中的各种细节，潜移默化地去熏染，去影响。

　　但是我们生活中较少有人能做得到，这种智慧，很多人连意识都意识不到，更不要说做的问题。我们总是觉得对别人说得越多越好，你对别人很关心，那么多劝上几句，好像越劝越好，越劝越显得关心。其实不然，一定要掌握一个度。劝了两次，行不通，就别再劝了，换一种方式。实在不行，就让他自己走自己的路吧，又能怎么样呢？很多事情，其实没有什么大不了的。许多事情，看平淡一点，换方式，尽量引导，实在引导不了的时候，没什么大不了，照样自然而然地交往，任其自然，反而融洽。

公冶长第五

5-1 子谓公冶长："可妻也，虽在缧绁之中，非其罪也。"以其子妻之。

译：孔子谈到公冶长，说："可以把女儿嫁给他，他虽然在监狱之中，但这不是他的过错。"于是便把女儿嫁给了他。

注：①妻（qì）：以女嫁人。②缧绁（léi xiè）：古时捆绑犯人的绳索，引申为监狱。

说：公冶长也是孔子的一个学生，孔子谈到公冶长这个人，说他"可妻"。"可妻"也就是可以选他为婿。孔子说了个理由，说公冶长坐过牢，但是那不是他的罪过。坐牢有很多原因，为非作歹，做了违法的事情，被送进监牢，这是很常见的。做坏事被送进监牢，那是罪有应得。但是有时候君子也会坐牢。君子可以抛弃自己的生死，为了国家的利益，跟小人做斗争，跟黑恶势力做斗争，也有可能会被送进监牢。古

图6 "糸"字金文字形

代的文人有讽谏的风骨，经常也会遭文字之灾，被投进监牢。尤其是革命年代，如果不是站在当政的一边，很容易被投进监牢，为了寻求光明和正义，为了革命，被指认为"政治犯"。所以，投进监牢不一定就是坏事，要看情况。有些人坐牢是因为做了坏事，那是可耻的。有些人坐牢是为了正义，那是可歌可颂的。公冶长属于后者。他为了正义，不顾自己的生命安危，坐过牢，所以孔子想把自己的女儿嫁给他。"子"不一定是儿子，古代的"子"是不分男女的，女儿也可以叫子，儿子也可以叫子。缧绁这两个字都是糸（mì）字旁，糸是丝的一半，是个象形字，编织的丝线一类的东西，打了两个结，下面垂了三根线下来。现在春节挂的福字下面会垂个穗子，跟这个也有点像。两个糸组成一个丝，所以糸字旁的字都跟丝线有关，一般是丝线的编织物。缧绁，就是绳索，一个人

被绳索捆了，也就是被绳之以法了，被抓进监牢了。

5-2 子谓南容："邦有道，不废；邦无道，免于刑戮。"以其兄之子妻之。

译：孔子谈到南容，说："国家有道，则能不被（执政者）遗弃；国家无道，则能避免刑罚。"于是便把自己的侄女嫁给了他。

说：这一则跟前面一则有点类似，前面评公冶长，这里评南容。孔子觉得南容也很可贵，就把自己兄弟的女儿嫁给了他。国家有道，自己能够不遗弃执政者，跟执政者合作，不躲避隐退起来；天下大乱，昏庸无道的时候，那就免于刑戮，这种人也很值得称赞的。天下大乱，昏君当道，小人当政的时候，就装疯卖傻，也不跟他们合作。跟他们合作，就只能沆瀣一气，与世同流合污。一方面也不合作，一方面也不抵牾。抵牾就易遭到刑戮。公冶长就遭到过刑罚。公冶长可取，南容也可取，他们两人有截然相反的行事方法，孔子同样称赞。这里是很耐人寻味的。孔子不会偏执，只要在坚守正道，采取回避的手段也好，采取抵牾的手段也好，都值得称道。这是孔子非常圆融的一点。

5-3 子谓子贱："君子哉若人！鲁无君子者，斯焉取斯？"

译：孔子谈到宓子贱，说："这人真是君子啊！鲁国如果没有君子，又怎么能孕育出这种人来呢？"

5-4 子贡问曰："赐也何如？"子曰："女器也。"曰："何器也？"曰："瑚琏也。"

译：子贡问："我这人怎么样呢？"孔子说："你好比是器具。"子贡问："是什么器皿呢？"孔子说："是瑚琏一类的器具。"

说：这一则也是人物品评。子贡想让老师评价一下自己。孔子说他属于"器"一类。这是褒扬还是贬抑呢？前面孔子讲到过"君子不器"，可以看到，这里面有一定的贬义成分在里面，但又不完全是贬义，贬义里面又有褒扬。"器"就意味着不是道，没有达到道的高度。如果接近了道，那就是圣人，孔子还没有把子贡拔到那么高的高度，说子贡还只是"器"。"器"也有优劣，所以子贡就问，是什么样的"器"。孔子回答说，是"瑚琏"一类。这是有赞美的。瑚琏是宗庙中盛黍稷的器具，贵重而又华美，后世常以瑚琏喻国家宝贵的人才。用瑚琏来比喻子贡，也就是说他是宗庙之器，是栋梁之才。

5-5 或曰："雍也，仁而不佞。"子曰："焉用佞？御人以口给，屡憎于人。不知其仁，焉用佞？"

译：有人说："冉雍这人有些仁德，却不怎么有口才。"孔子说："哪里一定要口才好呢？专门用口才来对付别人，常常会惹人讨厌。（冉雍）是不是仁我不敢说，但哪里一定要口才好呢？"

注：①佞：口才好。②御：抵御，对付。③口给：口里随时可以供给，即应对敏捷，口才很好的意思。

说：佞字跟仁字有重合的地方，佞字上面是一个仁字，下面是一个女字。现在听得很多的词是奸佞，奸佞是个贬义词，佞人、奸佞都是小人。我们现在是把佞当作贬义词，但是佞最早不是贬义词，而是个褒义词。说一个人口才好，那就是佞，这是褒义。为什么后面会变成贬义词呢？这跟孔子有很大的关系。有了《论语》的这一节，佞就变成贬义词了。所以我们看，孔子对中国文化的影响有多么深，语言都会因他而变。有人讲冉雍这个人，有些仁德，但是口才不怎么好。孔子就说，为什么要口才好，用得着口才好吗？只要有仁德，口才好不好有什么关系呢？口才好只是为了与别人逞能，有些人就是这样，靠着嘴巴跟别人对抗，怼来怼去，逞口舌之才，试图用嘴皮子压倒别人。孔子批判的就是这种人。用嘴巴子跟人家怼来怼去，自己是很得意，也觉得把别人压倒了。但是别人是很不舒坦的，你觉得你赢了，别人也不服你，觉得自己无所谓输。我们经常觉得嘴巴上赢了，就好像赢了，事实上，对方输了，自己也输了。虽然好像道理上压过了别人，但别人心里不服。你越是把他怼得狠，人家对你的憎恶和嫉恨就越深。所以不要觉得逞了口舌之能，把人家说服了，就舒服了，那只是为以后埋下了深深的隐患。孔子说冉雍这个学生，仁不仁还不敢担保，但是哪里一定需要口才好呢？口才好有时候反倒是祸事。孔子不喜欢巧言令色之人，重要的是做事踏实，有一颗仁爱之心。

5-6 子使漆雕开仕。对曰："吾斯之未能信。"子说。

译：孔子想让漆雕开去做官。漆雕开答道："我对做官这事还没有十足的把握。"孔子听了很高兴。

5-7 子曰："道不行，乘桴浮于海，从我者其由与？"子路闻之喜。子曰："由也，好勇过我，无所取材。"

译：孔子说："我的主张没人奉行了，我就乘一木桴浮游到海外去。到时跟随我的，恐怕只有仲由吧！"子路听到了很是高兴。孔子说："仲由这人尚勇的精神超过了我，可惜我没处去弄那么多木材（来做木桴）呀！"

说：桴字，木字旁一个孚字，表示一块浮在水面上的木头，泛指用木、竹等制成的小筏子。古代以竹或木制成（竹或木）排，大的叫筏，小的叫桴。孔子说，天下无道，就是乘着一个木桴，到海里面去游荡。孔子也是有隐逸情结的，这一点要注意。孔子是入世的，入世的孔子身上也有很多道家的情怀，此处即是一例。如果到大海里面游荡，跟随的人该会是子路吧，孔子这样说，子路听到就很高兴，觉得老师最信任的还是自己。子路非常可爱，后面还有很多处可以看到子路的人格形象。子路的形象，有点像张飞和李逵。他的特点是：很豪爽，很粗犷，但是有时候有点愣头愣脑。所以孔子一说"从我者，其由与"，子路就有点骄傲。于是孔子马上又把他翘到天上的尾巴给拽下来，说：子路这个人呢，尚勇的精神是超过了我，但是"无所取材"。"无所取材"有两种解释，一是说子路好勇是好勇，但是身上的才能有限。第二种解释说，可惜我没处去弄这么多木材。后一种解释就表现了孔子的幽默。孔子到处碰壁，他周游列国，经常不得志，经常鼻子碰灰，所以有人说他如丧家之犬。如果说一不得志，就生退隐的情结，每次退隐情结一生，就要去砍些木头来做筏，那么哪里有那么多地方允许自己去砍那么多的木头和竹子呀。这是孔子的一种幽默。我到哪里去找这么多木头呢？如果真的要"乘桴浮于海"的话，哪来那么多木头？所以孔子只是有一种隐逸情结，他没有真的要去隐逸。这也是孔子的可贵之处，虽然他经常奔走得很劳累，碰鼻子的时候会有些牢骚，但他始终抱着一种坚定的信念。即使不得志，仍然还是一往如前，虽然有时候心里会有点小抱怨，但事实上他始终坚定。

5-8 孟武伯问："子路仁乎？"子曰："不知也。"又问。子曰："由也，千乘之国，可使治其赋也；不知其仁也。""求也何如？"子曰："求也，千室之邑，百乘之家，可使为之宰也；不知其仁也。""赤也何如？"子曰："赤也，束带立于朝，可使与宾客言也；不知其仁也。"

译：孟武伯问："子路算不算仁呢？"孔子说："不知道啊。"孟武伯又问。孔子说："仲由这人，千乘小国，可以让他来处理军政，至于仁不仁，我还不知道啊。""冉求这人又怎么样呢？"孔子说："冉求这人，一个有千户人口的大邑，可以让他去做邑宰，兵车百辆的大夫之家，可以让他去做家宰，至于仁不仁，我还不知道啊。""公西赤这人又怎么样呢?"孔子说:"公西赤这人，可以让他穿着礼服，立于朝廷之中，应对外宾，至于仁不仁，我还不知道啊。"

注:①赋:这里主要指兵赋，古代征兵员和修武备都叫作赋。②邑:庶民聚居之所。③宰:宰有两种含义，一指一县的县长(邑宰)，一指大夫家的总管(家宰)。

说:孟武伯连问了三次，问孔子比较得意的三个弟子算不算仁。孔子的三次回答，都有共性，第一是说学生有一定的才能，三个人都有各自的一技之长。但是才并不等于仁，仁是一种德，才能并不等于德行。孔子在衡量人的时候，要以德为根本。有才能并不一定心性就有修养，所以说自己"不知"，他只知道学生各有所长，三个人的特长他一清二楚，至于他们仁不仁，他只是说不知道。其实也就是很含蓄地说了，他们还不能算仁。但是也不能说他们就不仁，不仁是贬义词。孔子的三个弟子，不能说是没德行，但是说他们仁呢，又好像还没有到。很多事情，除了好和坏，还有中间状态。有些是道德的，有些是不道德的，但是世界上的事并不是只有这两种性质，还有第三种，无所谓德也无所谓不德。对于一个人的修养而言，没有达到仁的境界，中间还有一些状态，孔子的这几个学生应该就是属于中间状态。可以看到，孔子对仁的要求是非常高的。《论语》里面，孔子有时候会称许一个人是仁，有时候又不称许一个人是仁。孔子自己也不说自己是个仁人。仁是个理想状态，如果严格要求起来，没有人可以真正达到。仁有两个层面，一是理想的，一是现实的。理想的仁者是全面的，各个方面都要符合仁，这是一种理想状态，任何人都达不到，但是可以朝它靠近。有些人离它近一点，有些人离它远一点，可以有程度之别。再者，从时间的持存性上来讲，理想的仁者时时能仁，处处能仁。这个谁能做得到?孔子也不可能时时刻刻都做得到。完全符合仁，每件事情都符合仁，这更是不可能。孔子一旦用理想的原则来衡量的时候，没有任何人可以称仁。在这个地方，孔子就是用理想的原则来衡量。这三个学生有可能在这个地方符合仁，在另外一些地方又没有符合仁，这个时候符合了仁，在另外一些时候又没有符合仁。所以他说"不知"。那么为什么孔子有时候又会说一个人是仁者呢?比如说管仲，前面孔子骂过管仲，但是后面别人问孔子，管仲仁不仁，孔子又说他仁。说管仲是仁者，这就要看怎么解释。只有把仁做出两种区分来，才能解释清楚。有时候，只要做了一件仁的事，孔子就会说，这真是仁人呐。就是说，某一个方面达到仁，某一时某一处达到了仁，孔子也会说那是仁者。这是就现实的状况而言的。管仲是现实层面的仁者。有时候我们自己也能成为仁者，因为这一下做到了，这一方面做到了。如果用现实的某一状况来衡量，很多时候仁都能达到，它是现实生活中存在的。但是如果用理想来衡量，没有一个人能达得到，只有不断朝它靠近。

5-9 子谓子贡曰："女与回也孰愈？"对曰："赐也何敢望回？回也闻一以知十，赐也闻一以知二。"子曰："弗如也，吾与女弗如也！"

译：孔子对子贡说："你和颜回比起来谁胜一筹？"子贡回答道："我怎么能和颜回相比呢！颜回学得一件，可以推知十件，我呢，学得一件，只能推知两件。"孔子说："的确不如他，我赞同你说自己不如他的看法。"

说：孔子问他的学生子贡，自己跟颜回比起来怎么样？这是很让人为难的问题。老师过来问自己，跟自己的一个同学比，两人谁更优秀一些。孔子给子贡出了个难题。子贡很谦虚，说自己怎么能跟颜回比，颜回学得一件，可以推知十件，自己学得一件，只能推知两件。谦虚中有几分自信，老师说一，自己可以知道二，说明自己也是挺聪明的。有些人说三也只能懂一，有些人即便说十说百，都只是对牛弹琴。子贡说自己闻一知二，说的也是实在话，子贡确实是比较聪明的一个学生。也可以看到，子贡对颜回有多么地折服。那么孔子怎么说的呢？"弗如也！吾与女弗如也！"这个地方有两种解释。关键在"与"字，有些人把它解释成和的意思，就是一个连接词，意思是说，确实不如，我和你都不如。也就是说，孔子特别谦虚，说自己不如自己的学生，这是一种解释。还有第二种解释，似乎更妥当一点，就是把"与"解释为"认可"。意思是说，确实不如啊，我赞同你说自己不如他的看法。这就不涉及孔子自己跟颜回做对比了。

5-10 宰予昼寝。子曰："朽木不可雕也，粪土之墙不可杇也，于予与何诛？"子曰："始吾于人也，听其言而信其行；今吾于人也，听其言而观其行。于予与改是。"

译：宰我在白天睡觉，孔子看到了不太高兴，说："就像一块烂了的木头，怎么雕都雕不好，就像一堵肮脏的土墙，怎么粉饰都无济于事。我对他还有什么好责备的呢？"又说："起初我对于别人，听他言语就会相信他的行为；现在我对于别人，听他的言语而后要观察他的行为。（我的这种态度）是从宰我那里开始转变的。"

注：杇：把新建泥墙的凹凸不平的表面进行铲平，或对粗糙的表面进行磨平处理。

说：宰予就是宰我，前面有一则讲到过哀公问宰我社神的相关事情，宰我回答说："夏后氏用松木，殷代人用柏木，周代人用栗木，蕴含使老百姓战战栗栗的意义。"孔子对他大失所望。这里宰我又白天睡大觉，孔子骂他，说如朽木不可雕，如粪土之墙不可杇。我们现在觉得白天睡个觉没有什么了不起的，大家都要睡午觉。但是孔子那个年代，大家睡得早，起得早，白天基本是不睡觉的。一个人白天睡觉，说明他白天没精神，浑浑噩噩。或者晚上干什么坏事去了，不好好睡觉。白天是要干正事的，要上班，要学习。所以孔子就骂宰我。可能宰我在上孔子的课，孔子看他睡大觉，就很文雅地骂了他一顿。烂了的木头，在上面再怎么雕花都没有什么用。学生在那里睡大觉，老师就是讲得天花乱坠，那也没用。墙面如果很好的话，在上面打磨一下，粉刷一下，就增色不少。如果是烂墙一堆，怎么在上面修饰都没用。所以，孔圣人有时候也发脾气的，他也不是神仙，他就是个常人，是个小老头，很多时候他就是我们身边很常见的日常的形象，比如在这里就是。学生睡大觉了，他就这样骂他一顿。骂得还不够，还要再加一句：刚开始的时候，我对于别人是听其言而信其行，我听他怎么说我就信了，现在就不一样了，说归说，你能不能做到，我再仔细去观察。从哪里开始改变的呢？就是从宰我这里开始改变的。

5-11 子曰："吾未见刚者。"或对曰："申枨。"子曰："枨也欲，焉得刚？"

译：孔子说："我没有见过刚强的人。"有人反驳道："申枨就是刚强的人。"孔子说："申枨欲望较多，怎么可能真正刚强呢？"

说：对一个人的品性的考察，孔子有时候很严苛。孔子说真正刚强的人，他还没见过。有人跟他说，申枨这个人很刚强。孔子就说，不要看申枨这个人好像很刚强，什么都不怕，其实这个人不是真正的刚强。什么原因呢？孔子一下子击中他的软肋，说他欲望很强。如果一个人欲望强，又说他很刚强，那一定是假的。一个人欲望强，他就一定向外求。名声也好，地位也好，金钱也好，一旦人心向外，就做不到刚强，因为他会为了欲望被外物所驱。要得到这些东西，不屈从于外就得不到。不折一折，不退一退，是不能满足那么多的欲望的。

所以一个欲望很强烈的人，特别想从外面获得东西的人，他很难刚强。原则经常会被打破，说出来的话，许出来的诺言经常也会被打破。看过去好像很刚强，好像言出必行，好像什么都不怕，欲望强了，心就很难刚强。所以说不要看外在的行为是不是刚毅，而是要看心底的欲望强不强烈。

5-12 子贡曰："我不欲人之加诸我也，吾亦欲无加诸人。"子曰："赐也，非尔所及也。"

译：子贡说："我不想别人施加到我身上的，我也不想施加到别人身上。"孔子说："端木赐啊，这不是你所真正能做得到的。"

说：子贡的话是非常符合孔子的教义的。孔子的为仁之道，一言以蔽之，就是"忠恕"。这是曾子说过的话。忠，就是尽己，恕就是推己及人。我不想别人施加到我身上的，我也不想施加到别人身上，这不就是恕吗？所以，从言辞上来讲，子贡这句话很符合孔子的思想。道理是对了，但是孔子认为子贡还做不到。这也是孔子一种比较高的要求，在言行问题上，要说到做到。

5-13 子贡曰："夫子之文章，可得而闻也；夫子之言性与天道，不可得而闻也。"

译：子贡说："可以听到老师讲诗书礼乐等文章，但很难听到老师讲性和天道。"

说：文章这个词，我们现在很常用。学术论文也好，文学散文也好，诗歌也好，都叫作文章。在先秦，文章的含义有点不一样，指的乃是礼乐等文明，有时甚至就等于礼乐。典章、道理、学说，都叫作文章。《公冶长》篇子贡出现的频率非常高。孔子学说的特点，在这里被子贡说了出来。确实如此，孔子往往讲得很具体，讲诗书、讲礼、讲孝……都很日常化，都很具体形象。他很少讲性和天道。要知道，先秦的哲学家基本没有一个不谈性和天道的。宇宙乾坤、生死鬼神等，孔子跟学生不会谈那么玄远的东西。孔子当然会思考性和天，"天何言哉，四时行焉，万物生焉"，这不就是在讲天吗？但是他讲得比较少，尤其是跟学生，他一般都讲些很切近的道理。所以说，孔子讲的诗书礼乐等很具体的文献可以听得到，而很难听得到他讲性和天道。儒家的学说到了后面有专门谈论天和性的话题，尤其是宋明理学，那就很哲学化了。

5-14 子路有闻，未之能行，唯恐有闻。

　　译：子路听闻了一些道理，不能很好地践行，就害怕再听闻更多的道理。

　　说：一讲到子路，脑袋里就可以把张飞和李逵的形象浮现出来。这种人有其可爱处，很较真，老师说了一个道理，他觉得还没有很好地贯彻，若再给他讲一个，他就觉得消化不了。子路这个人比较勇猛，比较敢做敢当，他可能没子贡那么聪明，但是他更果敢，更率真。子路不是理论家，他不像子贡、曾参、颜回这类人，这些人的理论修养都很高。子路这方面可能弱一点，他不太会说，但是做起来就很利索，这种人也很讨人喜欢。孔子的学生各有特色，人格形象是非常鲜明的。

　　5-15 子贡问曰："孔文子何以谓之文也？"子曰："敏而好学，不耻下问，是以谓之文也。"

　　译：子贡问道："孔文子这个人，为什么被谥称为'文'呢？"孔子说："聪敏好学，又不以谦虚下问为耻，因此用'文'作为他的谥号。"

　　说：子贡总是文绉绉的，他问的很多问题都很学术。子贡问："孔文子这个人，为什么被谥称为'文'？"孔子就告诉他："敏而好学，不耻下问。"比较聪明，而且很喜欢问，这是"文"的一个表现。与之相反的是不懂装懂，因为内在不足，没自信心，有自卑感，就不懂装懂。越是没学问的人就越是不敢说自己不知道。一个问问题的人好像会显得知识不够，孔子恰好倒过来，说一个人善于问，恰好说明他有文化，有底气，知之为知之，不知为不知，是知也。孔子的这个回答肯定也不是很全面。孔子回答问题的特点要掌握，他不是下定义，不是很全面地回答。孔文子之所以被称为"文"，肯定不止孔子这里说的这一点。他可能很会写，可能很会说，可能懂得很多文章，学过很多典籍，可能有各个方面的特长。孔子专门把"敏而好学，不耻下问"挑出来作为回答，说明他身上也有这个特质，但这不是全部的特质。他之所以要把"敏而好学，不耻下问"拈出来回答子贡，是有针对性的。每次学生问什么，孔子都会有针对性地回答。从《论语》的许多地方都可以看出，子贡是很喜欢问问题的，孔子应该是要鼓励他继续"敏而好学，不耻下问"。这是孔子的因材施教。

　　5-16 子谓子产："有君子之道四焉：其行己也恭，其事上也敬，其养民也惠，其使民也义。"

　　译：孔子谈到子产，说："他身上有四处合乎君子之道：私下里比较恭敬，对待上级能够敬重，教养人民能有所恩惠，驱使百姓能合乎道义。"

说：了产是比孔子早一些的人物，是一个能臣，在春秋的时候很有影响力，是一个宰辅式的人物。子产这个人最大的特点就是惠民，对老百姓不严苛，不会搞苛政暴政，不会收敛压榨老百姓，而是尽量给老百姓更多的好处，所以子产被后人称道。

5-17　子曰："晏平仲善与人交，久而敬之。"

译：孔子说："晏平仲擅长与人打交道，相处越久，别人越发敬重他。"

说：与人相处得越久，别人对他越发敬重，这是相当不容易的。我们往往在刚开始与对方有点陌生的时候，双方会有点敬重。一旦熟悉了呢，就嬉皮笑脸，相互戏谑，无所谓敬重。晏平仲刚好相反，跟人相处得越久，别人越发敬重他。这说明他是个不露声色的人。其实孔子也是这样一种人。春秋战国的诸子百家，孔子、孟子、庄子、荀子、公孙龙、韩非子等这些人，如果放到一个教室里面，最晚受人注目的可能就是孔子。因为孔子最平实，一点棱角都没有，最不受人注意。看不出他哪个地方非常突出，他也不会在哪一方面特别地显露声色，所以他应该是最不容易受人注意的。但是时间越长，可能大家发现他身上的长处越多，因为他比较健全，把各个方面都照顾得周全。所以，还是孔子那句话，不要怕别人不了解自己，关键是看自己有没有东西让人了解。

5-18　子曰："臧文仲居蔡，山节藻棁，何如其知也？"

译：孔子说："臧文仲这人，筑室安放占卜用的大龟，柱上斗拱修饰得像山一样，梁上短柱画满了藻草。他怎么能算得上有智慧呢？"

注：①蔡：占卜用的大龟。相传南方蔡地出大龟，因名大龟为蔡。②节：柱上斗拱。山节，即雕刻得像山一样的柱上斗拱。③棁（zhuō）：梁上的短柱。藻棁，即画着藻草的梁上短柱。

说：这一则又是在品评人物。臧文仲可能被人视为很有智慧，孔子说他不觉得，因为臧文仲养神龟，极尽奢华。春秋有蔡国，这个地方的龟很大。孔子的时代还流行占卜，占卜用的乌龟主要都到这个地方去找，因为这个地方的龟是最大的。那时的人们觉得，龟越大就越灵验。后来人们干脆就把龟指称为"蔡"。"居蔡"就是筑小屋子给乌龟居住。就像现在的宠物，主人都会给它们做窝。但是臧文仲筑的龟窝非同一般，非常华丽，柱上的斗拱修饰得像山一样，梁上的短柱画满了藻草，有很多花纹纹饰，很富丽堂皇，比许多人住得还豪华。孔子说自己不觉得臧文仲有智慧，可以看到，孔子是不迷信的，他支持祭祀，但是他绝对不迷信。

　　5-19子张问曰："令尹子文，三仕为令尹，无喜色。三已之，无愠色。旧令尹之政，必以告新令尹，何如？"子曰："忠矣。"曰："仁矣乎？"曰："未知，焉得仁？""崔子弑齐君，陈文子有马十乘，弃而违之。至于他邦，则曰：'犹吾大夫崔子也！'违之。之一邦，则又曰：'犹吾大夫崔子也！'违之。何如？"子曰："清矣。"曰："仁矣乎？"曰："未知，焉得仁？"

　　译：子张问："令尹子文三次得到官位，而没有喜色，三次被罢了官位，也没有忧色，只把自己的旧政尽职地交给接替他的人。这人如何呢？"孔子说："可以算忠。"子张又问："算不算仁？"孔子说："还不能全面了解，哪里可以称之为仁呢？""齐国崔杼弑杀了君主，陈文子有四十匹马，全部丢弃，离开齐国，去了别的国家。（看到这里的执政者腐败，）就说：'和我国的崔杼差不多'，于是又离开了这个国家；到了另一个国家，又说：'和我国的崔杼差不多'于是又离开了这个国家。这人又如何？"孔子说："可以称得上清。"子张又问："算不算仁？"孔子说："还不能全面了解，哪里可以称之为仁呢？"

　　说：这一则涉及仁和智的关系。子张问令尹子文这个人怎么样，孔子说可以算忠。忠是一的意思，从一而终，有始有终，做事情能够一以贯之，这就是忠。孔子说令尹子文可以算忠，至于仁不仁就不知道了。"未知，焉得仁？"这一句需要注意。有人把这里的"知"解释为智慧的"智"，意思是算不上智慧，哪里能算得上仁呢？所以有人就得出结论说，仁要以智为前提。就是说，如果一个人智慧不足的话，就不可能成为仁人。这跟孔子的思想是完全不相吻合的。仁要以智为前提，这说不通，因为没有智慧的人也可以有仁心和仁行。后来王阳明的弟子说满街都是圣人，说的都是一个道理。就是说，仁不需要以智力为前提。智力天生就是不平等的，有些人智商高，有些人智商低，这是天生的。但那不能决定哪些人就能成为圣人，哪些人就不能。仁讲究的是尽心尽力。这里的知不应该解释成智慧的智，而是知道的知。什么意思呢？就是说，令尹子文忠的一面知道了，而其他方面的德行还不能全面了解，所以不好论断他仁与不仁。理想的仁者是各个方面都要符合仁德的。后面关于陈文子的问答，道理是一样的。

　　5-20季文子三思而后行。子闻之曰："再，斯可矣！"

　　译：季文子行事前往往要反复考虑多次。孔子听到了，就说："考虑两次也就可以了。"

说："三思而后行"的说法就是从这里来的，现在是个褒义词，但是孔子原本是要告诉大家不应该三思而后行。思考两次就够了。思考两次，不是重复地思考，那没有什么意义，而是要对事情的正反两面都有所考虑。把事情的好处和坏处都想一遍，把事情对立的双方都考虑一遍，考虑两次就够了。接下来不是要继续反反复复地去想，我们经常优柔寡断，不是想得太少，而是想得太多，而且想得多并不比以前想得更周全，这个时候想就没意义了。不要反反复复、犹犹豫豫，把事情对立两方面都考虑到了，这个时候就要果敢一点，果断地去做，果断地采取行动。

5-21 子曰："宁武子，邦有道则知，邦无道则愚。其知可及也，其愚不可及也。"

译：孔子说："宁武子这人，在国家清明时，就很聪明；在国家昏暗时，就很愚蠢。他的聪明一般人可以赶上，他的愚蠢一般人就赶不上了。"

说："愚不可及"的成语，就是从这里来的，现在是个贬义词，在《论语》里面的初始义却是褒义词。这里要注意孔子的态度，他不是必然地教人在政治昏暗的时候就装糊涂，他没有一定要这样要求。装疯卖傻他也称许，以身殉道他仍然称许。

5-22 子在陈，曰："归与！归与！吾党之小子狂简，斐然成章，不知所以裁之。"

译：孔子在陈国的时候说："回去吧！回去吧！我家乡的后辈们志向高远，文采斐然可观，还不知该怎么教导他们成为可用之才呢。"

注：①狂：志大。②简：大。③斐然：有文采的样子。④成章：如布帛，已织成章而未裁剪。

说：孔子说这话的时候，仍在周游列国，陈国君主不重用他，他就有点想归隐，说想要回到鲁国去。鲁国是他的故乡，故乡的那些后生小子们，有的志向高远，资质优良，就像布一样，纹路花纹已经很好了，但是还没好好裁剪一下。这个是孔子做的一个比喻，就是说，家乡的那些学生们，自己还没有好好地去教导他们，孔子觉得有点遗憾。与其在这里周游列国，到处碰壁，还不如回家隐居，一心去教育家乡的后生小子。孔子的隐逸情结又一次生发了。中国古代的儒生主要有两条路，科举考中了，出来做官，没考中的，就到乡下去做教书先生。这是最典型的两种路向。政治和教育都是国之大计。教育更根本，政治更直接。

5-23 子曰："伯夷、叔齐，不念旧恶，怨是用希。"

译：孔子说："伯夷和叔齐不记挂以往的恶事，心里很少有怨恨。"

5-24 子曰："孰谓微生高直？或乞醯焉，乞诸其邻而与之。"

译：孔子说："谁说微生高这人爽直？有人向他借醋，他（自己没有）就到邻居那里借来转交给人家。"

注：醯：醋。

说：有人说微生高这个人很直，孔子却对他质疑，因为一个细节。有人来微生高家里向他借醋，他自己没有，就去向邻居借，再转借给向他借醋的人。这种行为，我们似乎觉得也很值得称道，很热心，愿意帮助别人。为什么孔子要否定这种行为呢？因为不直。微生高自己没有醋，他就可以直接跟人家说没有。有就借给人家，没有就说没有。古代都是熟人社会，乡里邻里之间基本都认识。既然都相互认识，自己没有醋，直接叫他到别人家里去借就行了，何必非得借他人家里的醋再转借呢？是不是为了要借花献佛，要讨个人情？所以孔子从这件细事上去看，觉得微生高不够直。

5-25 子曰："巧言、令色、足恭，左丘明耻之，丘亦耻之。匿怨而友其人，左丘明耻之，丘亦耻之。"

译：孔子说："花言巧语，面容谄悦，十足的恭顺，左丘明引以为耻，我也引以为耻。心里藏着对他人的怨恨，表面上却又和他做朋友，左丘明引以为耻，我也引以为耻。"

说：巧言令色，谄媚的恭顺，孔子都比较反感。"匿怨而友其人"，孔子尤其反感。许多人都会犯"匿怨"的毛病，明明看一个人不顺眼，对他有怨气，却不说出来，但是心里就怀着怨恨，表面还装作跟他很要好的样子，有说有笑。这会导致什么结果，需要仔细想一想。如果是朋友，明明他身上有毛病，你很反感，却不说出来。他不知道你的反感，导致他反反复复地犯那毛病，不会有所改正。对他来说，是害了他，没有给他改正错误的机会，他根本不知道自己身上存在这些问题。对你自己来说，你对他的怨恨会累积得越来越深。朋友也好，父母也好，尤其是夫妻关系或者恋人关系，也是这个道理。有小的毛病，你不说，你对他有积怨，他是不知道的，在不知道的情况下，他会一而再再而三地犯这个毛病，那么你对他的怨恨会累积成十倍百倍。虽说不抱怨，好像不向他报复，但是最终的结果必然是导致关系的决裂，这就是大报复。看似不报，最终是大报。所以，"匿怨而友其人"会导致很恶劣的结果。一旦有怨气怎么办？以直报怨。别人惹你不舒服了，直接让他知道，他哪里让你不舒服了。他有可能就会改，即使不能改，你抒发了，怨气已经排泄掉了，就不会累积。后来慢慢地就可以知道，这个人就这个德行，就这个能力，时间长了，你也就习惯了，不再对他有怨气。所以，以直报怨，有怨气就宣泄出来。不抱怨，有怨气自己能化解，直到没有怨气，当然也可以。

5-26 颜渊、季路侍。子曰："盍各言尔志？"子路曰："愿车马，衣轻裘，与朋友共，敝之而无憾。"颜渊曰："愿无伐善，无施劳。"子路曰："愿闻子之志。"子曰："老者安之，朋友信之，少者怀之。"

译： 颜渊、季路陪在孔子身边。孔子说："何不各自说说你们的志向呢？"子路说："希望能将自己的车马、衣服和朋友们共享，即便用坏了也在所不惜。"颜渊说："希望能不矜夸自己的长处，不标榜自己的功劳。"子路说："也希望听到先生您的志向。"孔子说："能使年长的人安心，能使朋友信得过，能使年少的人怀念。"

注： ①伐善：伐，矜夸。伐善，即矜夸自己的长处。②施劳：施，使……显著。施劳，即标榜自己的功劳。

说： 志向问题是儒家哲学里面很重要的一个问题，因为志向会决定价值观，价值观会决定心态和行为，最终影响结果。孔子问学生各自的志向。子路说，自己的车马，还有穿的好衣服，愿意跟朋友一起共享，就算穿破了，用坏了，也都没有什么遗憾。这就是子路，很豪爽，很讲义气，我的东西就是你的，我有什么就等于你有什么，自己的车马衣服，朋友都可以拿着用。很豪爽的人，不会斤斤计较。颜渊就说了另外一些东西：希望能不矜夸自己的长处，不标榜自己的功劳。回答得很有高度，很有哲学意味。无功无名是道家比较显著的思想，跟儒家也是会通的。

学生又反问老师的志向。反问的不是颜渊，而是子路。子路更直率一点，而且他跟孔子之间没有那么强的等级观念。其他学生如曾参、子贡、颜渊等，对孔子都是毕恭毕敬的，总是好像隔着一些，好像敬大于爱。子路对孔子爱要大于敬。他跟孔子相差的年岁也稍微小一点，两个人之间平辈的关系似乎要多一点，隔得没那么开。所以子路就敢反问：那么先生您的志向是什么呢？孔子的回答是：能使年长的人安心，能使朋友信得过，能使年少的人怀念。孔子的志向涵盖了三层关系，一层是对长辈，一层是对平辈，一层是对晚辈。可以推而广之，老者可以推广到上级关系上。在上的人可以放心你，这是"老者安之"的延伸。平辈之间讲信用，晚辈能对自己有所怀念。"少者怀之"也可以延伸，比如说做领导的，管理着一群人，你在位也好，不在位也好，下面的那群人会怀念你，那你就算是一个好的领导。如果做事情太严苛，往往很难得到大家的爱戴，大家会敬畏多一些。如果不严苛，大家对你狎昵，当时可能对你有点感情，离开了大家不会再记得你了。苏东坡有句话说得好："以宽得爱，爱止于一时。以严得畏，畏止于力之所及。故宽而见畏，严而见爱，皆圣贤之难事而所及者远矣。"太严了，严不了太久，人家对你的敬不会太久；太宽了，人家对你的爱也不会太久，当时可能跟你嘻嘻哈哈两下，等你走了，你是谁他都不记得。爱和敬的度是非常难把握的，把握得好，对人严厉别人还能够爱戴你，对人宽松人家还能够敬畏你。只有宽猛得宜，才有可能"少者怀之"。

5-27 子曰："已矣乎！吾未见能见其过而内自讼者也。"

译：孔子说："罢了罢了！我还没遇见过看到自己的过错而又能在内心自我责备的人呢。"

注：讼：责备。

说：这一则讲自省和慎独的问题，是自己跟自己做修养的地方。孔子讲到了跟上级怎么相处，跟下级怎么相处，跟平辈怎么相处，此外还有一点：跟自己怎么相处。这一点也很重要，有时候别人没招惹你，你照样会别扭。如果修心没修到一定程度，人会烦躁，会怨恨，会自己跟自己过不去。不单单要学会跟别人相处，还要学会跟自己打交道，自我内心要学会跟自己相处。经常内省，内省就要做到无我。没有固定的错，也没有固定的对。对了，也不要说这个对是你的对，谁那样做了他都对，这不是你的对。错了也不是你的错，别人那样做也错。所以不要执着于"我"。如果错了，可以及时纠正。把固我去掉，就会很轻松。平时做事情，能力所及的，就自然而然如其所是地把它表露出来。一旦有错，随时可以承认错误。不知道的随时可以说不知道。我们往往是责备别人责备得多，事情一发生，首先想着别人有什么问题，不会想自己有什么问题。

如果是自己犯了过错，往往都可以原谅自己。既然自己能宽恕自己，那么别人犯了过错，可以推己及人，也可以原谅别人。

　　5-28 子曰："十室之邑，必有忠信如丘者焉，不如丘之好学也。"

　　译：孔子说："即便是只有十户人家的地方，也一定有忠信资质像我一样的人，只不过他们大多不如我好学罢了。"

雍也第六

6-1 子曰："雍也，可使南面。"仲弓问子桑伯子，子曰："可也，简。"
仲弓曰："居敬而行简，以临其民，不亦可乎？居简而行简，无乃大简乎！"
子曰："雍之言然。"

译：孔子说："冉雍这个人，可以南面称孤。"仲弓问到子桑伯子这人，孔子说："不错啊，他能简。"仲弓说："心存严肃认真，以简单之道治理百姓，不是可以吗？心存简单，行又简单，岂不太过于简单了吗？"孔子说："仲弓说的是。"

说：这一则可以看到孔子的"毋固毋我"。孔子很推崇简约，他对子桑伯子的认可，也是因为他的简约。孔子原本是内外都推崇简约，但是学生仲弓做了一些修正，认为应该外简而内敬。孔子马上改观，说仲弓说的是。他觉得学生说得有道理，说得比自己更周到，就把自己的观念改变过来了。这就没有我执。没有我执就很轻松，随时都准备被学生推翻，学生一旦比自己更周严，自己马上可以改变自己的立场。做学问也好，平时跟人聊天讨论问题也好，随时可以改变立场。这并不意味着你就没操守，没立场。发现了更加正确的真理，发现了更加全面的东西，自然可以改变立场，为什么非得执着于一个东西不放呢？迈向真理的过程，就是一个慢慢进步、慢慢修正的过程，人类是这样，个人也是这样。学术争鸣也好像很少见到有人改变立场，这是不正常的现象，没有体现求真的精神。

6-2 哀公问："弟子孰为好学？"孔子对曰："有颜回者好学，不迁怒，不贰过，不幸短命死矣！今也则亡，未闻好学者也。"

译：哀公问："学生里面谁比较好学呢？"孔子回答说："有一个叫颜回的，算是好学；怨怒不会转移到别的地方，过错不会重复犯，不幸短命死了！现在就没有了，没听说有谁是比较好学的了。"

说：父母得罪了人，与子女无关，这就叫作"不迁怒"。不迁怒要扩展开来看，不单是一个人做的事不牵连到另外一个人。同一个人今天做错了事，以后永远讨厌他，这也叫作迁怒。"仁者能好人，能恶人"，就是因为不迁怒。就事论事，对事不对人，只有可以讨厌的事，没有可以讨厌的人，只要改正了，可以没有一点成见，这就是不迁怒。这是很难做到的，需要克己。凭着脾气，凭着习性，往往就会迁怒。克制一下，克制的时间长了，慢慢也就能做到不迁怒。"克己复礼"是有一个过程的，首先要从道理上明白，然后用意念克制，时间长了，自然而然地"从心所欲不逾矩"，这是一个过程。不迁怒也是这个道理，可能暂时做不到，那么道理上先得明白，道理上明白了以后，就有意识地让自己那样做，当时会觉得有点不自如，时间长了，自然而然就做得到了。即使不能完全做到，也可以慢慢做得更好。

6-3 子华使于齐，冉子为其母请粟。子曰："与之釜。"请益。曰："与之庾。"冉子与之粟五秉。子曰："赤之适齐也，乘肥马，衣轻裘。吾闻之也：君子周急不继富。"原思为之宰，与之粟九百。辞。子曰："毋！以与尔邻里乡党乎！"

译：公西华出使到齐国去了，冉有为公西华的母亲请求要一些小米。孔子说："给他六斗四升。"冉求希望再加一些，孔子说："再加二斗四升。"冉有给了公西华母亲八十石。孔子说："公西华去齐国的时候，坐着好马驾着的车子，穿着轻裘。我听说：君子只是周济急难，而不必进而使之富有。"原思任孔子家的总管，孔子给他小米九百，原思推辞不要。孔子说："不必推辞。可以拿一些给你的邻里乡党呀。"

注：①釜：六斗四升为一釜。②庾：二斗四升为一庾。③周：周济。

6-4 子谓仲弓曰："犁牛之子骍且角，虽欲勿用，山川其舍诸？"

译：孔子谈到仲弓，说："耕牛生的小牛，长着红色的毛，周正的角；虽然不想用它来祭祀，山川之神难道会舍弃它吗？"

注：①犁牛：耕牛。②骍：赤色，红色。③角：两角长得周正。

说：仲弓有点不得志，孔子有点遗憾，他觉得仲弓有才华，但不得重用，于是说了上面那句话。孔子做了个比喻，耕牛生的小牛长成红色的毛，而且角长得很周正，是一头很好的小牛，仲弓就像这头小牛，品性很好，但是没有得到重用。孔子就说，祭祀的时候，祭祀者不用这样的牛，难道山川之神会舍弃他吗？这里有影射。山川之神，可以对应到君王上去，君王需要能人来治理天下，但是下面那些操弄政权的官僚和政客，选人用人，偏偏就不选贤能的人。但是君王难道会不要这样的人吗？所以，暂时不得志，以后有可能还会得志。进一步扩展，君王不用，天地难道会不用吗？天道是要人来推行的，如果说君王不好好用人，那么天理循环，天道还在，天道是要用那些人的。

6-5 子曰："回也，其心三月不违仁，其余则日月至焉而已矣。"

译：孔子说："颜回，他的内心可以很久不违仁，其他人，不过短时间能达到仁而已。"

注：三月，指时间长久；日月，指时间短。

说：孔子说颜回比别人更仁，因为他的持久性更长。颜回可以"三月不违仁"，其余的学生可能一天两天能一心向仁，持续时间更短。孔子也没有说颜回永远都能够做到不违仁，他只是说三月不违仁。"三月"是个概数，就是指很长的一段时间。理想的仁者需要时时能仁，处处能仁，这是理想状态，没有人能够达到，但是人与人之间有程度和性质上的差异。

6-6 季康子问："仲由可使从政也与？"子曰："由也果，于从政乎何有？"曰："赐也可使从政也与？"曰："赐也达，于从政乎何有？"曰："求也可使从政也与？"曰："求也艺，于从政乎何有？"

译：季康子问："仲由可以让他从事政治吗？"孔子说："仲由果敢，对于处理政事有什么难的呢？"季康子又说："端木赐可以让他从事政治吗？"孔子说："端木赐通达，让他从事政治有什么难的呢？"季康子又说："冉求可以让他从事政治么？"孔子说："冉求多才艺，让他处理政事有什么难的呢？"

说：季康子来问孔子的各个学生能不能出来从政。孔子挨个的都有"于从政乎何有"的回答。这个地方不要误解，"于从政乎何有"，不是说在从政方面没有什么才能，不能这么理解。"于从政乎何有"，省略了难字。如果仅从字面上做文章，这个地方可以生出两种完全相反的意思。但是从道理上，把它理解为"处理政事没有什么难的"，会更妥当一点。孔子在这里是想给季康子推荐自己的学生。仲由最以果敢耿直著称，所以孔子就把他的这个长处拿出来说事。子贡很通达、有智慧，冉求多才多艺，很懂礼。这几个学生都能独当一面，各有各的长处。

6-7 季氏使闵子骞为费宰，闵子骞曰："善为我辞焉。如有复我者，则吾必在汶上矣。"

译：季氏让闵子骞做费地的县长。闵子骞说："好好为我推辞吧。如果有人再来找我，我一定已经避到汶水之北了。"

注：汶，水名。凡言水上，皆指水之北。汶上，即指汶水之北。汶水在鲁国北境，齐国南边，汶上，暗指齐国国境。

6-8 伯牛有疾，子问之，自牖执其手，曰："亡之，命矣夫！斯人也而有斯疾也！斯人也而有斯疾也！"

译：冉伯牛有疾病，孔子去探望他，从窗外抓着他的手说："如果真要死去，这也是命呀？这样的人居然患上了这样的病！这样的人居然患上了这样的病！"

说：孔子去探望生病的冉伯牛，冉伯牛得的病可能有传染性，已经被隔离了，所以孔子只能在窗户外面抓着他的手。孔子可以隔着窗户和他说话，但是情之所至，他很自然地抓住了冉伯牛的手。可以看到，孔子跟学生的情感是比较深的，他把学生当作自己的小孩一样。孔子说了一句："亡之，命矣夫！"这里又提到命。孔子的思想，不是跟命抗争，而是要顺命、尽命。把能做的尽力做好，属于命的范围的事情不要在乎，是怎么样就怎么样。只是做好了两手准备，一个手拿着雨伞，一个手拿着阳伞，天晴了就打阳伞，下雨了就打雨伞，这就是尽命。对于外在的一些偶然性的、不可控的因素，那没办法，顺其自然，所以也可说是顺命。这一点又可以跟道家思想相呼应。孔子的思想里面也有顺应自然的意识。用最通俗的话来说，就是把注意力放到过程上，结果不要太看重。

6-9 子曰："贤哉回也！一箪食，一瓢饮，在陋巷，人不堪其忧，回也不改其乐。贤哉，回也！"

译：孔子说："颜回可真算是有贤德的人！一筐饭，一瓢水，生活在贫穷的巷子里，别人因忍受不了这样的贫困而忧虑，颜回却不改变他快乐的心境。颜回可真算是有贤德的人！"

说：箪（dān）是一种盛食物的圆竹器。竹字头表示是竹子做的器具，和陶器、青铜器都不一样，比较简陋，是寻常老百姓家里用来盛饭的一种器具。王公贵族更多使用的是陶器、铜器、铁器等等。《滕王阁序》有"钟鸣鼎食之家"，富贵人家用青铜器来盛饭，所以叫作"鼎食"。一般的老百姓家里用竹器盛饭，是"箪食"。瓢就是（瓠）瓜，葫芦。箪和瓢都可以就地取材，不要什么钱都能弄得到。周敦颐经常教二程思考，孔颜之乐所乐何事？于是乐就成为宋明理学很重要的一个命题。后来又有人干脆把中国文化总结为乐感文化。读圣贤书如果读得很苦闷，那读得还不算通透。读得通达了，像孔子和颜回一样，心境能够比较愉悦安和。日常生活的外在境况不足以改变内在的心境，这就算修了心。

6-10 冉求曰："非不说子之道，力不足也。"子曰："力不足者，中道而废，今女画。"

译：冉求说："不是不喜欢夫子的道理，只是我践行起来能力有所不及。"孔子说："所谓力所不及，就是在中途放弃了，现在你就给自己画出放弃的界限了。"

说：忠是为仁之道，讲究尽心尽力。尽心是对自己说的，尽力是对别人或者对外在的事物来讲的。冉求觉得孔子讲的道理都很好，对是很对，但是能力有限，做不到那么好，求仁太难了，不现实，不可能，道理也很认同，也很乐意听从，但是感觉自己太微薄了，力量太渺小了，做不到那么好。孔子就说，觉得自己力不足了，那就是真的力不足了。意念断了，尽心尽力的那一念断了，这个时候才真正地为自己画了一条界限，不再走在仁道上了。仁不是由能力决定的，任何人都可以为仁，任何人都可以尽心，所以孔子说没有力不足的，要说力不足，那就是觉得自己力不足，想要放弃，不再尽心的时候。每个个体是有差异的，人的智慧、聪明、才干、力气，天生有差异，这个不能否认。良知、恻隐之心、尽心尽力的心，对于每个人都是平等的。

6-11 子谓子夏曰："女为君子儒，无为小人儒。"

译：孔子对子夏说："你要做那种君子式的儒者，不要做那种小人式的儒者。"

说：在《三国演义》诸葛亮舌战群儒的那场戏里，诸葛亮教训那些读书人，说他们都是小人儒。君子儒和小人儒的区分，就是从《论语》里面来的，孔子告诉子夏说，要做君子式的儒者，不要做小人式的儒者。可能子夏有点琐碎，故而孔子有这一说。什么是君子儒？能从大处着眼，大道理上要做好，不要在琐碎的地方太过计较。另一方面就是针对道和器而言。君子求道，小人求器。

如果仅仅把目标放在谋生的技艺上，那就是小人儒。心系天下，心系百姓，这就是君子儒。

6-12 子游为武城宰。子曰："女得人焉耳乎?"曰："有澹台灭明者，行不由径。非公事，未尝至于偃之室也。"

译：子游在武城做县令。孔子说："你在这里发现了什么人才没有呢?"子游说："有一个叫澹台灭明的，不走小道，如果不是因为公事，从来不到我屋里来。"

说：径和道是有一定区别的，径是小路，和大道相对。"行不由径"，就是不走小路，不抄近道，只走康庄大道。没有公事，不到上司的房间里去，也就是说澹台灭明不走后门，不瞎扯闲聊，也不搞贿赂，不套近乎。

6-13 子曰："孟之反不伐，奔而殿，将入门，策其马曰：'非敢后也，马不进也。'"

译：孔子说："孟之反不矜夸，全军溃退，他在殿后，将要入城的时候，鞭打着自己的马，说：'不是我敢于殿后，而是我的马不能跑在前面。'"

注：①伐：矜夸。②奔：败奔，溃退。③殿：殿后。

说：全军溃退的时候，孟之反殿后，走在最后面。要知道走在最后面是有危险的，因为敌人追过来，如果追上了的话，第一个死的肯定就是那个殿后的。撤退的时候，大家都比赛谁跑得快，拼命地跑，跑慢了的可能没命。对于有军纪的部队，那是不能乱跑的，撤退也要有队列，万一打起来，还随时能应付一下。如果队列太乱了，那就成为人家的板上肉，只能任人宰割，所以溃退也要有一定的阵势。进攻打头阵的，撤退殿后的，那都是勇者。一般是两头都要有几个猛将。敌人追来，也可以抵御一下，杀几个回马枪。所以殿后也是比较重要的，在撤退的时候，要专门安排人来殿后，这个殿后的人要勇猛，而且不怕死，孟之反就是这样一个人。他不怕死，而且很谦虚，不矜夸。在殿后的时候，他打着自己的马，说不是自己敢于殿后，只是自己的马跑得比别人的慢。不是我不想跑到前面，而是我的马不争气，跑不到前面。这是种幽默，很谦虚的幽默。

6-14 子曰："不有祝鮀之佞，而有宋朝之美，难乎免于今之世矣。"

译：孔子说："如果没有祝鮀的口才，只有宋朝的美貌，一定很难在当今这个世道免祸。"

6-15 子曰："谁能出不由户？何莫由斯道也？"

译：孔子说："谁能够走出屋外，而又不经过房门呢？为什么偏偏就不走这条大道呢？"

说：要进出必须要经过门户，否则得跳窗户，跳窗户那就是走小道。为什么偏偏就不走大道呢？最好的道路就是康庄大道，天天走，司空见惯的，大家都在走的，这个就是大道。进出房子的时候都要经过门户，那是司空见惯的，好像不存在，事实上它对我们来说最不可缺少。如果没有了这扇门，就得跳窗户。道就是这样，这个比喻做得非常好。道在这里可以理解成道路，而且更重要的是要把它理解成孔子的仁道，一语双关。在孔子看来，仁道如同门户，平时大家最离不开的就是这个仁道，日用而不知。就像太阳天天升起来，天天落下去，只觉得它很稀松平常。仁道如同太阳和空气，稀松平常，但是最不可缺少。

6-16 子曰："质胜文则野，文胜质则史。文质彬彬，然后君子。"

译：孔子说："质朴超过了文采，就显得粗野；文采超过了质朴，就显得虚浮；只有质朴和文采相统一，才算得上君子。"

说：这一则非常直接地表述了孔子的文质观。"文质彬彬"是大家非常熟悉又非常陌生的。熟悉是因为听说过，陌生是因为对它的内涵根本没有理解过。我们现在说的"文质彬彬"，好像就是指一个人有文气的样子，有文气，没匪气，不那么粗俗，好像就是"文质彬彬"。这是比较粗糙的一种理解。

"文质彬彬"涉及文和质的关系。文和质是非常重要的一对概念，影响了整个中国文化，尤其是中国艺术。文和质就像阴和阳一样，是既有矛盾又可统一的一对概念。简单地从字面上说，质就是实质，文就是修饰。它们可以对应很多东西。比如人的德行可以对应质，人的言语外貌等就可以对应文。一个人写的文章，思想很深刻，情感很深厚，那就是它的质，辞藻优美华丽，那就是它的文。人的穿着打扮是文，那么他原本的长相就是质。文和质是一对相对的概念，质中有文质之分，文中也有文质之分。相对于做事，言语是文，但是言语之中又有文质之分。有人说话巧舌如簧，这是文，有人说话平实质朴，这是质。有些人做事浮于表面，只是做一点点很表面的工作，这可以说他很文，有人做事很踏实，很实际，就可以说他是质。所以，文和质是相对的概念，就像阴和阳一样。人有阴阳之分，男性是阳，女性是阴。同一个人身上也有阴阳，正面是阳，背面是阴。背面和正面又有阴阳之分……这个就是太极图的原理，阴阳里面又有阴阳。

文和质既是对立的概念，就会有冲突，有主次。孔子说："质胜文则野。"实质胜出于文饰，就会显得粗野。比如说墨子，墨子的文章不太讲究修饰，没有文学的感染力。《墨子》传达了很多哲学、政治、经济、自然科学等的思想，但是不讲究文采。后人不喜欢读《墨子》，很大程度上就是因为它没有文采。这是导致墨子的思想没落的一个很重要的原因。可见，一味求质也是有问题的。一味求文，那更有问题。最好的理想状态也就是文质相称，文和质恰到好处地和谐统一，这就是"文质彬彬"，也是一种中庸。

儒家对外在的形象会有一定的注意，墨子的穿着就有点不修边幅，可以穿得破破烂烂的。儒家不行，儒家一定要打理一下，不要穿得过于花哨，但是要穿着得体，干净整洁，有点修饰，这是礼的要求。我们中国的文学也好，书法、绘画也好，经常要讲究文质彬彬。

孔子的理想人格是文质彬彬，最好是文和质能达到中庸，恰到好处，万一达不到怎么办呢？孔子是有取舍的，如果二者不能相兼，孔子推崇质要胜过推崇文。这一点其他文本里面会有所体现。

6-17 子曰："人之生也直，罔之生也幸而免。"

译：孔子说："正直是人的生存之道，不正直当然也能生存，但那只是侥幸地免祸。"

说：人在本性上是直的，曲是一种矫枉，非心性的本真。这个道理很简单。如果说谎的话，为了说一个谎，可能需要圆另外的一百个谎，那是很累的。实事求是，是什么就说什么，这就比较轻松。说谎是不得已，是矫枉。说谎话，有时候可能骗得了人家，但这只是侥幸。枉曲之道也能生存，但那只是侥幸的生存，侥幸的免于祸端。这个时候没有踩到坑里面去，下一步可能就要踩到坑里面去了。仁是直情，巧言令色就是矫情。

6-18 子曰："知之者，不如好之者；好之者，不如乐之者。"

译：孔子说："知道它，不如喜欢他；喜欢它，不如以之为乐。"

说：这一则关键在于理解"知之""好之""乐之"三者的区别。知之，是一种认知的态度，目的在于获得知识，追求真理。追求真理，在西方哲学中是很受重视的，是最高的目标之一。但是在孔子这里，好像没有把它摆到特别高的位置上。好之，就是喜欢它，乐之，就是以之为乐。这里的难点是怎么来区别"好之者"和"乐之者"。要注意，"好之者"也有未必能乐的，这要放长远来看。好是一时之好，可以不顾后果，乐是一种持存的心境，需要照顾到前后。比如说好酒，有酒瘾，喝起酒来当然很痛快，但是又会受到它的困扰，没酒了，就抓心挠肝。"好之"是一种感官的直觉，只是感官上体验到的愉悦，没有好坏善恶之分。"知之"不如"好之"的原因在于，仅仅"知之"，就没有感官的直觉，脱离了生命本真的存在。"理论是灰色的，生命之树常青"，说的就是这个道理。"好之"和"知之"比起来，更加接近生命的本真存在，毕竟"好之"，那是有情感的。"乐之"，则是一种更加和谐的状态，它是有情感的，同时也是理性的，一定程度上也融合了"知"的成分。只有合善的"好之"，才可以实现长久的愉悦，达成一种乐的心境。"乐"须是和谐的，"好"可以不必。好酒有可能导致身体很糟糕，随之而来的可能就是身心的痛苦，这就不能算是乐。

6-19 子曰："中人以上，可以语上也；中人以下，不可以语上也。"

译：孔子说："中等以上资质的人，可以和他谈论上等的学问；中等以下资质的人，不可以和他谈论上等的学问。"

6-20 樊迟问知，子曰："务民之义，敬鬼神而远之，可谓知矣。"问仁，曰："仁者先难而后获，可谓仁矣。"

译：樊迟问怎样才算智。孔子说："致力于人事所宜，对待鬼神能敬重，又能保持一定的距离，这就算是智。"又问仁，孔子说："难事做在别人前面，回报获在别人后面，这就算是仁。"

6-21 子曰："知者乐水，仁者乐山。知者动，仁者静。知者乐，仁者寿。"

译：孔子说："智者喜欢水，仁者喜欢山。智者偏于动，仁者偏于静。智者快乐，仁者长寿。"

说：仁不以智为前提，这里也是仁和智对举的。智者为什么乐水呢？因为水是变化流动的，能体现出智慧的特性。仁者为什么乐山呢？因为山是稳固的。仁者安仁，仁能给人带来安宁，让人内心安稳。又有一种解释，说"知者乐水，仁者乐山"是互文，也就是说，仁者既乐山又乐水，智者既乐山又乐水，没有区别仁和智。但是呼应后文，这种说法有点站不住脚。"知者动，仁者静"，水不就是动的吗？山不就是静的吗？动和静是反义词，不能互换位置，当然也就不能互训。如果说山和水可以并列的话，动和静是不能并列的。智者动，就像水一样，要变动不居，随时应对着新的情况，要做出新的反应。仁者静，不管天翻地覆，不管有什么偶然性、随机性，都可以心安。什么叫安命？就是对一切偶然性，都有了心理上的预备，能够安然。心境不因纷繁复杂的变动而受到干扰。科学技术日新月异，必须反复创新，反复动脑筋，仁则可以一劳永逸，只要把握住了一颗仁心，就可以一劳永逸。所以说仁者静，智者动。"知者乐，仁者寿"，这一句作为互文又似乎要好理解一些。孔子的仁是通向于乐的。智者乐，则不如仁者乐更能说得通一些。智好像不能通向于乐，如果只有智慧，只靠智谋，是乐不起来的。一个阴谋家，再有智慧，如果没有仁道相辅，是乐不起来的。"知者乐，仁者寿"这一句好像有点牵强，仁者见仁，智者见智，期待有更好的解读。

6-22 子曰："齐一变，至于鲁；鲁一变，至于道。"

译：孔子说："齐国一旦改革，便可达到鲁国的样子；鲁国一旦改革，就可以通达于道了。"

说：在孔子的心里面，鲁国文化是非常先进的。齐国和鲁国离我们太遥远了，这里可以做一个嫁接，就更容易理解。

6-23 子曰："觚不觚，觚哉！觚哉！"

译：孔子说："觚已经不像觚了。这还算是觚吗？这还算是觚吗？"

说：觚是先秦时候的一种青铜器，外形有点像花瓶，但是它有棱角。到了孔子的时代，礼崩乐坏，器物的制作也发生了许多变革，比如觚的制作，就慢慢把棱角去除掉了，制成一种圆形的觚。孔子就很感慨，说觚已经不像觚了，因为没棱角了。这是一个隐喻，孔子是要教人正直，正直的人是会有点棱角的，不那么圆滑。当一个人没有半点棱角的时候，就近乎乡愿之流了，没原则，没立场，无所谓正直。这一则还有一种解释，就是说孔子在自问自答：选择觚呢，还是不选择觚呢？我还是选择觚吧！字面解释不一样，背后的意思是一致的，都是表达孔子对正直的向往。

6-24 宰我问曰："仁者虽告之曰：'井有仁焉。'其从之也？"子曰：

"何为其然也？君子可逝也，不可陷也；可欺也，不可罔也。"

译：宰我问："别人告诉一位仁者，井里有人，那么，这个仁者会跳下井去（救人）吗？"孔子说："怎么会呢？可以诱骗他过去看看，却不能诱骗陷害他跳井，仁人也会被骗，但面对别人的欺骗不会一直糊涂。"

说：宰我在这个地方问了个问题，倒问得很好。他问：一个仁者，如果有人告诉他井里面有人，他会跟着跳下去吗？"井有仁焉"，其中的"仁"就等于"人"。《论语》里面有三处"仁"等同于"人"。有人掉到井里面去了，如果你很仁义的话，会不会也跟着跳下去呢？意思是会不会跳下去救人。孔子就告诉宰我，不会莽撞地跳下去。你说里面有人，里面就真的有人吗？这个井可能是陷阱，井也不知道有多深，掉下去可能会有危险。人救不上来，反而搭上了自己的一条性命。所以，可以诱使去做一下考察，却不能诱使轻易跳到井里面去。君子有可能被欺骗，但也不会被骗得一塌糊涂。也就是说，仁有时要以智来相辅。这又涉及仁和智的关系。仁和智这二者没有必然的依赖性，两者都不以对方为前提，有一定的独立性，但是孔子仍然希望二者能够统一起来。最高的理想人格是要把这两者统一起来，万一不能统一，就要以仁为优先。人格的位序是：仁智相兼者第一，仁者第二，智者第三。

6-25 子曰："君子博学于文，约之以礼，亦可以弗畔矣夫？"

译：孔子说："君子如果能广博地学文，又能以礼来规范自己，差不多就不会背离大道了。"

6-26 子见南子，子路不说。夫子矢之曰："予所否者，天厌之！天厌之！"

译：孔子去见了南子，子路不太高兴。孔子发誓说："我所做的如果有悖道义，上天弃绝我！上天弃绝我！"

说：南子是卫国一个很漂亮的女子，原是宋国公主，后嫁卫灵公为夫人。南子生性淫乱，曾与宋国公子朝私通。孔子去见了她，子路就很不高兴。老师是个正人君子，怎么跑去拜见一个荡妇。孔子感觉到子路可能对他有一些误解，发了一个誓。这个情节就像《水浒传》里面李逵大闹忠义堂的那一出。李逵听说宋江强抢民女，大为恼火，冲上梁山去，把"替天行道"的大旗都给砍倒了，要跟宋江闹别扭。和子路对孔子的"不悦"十分相似。孔子发誓说，如果自己做了自己所鄙弃的事情，上天都会弃绝我。孔子辩白，说自己跟南子只不过正当地谈了一些公事，也不是要依靠裙带关系来获得政治权位。这是很日常化的一则，记录了孔子跟学生之间的一点小别扭，很鲜活。

6-27 子曰："中庸之为德也，其至矣乎？民鲜久矣！"

译：孔子说："中庸这种道德，可算是至高的了，可是大家缺失它已经很久了。"

说：不少人把中庸误解成两边派、骑墙派，左边说一下，右边说一下。这个不叫作中庸，这是和稀泥，是德之贼，是孔子最讨厌的。中庸要分两个层面来理解：第一个层面侧重点在"中"，是做事情的分寸恰到好处。多冷的天就穿多厚的衣服，这就叫作中。做事情也是要掌握分寸，分寸把握到了，这就中了。就像射箭一样，射到靶心上去了，不会偏左，也不会偏右。所以中庸是相当难的。第二个层面侧重点在"庸"。庸就是平，就是很寻常。中庸之道就是寻常之道，有时候听人讲道理，专门迎合人们求新尚奇的心理，讲得吸引人，但是按这个道理去做，往往到处碰壁，搞得人不像人，鬼不像鬼。中庸之道很平实，那些大道理大家可能都知道，所以大家就觉得很稀松平常，没什么了不起。就像每天太阳升起一样，很寻常，但是太阳是少不了的，什么时候太阳永远不再升起的时候，这个世界就大乱了。中庸之道就是最高的道，而且是最寻常的道。因为要走在大道上，所以没有太多新花样。孔子说，中庸这个最高的道，大家缺失已经很久了。虽然说中庸是寻常之道，大道理都懂，但是大家未必能做得到，甚至不愿认同。

6-28 子贡曰："如有博施于民而能济众，何如？可谓仁乎？"子曰："何事于仁，必也圣乎！尧舜其犹病诸！夫仁者，己欲立而立人，己欲达而达人。能近取譬，可谓仁之方也已。"

译：子贡问孔子："如果有一个人能广泛地施舍民众，又能帮助他们把生活过好，这人可以算得上仁吗？"孔子说："这哪里是仁的事情，这是圣的事情了，尧舜恐怕都还难以做到啊；想成就自己，便同时也成就他人，自己想通达，便也帮助别人通达；能把眼下的事情做好，就是在为仁了。"

说：这一则讲为仁之方。子贡问得非常切要，他问：如果有一个人可以广泛地施舍民众，给他们好处，能帮助他们把生活过好，这样的人怎么样呢？能算得上仁吗？孔子回答说，尧舜这样的圣人还不一定能做到，仁与不仁不是以这个标准来衡量的。孔子又补充了一个为仁的方法："己欲立而立人，己欲达而达人。"自己想有所成就的，让别人也有所成就，自己想达到的，也让别人达到。推己及人，把自己当别人，把别人当自己，这就是恕道。"能近取譬"，就对应着忠，推己及人，最近的就是自己，从自己开始，尽己。仁跟事功没有决定性的联系。实际上达成了多少，这个不是用来衡量仁的标准。能做多少事，能力有多强，不是衡量仁的标准。衡量仁的标准就在于有没有尽己，有没有推己。

述而第七

7-1 子曰:"述而不作,信而好古。窃比于我老彭。"

译:孔子说:"阐述而不创作,信奉且爱好古道。我自比于老彭。"

说:儒家"述而不作"思想的出处就在这里。这种思想对整个中国传统学术的影响是非常大的。"述而不作"乃儒学一贯传统。"述而不作"并非真正毫无创作,只是儒家不有意求新,不刻意创作。其主要目的在传道,不在另辟新说,不以创新为务。儒者"述而不作",实是"以述为作",述之中难免要衍生新见。前面讲到过中庸,中庸是庸常之道,它就在那里,大道理很多都已经被说过了,不必再反过来说别的道理,这就是"不作"。只把前人说得有道理的地方,重新叙述一遍,传播给更多的人知道,这就是"述而不作"。朱熹算是个硕儒了,他等身的著作多数都是在阐释经典。他也有"述而不作"的态度,最后却成就了自己的理学思想。所以,后儒们"述而不作",也不是完全不作,因为任何人的理解和阐释一定都免不了会掺入他个人和时代的要素,最后发酵出新东西来。儒家也不是完全不发展的,历代儒生同样都在注经解经,但每一时代的儒学都有非常大的差异。所以,儒家是主张"述而不作",但是事实上他们是"以述为作"。

人生哲学的最高真理,古人好像都已经说得比较清楚了。科学日新月异,发展越来越迅速,但是哲学(尤其是中国哲学)其实发展得不太多,中国哲学的主基调,在先秦时期基本就已经定下了。先秦时期的道家和儒家基本已经把心性之学的最高真理说完了。佛家的释迦牟尼以及古希腊的柏拉图、亚里士多德,也差不多诞生在那个时代,史学家称那一时代为人类的"轴心时代"。在这一"轴心时代",人类的文明分别在不同的几个领域同时达到了高峰。这是很神奇的一件事情。科技在突飞猛进地发展,但是我们的生存境界好像没有进步多少,艺术、哲学、宗教……都在衰颓。因为对人的心性体悟的大端,前人已经讲得比较透彻了。所以没必要标新立异，关键在于能不能领悟到那些真理，并且渗透到生命中，影响自己的心态和言行。别人的领悟，并不代表着自己的领悟。自己的饭要自己吃，任何人都取代不了。精神和肉体的食粮，都需要落实到具体的个体身上，不嫌重复。

老彭是个很古老的人，非常长寿。孔子说"窃比于我老彭"，意思是，可以把我当作一个很早以前就出生，一直活到现在的人，以前怎样，现在仍然怎样，没有太多的变化。

7-2 子曰："默而识之，学而不厌，诲人不倦，何有于我哉？"

译：孔子说："默默地记到心里，学习不感到满足，教诲别人不感到倦烦，这些我做到了几样呢？"

7-3 子曰："德之不修，学之不讲，闻义不能徙，不善不能改，是吾忧也。"

译：孔子说："品德不能修养，学问不能讲习，听到义之所在，不能徙而从之，不善之所在，又不能更改，这些都是我所担忧的。"

说：这一则可能是在警醒学生，也可能是在警醒自己。

7-4 子之燕居，申申如也，夭夭如也。

译：孔子平时在家，都是宽松舒坦的、和畅快乐的。

说："燕"通"宴"，两个字同音，同音的两个字经常会相互假借。人类起初没有文字，只有口头语言，后来才开始有了文字，但早期的文字还不是太发达，不能一字对一音，一字对一义，所以起初假借互通、同音相混的情况比较普遍。再后来文字越来越发达，才有了更为精细的区分。比如这里的"燕"和"宴"。宴就是宴会。宴会一般是比较轻松愉悦的，在宴会上，大家很自然地吃饭喝酒，夸夸其谈，很是随意。所以"宴"

图7 "夭"字甲骨文字形

衍生出安闲的意思。宴居就是平时在家里比较安闲的生活状态，跟庙堂朝廷之上的状态是很不一样的。孔子平时在家里是种什么状态呢？"申申如也，夭夭如也。"申就是伸懒腰的申，因为后来文字发展得精细化了，就加了人字旁，表示伸展的意思。伸最早就是申，没有人字旁。申申如，就是舒张身体（包括了伸懒腰）的样子。夭字，甲骨文的形态就是一个人在跳舞，很快乐的样子。后来加个女字旁，表示妖冶，婀娜多姿，也就是妖怪、妖精的妖，不是正儿八经的。夭夭如，就是很和乐、很畅快的样子。孔子天天在讲大道理，好像很严肃、很刻板。实际上他平素是很随和的，比较轻松愉悦。在庙堂上，他很拘谨，很重礼教，在家里他是很和乐的。颜回的乐，是处陋巷而不改其忧，孔子的乐，要进一步思考一下。孔子有时候贫困，有时候不贫困。他曾经是有官位的，家境应该很不错。他有原思做家宰，还可以给别人那么多米（见《雍也》"子华使于齐"章）。孔子小时候比较贫贱，但他是贵族之后，他父亲叔梁纥是宋国君主的后代，是"鲁国三虎将"之一。孔子长大以后，比较有文化，又做了官，可以想见，孔子的家境应该是很不错的。这是孔子和颜回很不一样的地方。

7-5 子曰："甚矣吾衰也！久矣吾不复梦见周公！"

译：孔子说："我真是衰颓得厉害呀！好长时间都没有梦见周公了！"

说：孔子经常梦见周公，这未必是他的玩笑，也不见得是他的迷信。周文王和周公都是早期儒学的代表人物，孔子的思想学说就是从他们那里继承过来的。他整日里读的典籍，可能接触周公的为多。日有所思，夜有所梦，孔子经常梦见周公也就不是什么稀奇事。孔子感叹说自己衰颓得厉害，好久没梦见周公了。可能是因为自己好久没有看周公的相关文献，好久没有思考周公的道理了，因而好久没有梦到周公。

7-6 子曰："志于道，据于德，依于仁，游于艺。"

译：孔子说："以道为志向，以德为根据，依傍于仁，游走于艺。"

说：道是最高的道理，它是相对抽象的。老子说："失道而后德。"道衰颓以后才注重德，也就是说德是道的具体化，道是更根本的。儒家的德，主要是道德礼仪，这是非常具体的。道是最高远的，所以要以道为志向。德是具体的、可操作的，可以作为行为的根据和依凭。比如儒家的礼仪，有迹可循，非常具体，可以遵照它来行动，所以说要"据于德"。道是没办法作为具体的行为准则的，因为它很抽象，不是行为的细则，而是形而上的东西，只能思考它，谈道理的时候谈谈它。但它可以作为最高远的志向，成为大方向上的导引。仁又是德的具体化，代表着孔子思想中的德。那么"据"和"依"有什么区别呢？好像没什么区别，"据于德，依于仁"可做互文理解，说成"依于德，据于仁"

应该也是可以的。道、德、仁、艺，一个比一个具体。艺一般指的是六艺——礼、乐、射、御、书、数，这里可以把它扩展成艺术。因为艺术是可以让人自由的，让人愉悦性情的。道德经常会束缚人，让人觉得很受压抑。长期受道德的压抑，人也是不健全、不健康的。这就要靠艺术来进行润滑。所以孔子说要"游于艺"，要在艺术里面畅游，获得身心的快乐。游就是自由，要人从道德的束缚里面解脱出来。道德是重要的，但是也要靠艺术来润滑。这一则笼统而言，就是说，道、德、仁是目的，艺是手段。这就是孔子的艺术观，对整个中国古代的艺术都产生了深远的影响。在孔子的观念里面，艺术不能作为根本。所以中国古代很少有纯粹的艺术家，人们一般不会把艺术专门独立出来，作为自己的职业。知识分子要以道为本，艺是用来游的，不算正儿八经的事业。所以中国的文人不会独立出来专门要成为一个艺术家。从事艺术的一般都是文人，文人讲学问，讲修养，讲道德，讲究综合素养。

7-7 子曰："自行束脩以上，吾未尝无诲焉！"

译：孔子说："只要是束带修饰成年的前来求学，我没有不教诲的。"

说：这一则有两种解释。一种是把脩解释为腊肉，束脩就是一束腊肉，十条为一束。那就是说，只要准备好十条腊肉作为见面礼，都可以受到孔子的教诲，被孔子收为门生。没有门户之见，谁都可以来拜师。另一种解释，把束脩理解成束带修饰，可以束带修饰也就意味着成人了。孔子的意思就是说，只要达到成年拜师的年龄前来拜师，他没有拒之门外的。第二种解释似乎要好一点。十条干肉微不足道，有什么好说的。真有穷得一条干肉都拿不出来的，当真就要被拒之门外吗？而年龄的限制就有必要做出规定，太小的他可能不一定教。我们可以看到，孔子真正是把教育平民化了。孔子弟子三千，有贵族，也有平民。在孔子之前，只有贵族才有受教育的机会。孔子能把教育平民化，是一个很了不起的举措。孔子被后人视为伟大的教育家，跟他的这一举措也是有关系的。

7-8 子曰："不愤不启，不悱不发。举一隅不以三隅反，则不复也。"

译：孔子说："不愤然求通我不去开导他，不悱然欲言我不去启发他，告诉他一个角落，不能类推而知其他三个角落，我便不再教他。"

说："愤"是心有求通而未得之际。孔子说，没有到别人特别想知道的时候，他不去开导。他不会逼着人家去学习，只有在别人特别想知道的时候，前来问，就给予启发。教育不能强迫，时机和方式很重要。"悱"是口欲言而未能，嘴里特别想说什么，但是说不出来，词穷了，思绪还没有拎清。孔子说，这个时候就要启发他。教育要找到契机。孔子有很多弟子，他不是天天都跟那些学生说道，只有在特殊的场景下，他才加以引导。这种引导可能一触即发，就像点火药一样，一下子把人的思想给点燃。"隅"就是角落。"阝"旁，就是城邑的邑字，这个偏旁的字都跟城邑有关。隅就是城墙的一个角落。"举一隅不以三隅反"，就是告知城墙的一个角落，不能类推知道其余三个角落。城墙的四个角落基本都一样，方形的一个直角九十度，其余三个都是九十度。如果告知了一个，其他几个还不能知道，还要一一地去讲，那就没办法教了。所以要触类旁通，这是孔子对学生的要求。

7-9 子食于有丧者之侧，未尝饱也。子于是日哭，则不歌。

译：先生在服丧的人的旁边吃饭，未曾吃饱过。先生在当天哭过，就不再于当天唱歌。

说："食于有丧者之侧"，也就意味着，是在赴别人的丧宴。丧宴上也会有丰盛的饭菜，但是孔子经常吃不饱。因为心情不是太好，有哀情，所以不怎么吃得下。"于是日哭，则不歌"，这是基于人的一种常态心理。人的心理惯性是，如果伤心，一般会持续很久。如果哭完了马上可以唱歌，这是没心肝。小孩子可以做到这样，但是大人很难。小孩子眼泪还没干，一个糖果拿过去，可能他就笑开了。孔子如果哭过了，他在当天就不再唱歌。这是一种常情，也是一种礼仪。《论语》的这一则典故惹来了苏轼和程氏兄弟的一场纠纷。司马光去世的时候，程颐主持他的丧礼。同一天的早上，朝廷把宋神宗的灵牌放进皇家祠堂，举办了一个庆典。苏轼参加了这个庆典后，当天又去吊唁司马光，途中被拦了下来，理由是：当天参加过庆典，庆贺过了，就不能再参加丧礼。苏轼大骂主丧的程氏迂腐，《论语》说了"于是日哭，则不歌"，并没有说"于是日歌，则不哭"。苏轼的指责当然是有道理的，符合人之常情。早上唱过歌了，谁又知道晚上会不会死人？如果早上有开心的事情，自然会很开心，早上开心过了，就不允许晚上悲伤吗？所以哭后不歌的这种心理惯性是不能倒过来说的。只能说哭了以后有惯性，不容易开心。为什么我们忧多乐少，很大程度上也是由人的这种心理规律决定的。忧一般会持续很长时间，较难转变，而快乐的时间持续更短。而且，一件伤心的事情就可以把所有快乐抹得一干二净，而痛苦却未必可以被许多件快乐的事情消除。

7-10 子谓颜渊曰:"用之则行,舍之则藏,惟我与尔有是夫!"子路曰:"子行三军,则谁与?"子曰:"暴虎冯河,死而无悔者,吾不与也。必也临事而惧,好谋而成者也。"

译: 孔子对颜渊说:"用我的时候,就行道于世;不用我的时候,就藏道于身。大概只有我和你是这样的吧!"子路说:"先生您若想要率领军队,会找谁共事呢?"孔子说:"徒手与老虎搏斗,不用船只而徒身渡河,死了也不后悔,这样的人我不与他共事。(我共事的)一定是对待事情知道恐惧谨慎,善于谋划而能做成事情的人。"

注: ①暴虎:徒手搏虎。②冯河:徒身涉河。

说: 孔子说,能够行藏得宜,与自己共同进退的,只有颜渊了。子路听到了就有点不开心,他有点不服气地对孔子说,要率领军队打仗,那么你找谁呢,也去找颜渊吗?行藏得宜,颜渊能做得到,行军打仗,颜渊就不行了吧。子路鲜活的人物性格又流露出来了。子路觉得颜渊在勇武方面比不上自己。每当子路要翘尾巴的时候,孔子就会把他的尾巴给摁下来。孔子对子路说,徒手搏虎,徒身涉河,乃是匹夫之勇,没什么值得称道。应当谨小慎微,善于谋划,善于成事,才有勇德可言。"冯"字通"凭","凭"的繁体写作"憑",就是冯字下面加一个心字,偏旁是文字演变精细以后加上的,最早没有心字底,"憑"就是"馮",简体写作"冯"。绕了个较大的弯,所以"冯"通"凭"好像有点莫名其妙。汉语有"凭藉"一词,表示经过、通过的意思,凭和藉可以互训,都有经由、通过的意思。这样再来理解"冯河"就好理解了,"冯河"就是通过河流的意思。

7-11 子曰:"富而可求也,虽执鞭之士,吾亦为之;如不可求,从吾所好。"

译: 孔子说:"如果富贵能够合于道义地谋求,即便是做个拿鞭子的小卒,我也愿意去干;如果不能,那就随着自己的爱好吧。"

说: 这一则是讲怎么对待贫富的问题。拜金和仇富,是对待富的两种常见的病态心理。对待贫穷,则又易生嫌弃之心。这都是比较糟糕的,孔子的贫富观是要克服这些常态的毛病。孔子说,富贵也可以去追求,但是富贵的追求要符合道义。只要符合道义,贫贱也同样可以接受。行不端,坐不正,好吃懒做,都易导致贫穷，如果因为非义导致的贫穷，那是可耻的。如果符合道义，就算是做个挥鞭的小卒，也愿意去干。孔子没有对等级和职业的歧视，只要符合道义，在现实生活中不得志的情况常有，有时外部环境不允许自己得志，在这种事态下，就不要执拗于去追求富贵，去做一些自己喜欢的事情就可以了，贫穷也没有关系。这与庄子的逍遥又有一定的相通。"富不可求，从吾所好"，这种态度容易开启一种审美的人生。

7-12 子之所慎：齐，战，疾。

译：孔子所谨慎的有三件事：斋戒，战争，疾病。

7-13 子在齐闻《韶》，三月不知肉味，曰："不图为乐之至于斯也！"

译：孔子在齐国听《韶》乐之后，好久都不能以肉味为美，感叹道："没想到音乐中的美妙体验居然可以达到这种地步！"

说：孔子是很喜欢音乐的，他曾评价《韶》乐："尽美矣，又尽善也。"他对《韶》乐反复称道，这次在齐国应该是初次感受到《韶》乐带来的震撼，三月不知肉味。这里可以延展一点，肉味不单单只是不知道肉的味道，可以扩展为低级的感官享乐，同时包括了味觉、听觉、视觉和触觉。感官的享乐相对比较低级，没有艺术享受那么深厚。有些人会觉得，搞艺术，搞学术，很枯燥，为什么不去寻找快乐，而把大好的人生耗费在那么枯燥的事情上。有这样想法的人，肯定是没有体会过艺术和学术里面的快乐，这种快乐不低于喝酒吃肉。喝酒吃肉当然快乐，但是其快乐的程度是非常有限的，人的感官的、肉体的享乐，都是比较有限的，精神的享乐，可以达到一种物质感官享乐所抵达不到的程度。

7-14 冉有曰："夫子为卫君乎？"子贡曰："诺，吾将问之。"入曰："伯夷、叔齐何人也？"曰："古之贤人也。"曰："怨乎？"曰："求仁而得仁，又何怨？"出，曰："夫子不为也。"

译：冉有说："先生会支持卫君吗？"子贡说："好吧，我去问问。"（子贡）进到孔子的房里，问道："伯夷、叔齐是怎样的人呢？"孔子说："是古代的贤人呀。"又问："他们有没有怨悔呢？"孔子说："追求仁而获得了仁，又有什么好怨悔的呢？"子贡从孔子房里出来，对冉有说："先生不会支持的。"

说：卫君，即卫出公，卫灵公的孙子，蒯聩的儿子。卫灵公将太子蒯聩逐出国门，灵公死后，卫人立蒯聩的儿子辄（卫出公）为卫君。晋人纳蒯聩，卫人拒之。此时孔子在卫，是否支持卫出公以子拒父，这是一个两难的问题。冉有想知道孔子的态度，又不好直接问孔子，就问了子贡。子贡也拿不准，就旁敲侧击，非常委婉地试探了一下孔子的态度。子贡的弯绕得很大，他问的是孔子对伯夷和叔齐的态度。伯夷、叔齐是商末孤竹君的两个儿子，孤竹君遗命传位给幼子叔齐。孤竹君死后，叔齐让位给伯夷，伯夷以受位不尊父命为由，逃出孤竹国，叔齐不愿打乱长幼有序的继位规则，也不肯登位而出逃。子贡问这两人是否会有遗憾，孔子回答：求仁而得仁，没有什么好遗憾。伯夷、叔齐是为了成就人伦而牺牲政治权位，卫出公以子拒父的做法是为了政治权位而牺牲人伦。孔子称许伯夷、叔齐，子贡由此就知道他不会支持卫出公。

7-15 子曰："饭疏食饮水，曲肱而枕之，乐亦在其中矣。不义而富且贵，于我如浮云。"

译：孔子说："吃着粗粮，喝着清水，曲着胳膊当枕头，乐趣就在这些事情里面。不合道义而能富有并高贵，于我如同浮云。"

说：这一则又是在讲富贵的问题。吃粗茶淡饭，喝白开水，枕着胳膊，也是很快乐的。这样的一个画面，经常会被画家们当作创作的对象。逍遥快乐，无忧无虑。孔子的快乐有时候很简单，关键在于心态，不在于富贵。

7-16 子曰："加我数年，五十以学易，可以无大过矣。"

译：孔子说："再多给我几年时间，五十开始学习《易经》，就可以没有大的过错了。"

说：据说，五经（《诗》《书》《礼》《易》《春秋》）都是孔子整理出来的，他的贡献不仅仅只是《论语》。还据说，《十翼》（即《彖上传》《彖下传》《象上传》《象下传》《系辞上传》《系辞下传》《文言传》《说卦传》《序卦传》《杂卦传》）就是孔子及其弟子为《周易》所做的解说。《论语》中很少谈到《周易》，这里比较例外地涉及了。因为《周易》很多都是形而上的问题，所以孔子很少跟学生谈到。《论语》所涉及的《易》理，也是比较平实切近的儒学教义①。可能这也与孔子的教学方式有关，学生不容易理解的他说得比较少。所

---

① 顾炎武：孔子论易，见于《论语》者二章而已，曰："加我数年，五十以学《易》，可以无大过矣。"曰："南人有言曰：'人而无恒，不可以作巫医。善夫，不恒其德，或承之羞。'子曰：'不占而已矣。'"是则圣人之所以学《易》者，不过"庸言庸行"之间，而不在乎图书象数也。今之穿凿图象以自为能者，畔也。（《日知录》卷一）

以子贡说："夫子之文章，可得而闻也；夫子之言性与天道，不可得而闻也。"

7-17 子所雅言，《诗》、《书》、执礼，皆雅言也。

译：孔子有用雅言的时候，读《诗》、读《书》、行礼，都用雅言。

注：雅言：这里的雅言和俗言相对，俗言即方言。

7-18 叶公问孔子于子路，子路不对。子曰："女奚不曰：'其为人也，发愤忘食，乐以忘忧，不知老之将至云尔。'"

译：叶公向子路问孔子的为人，子路不做回答。孔子说："你为何不对他说：'他的为人，发愤常常忘记吃饭，快乐常常忘记忧愁，自己快要老了都不知道。'"

说：孔子的回答是东一枪西一枪的方式。叶公可能是想知道一个比较全面的对孔子的概括。子路为什么回答不上来呢？就是因为他觉得很难概括，如果随便说到孔子身上的某种特点的话，子路肯定也能回答。孔子回答的只是自己的一个方面的特点，"发愤忘食，乐以忘忧，不知老之将至"，不十分全面，当然也有一定的代表性。乐是很高的境界，很乐观，很达观，做事情很勤勉，忘了吃饭，沉浸在其中，乐在其中，都不知道自己快要老了。孔子多数时候是快乐的。不要觉得孔子周游列国如丧家之犬，很不得志，他就很忧愁。孔子因仁道而通达，他常常是快乐的，他的心境是快乐的。人的情感有两种状态，一是情绪，一种是心境。如果不对这二者做一下区分，可能容易觉得孔子很虚伪。可以确定，没有任何人可以一生都无忧愁。孔子肯定也有忧愁，不要一看到说孔子在忧愁了，就反驳他说：你不是乐以忘忧，不知老之将至吗？何以现在又有了忧愁呢？忧愁是一种情绪，有时候会有的，这个免不了，但是孔子的心境是乐的。人对世界总是有一个一以贯之的看法，这就是世界观，但是我们对某一件具体事情的看法可能跟自己的世界观有时会有冲突。比如说人性善还是人性恶，有些人的世界观就觉得人性是善的，不排除他偶尔碰到恶的事情，觉得某一个人很坏。同理，情绪是我们对具体事情的反应，心境就相当于人的"世界观"。心境是宏观的，是多数情况下的情感，它是长时间持续的一种心理状态，不是一时的情绪反应。不是每个人的心境都是快乐的，有些人对于许多事情都很悲观，悲伤居多。心境就如同一副有色眼镜，有人戴的有色镜是明亮的、乐观的，有人戴的有色镜是阴沉的、悲暗的。心境是一种心理定势，它会决定情绪的反应。反之，长期的情绪反应同样会决定心境。心境可以被思想和修养决定，心性之学的意义就在于塑造人的心境。孔子的哲学是要培养乐的心境。

7-19 子曰："我非生而知之者，好古，敏以求之者也。"

译：孔子说："我不是天生就知道，只是我好古，勤奋敏捷地探求而得以知道。"

说：有两种知，一种是生知，一种是后知。生知就是天生就知道，这种知道不是说一生下来不用人教就知道，只是说他没有通过直接的学习，间接熏染就懂得了。有很多人可能没有学过什么哲学，也没有读过什么书，但是他知道许多圣贤的大道理，很通达。还有一些人，天生就秉性善良，天生就很乐观，这也算是"生而知之"。孔子说自己不是这一类人，他很有学习的意愿也很努力，通过后天主动而直接地学得了许多大道理。

7-20 子不语怪、力、乱、神。

译：孔子不喜欢谈怪异、强力、悖乱、神道之类的事情。

说：对于神秘的东西，孔子采取的是回避的态度。孔子主张祭祀，但是他不正面承认神的存在，他也不谈论鬼神。我们不信神，但我们同时也非常轻易地断言神不存在，这就是我们的独断之处。和过去的盲目迷信同样独断，同样轻信，同样愚昧，只是换了对象而已。对于那些不知道、不确定、不能验证、不能论证的，完全可以给它们保留一块空地。人类的认知范围是有限的，超出认知范围的，姑且可以把它悬置在那里，不说它有，也不说它没有。有信仰的人尽管去信，也不鄙视，也不否定。对待事情的态度不只有肯定和否定两种，"付诸阙如"也是一种态度。

7-21 子曰："三人行，必有我师焉。择其善者而从之；其不善者而改之。"

译：孔子说："三人同行，其中必定有值得我师法的。找到他们的可取之处而遵行，找到他们的不可取处而改正。"

7-22 子曰："天生德于予，桓魋其如予何？"

译：孔子说："上天降德于我，桓魋又能把我怎么样呢？"

说：这一则的历史背景，《史记》里面有所记载。《史记》里面说，孔子周游列国，经过宋国的时候，与弟子在大树下面学习礼。这是很浪漫的一个画面，孔子带着弟子周游列国，沿途就在大树底下聊天讲课。桓魋是宋桓公的后代，当时任宋国的司马，主管军事行政，掌控宋国兵权。孔子的学生司马牛是他的弟弟。桓魋把孔子讲学就着的那棵大树给砍掉了，可能是反对他在宋国讲课。他可能是比较反对儒家，觉得那是胡说八道，无利于治天下。砍树只是一种威胁，还比较客气。再不客气一点，就不是砍树，而是杀人了。所以孔子的生命是受到威胁的。孔子不得已离开了，走的时候，弟子催促他，赶紧走快一点。这个时候孔子表示淡定，就说了这句话：上天降德于我，桓魋又能把我怎么样呢？也就是说，走那么快干嘛呢，慢慢悠悠地走，自然而然，不要那么慌张。后面还有一则，和这里的情境非常相似，孔子也说了类似的话。

7-23 子曰："二三子以我为隐乎？吾无隐乎尔！吾无行而不与二三子者，是丘也。"

译：孔子说："你们以为我有所隐瞒吗？我没有什么好隐瞒的啊！我没有什么不向你们公开的，这就是我孔丘的为人呀。"

7-24 子以四教：文、行、忠、信。

译：孔子教四个方面的内容：历代文献，道德实践，己心之忠，待人之信。

7-25 子曰："圣人，吾不得而见之矣！得见君子者，斯可矣！"子曰："善人，吾不得而见之矣！得见有恒者，斯可矣！亡而为有，虚而为盈，约而为泰，难乎有恒矣！"

译：孔子说："圣人，我是没有遇见过；能遇见君子，也就可以了。"孔子说："完善的人，我没能遇见过；遇见有恒的人，也就可以了。没有而装作有，空虚而装作满足，贫困而装作豪奢，这是很难有恒的啊。"

说：孔子思想中的人格有一个高下的次序：圣、贤、君子、小人。圣是最高的理想人格，比如孔子心目中的尧、舜，是圣君。孔子自己也被后世尊奉为圣人，尽管他自己不视自己为圣。圣人下面有贤人，孔子三千弟子中，就有七十二贤人。贤人下面有君子，君子是比较常见的，现实生活中的很多人，孔子都称其为君子。只要有心向德，这个人就可以被称为君子。虽然未必能做得十全十美，但是有心向道，有意求仁，这就可以视作君子。小人，有两层含义，一是平民，相对于贵族而言的，这层含义就没有贬义，中性的，无所谓好还是坏。还有一层意思，就是道德败坏的人，这是更低一层的人格。如果小人的两层含义分别对应两种人格的话，孔子思想的人格结构就有五个等级。孔子说，圣人我是看不到了，尧舜这样的圣人只是历史里面听过，看不到了。君子是可以见得到的，现实生活中很多，朋友、同事、学生里面就有很多。完善的人看不到，看见持之有恒的也就可以了。人不可能时时刻刻都在求仁，只要有恒心，能够持守一段时间，或者间歇性地持守，这就不容易了。没有装作有，空虚装作满足，贫困而装作豪奢，这是很难持之有恒的。就是说，只有实事求是，才能有恒。尽心是要量力而为的，有多少斤两，就尽自己的几分力，实事求是，才有可能持之有恒。

7-26 子钓而不纲，弋不射宿。

译：孔子钓鱼只用独竿，而不忍心用钓钩很多的钓绳；孔子也猎鸟，但他不忍心去射那些安栖在巢穴中的鸟。

注：①钓：用独竿钓鱼。②纲：提网的总绳。钓鱼的用具中有一类钓钩很多，系于一根总绳，用这种钓具钓鱼即是"纲"。③弋：系有绳子的箭，用来射鸟。

说：纲就是一根总绳串着很多带鱼钩的细绳。纲目一词是很形象的，之所以叫纲目，就是因为它是像这样的一根线，把很多钩子都串到一起了。钩子很多，零零碎碎的，但是一根线可以把所有的钩子都贯穿起来，这就是纲。文章的纲取的也就是这个意思。孔子为什么钓而不纲呢？因为他不忍心。纲会猎出很多鱼来，钓的数量就非常有限。渔人制的渔网不会很密，要做疏一点，只捞大鱼，小鱼放它一条生路，让它们可以繁衍，到了明年、后年才继续有鱼可捞。如果把网搞得密密的、死死的，鱼苗全部给捞上来，后面再吃什么呢？这是渔人的长久计，一直到现在成为不成文的规矩。孔子跟这个还有点不太一样，他考虑的不是后面有没有鱼吃的问题，而是忍不忍心的问题。"弋"是钩上面加一根长绳，钩射出去，绳子可以拉回来，射到猎物就可以直接拉回来。"宿"就是归栖、安息，在巢穴里面的鸟就叫作"宿"。孔子不射杀这样的鸟，鸟如果回家了，他就不忍心射猎。因为鸟巢里面可能有小鸟，有幼雏，有鸟蛋，一个鸟巢就是一个家庭。孔子的这两个生活细节，很能唤起人的恻隐之心。儒家和佛家不一样，并不完全主张不杀生，不吃肉，它没有完全走向世俗的反面。但是也要杜绝残忍，孟子说"君子远庖厨"，同样也是这个道理。

7-27 子曰："盖有不知而作之者，我无是也。多闻，择其善者而从之；多见而识之，知之次也。"

译：孔子说："大概有不知而妄作的人，我没有这种毛病。多听，选择其中好的遵从，多见，牢记在心里，这是次一等的知。"

说：不知道，但是乱说一气，不知道也装作知道，知道一点点也装作知道很多。孔子说自己没有这种毛病，实事求是，有多少就讲多少，不知道就不知道。自己跟别人不一样的在哪里呢？多听，听了很多人的说法以后，独立判断，觉得更有道理的就遵从。多看，强记在心里面，这是次一等的知。高一等的知是要做判断，只给判断提供参考、提供信息的知识，是次一等的知。

7-28 互乡难与言。童子见，门人惑。子曰："与其进也，不与其退也，唯何甚？人洁己以进，与其洁也，不保其往也。"

译：互乡这个地方的人不太好打交道，孔子接见了一个从这个地方来的童子，门人为此感到困惑。孔子说："我认可的是他的上进，不认可他的后退。这有什么不妥的呢？人怀着自洁之心来求上进，我只认可他现在的自洁上进，并不对他的过去耿耿于怀。"

说：互乡这个地方民风彪悍，有点野蛮。有一个互乡的小孩跑过来拜见孔子。孔子接见了，门人就很不理解。因为孔子有时是比较挑剔的，择地而处，择人而交，"道不同不相为谋"。互乡这个地方的人一点文化修养都没有，为什么却要接见？孔子解释说，他认可的是人家的上进精神，不管人家什么文化背景，他既然到这里来求学，说明他是上进的。不是认可他以前的人格，只是认可他现在的上进，不保证他以前没有过错和污点。这和"不迁怒"的道理是一样的，只有可厌恶的事，没有可厌恶的人。

7-29 子曰："仁远乎哉？我欲仁，斯仁至矣！"

译：孔子说："仁道很远吗？我一想仁，我就已经到了仁道上了！"

说：仁道是最高的道，是最难达成的境界。孔子为什么在这里说得这么轻易？想要仁，仁就到了，那大家岂不都是仁人了吗？前面讲到，仁是一种意念，一种意志。善要靠意志才能达到，审美的根基在情感，伦理的根基在意志。为仁的方法是忠恕，讲究的是尽己。不是说本事越多，能力越强，就越有道德。仁是人的自由意志，只要想那样就能那样，这就是人的自由意志。在道德面前，在审美面前，人是有自由意志的，尤其是在道德面前。"三军可以夺帅也，匹夫不可以夺志也。"你的意志别人是夺不掉的，他们可以把你的手脚绑起来，可以威胁你的生命，但是左右不了你脑袋里的想法。可以左右你的行为，也可以左右你的下场，但是左右不了你脑袋里的意念，这就叫作自由意志。意志是完全由自己操控的，仁就是一种意念。有求仁之心，有尽己之意，就算是仁。这就可以理解，为什么孔子讲"我欲仁，斯仁至矣"。由此可知，孔子的仁学是可以通向自由的。

7-30 陈司败问："昭公知礼乎？"孔子曰："知礼。"孔子退，揖巫马期而进之，曰："吾闻君子不党，君子亦党乎？君取于吴，为同姓，谓之吴孟子。君而知礼，孰不知礼？"巫马期以告。子曰："丘也幸，苟有过，人必知之。"

译：陈司败问："鲁昭公知礼吗？"孔子回答说："知礼。"孔子回去了，（陈司败）对巫马期作了个揖，并走近他说："我听说君子不结党，难道像孔子这样的君子也结党吗？鲁君从吴国娶了夫人，而鲁与吴乃是同姓，鲁君于是称其夫人为吴孟子。鲁君知礼，谁还不知礼呢？"巫马期把这话告诉了孔子。孔子说："我孔丘真是幸运，一旦有过错，别人一定会知道。"

说：吴国和鲁国是同姓，都姓姬，同姓通婚在古代是不合礼数的。鲁君为了回避这个问题，就把娶回来的妻子称作吴孟子。子是宋国女子的姓，鲁昭公为了娶吴国的女子为妻，就将其称为吴孟子。本来应该称作吴孟姬，却被称为吴孟子，鲁君是悖礼的。陈司败问孔子，鲁君是否知礼，孔子说他知礼，所以陈司败觉得孔子有党私。巫马期把陈司败的意见告诉了孔子，孔子没有执拗，没有给自己找借口，说自己真是有幸，一旦有过错，别人一定会知道，而且会给自己指出来。这是孔子的无我精神，有了过失，不执拗，也不文饰，随时可以改正。

7-31 子与人歌而善，必使反之，而后和之。

译：孔子和别人唱歌，如果唱得好，就一定让人再唱一遍，而且自己也一道唱和。

说：这里可以看到一种圣贤气象。孔子许多时候是很和乐的，他跟别人唱歌，觉得很畅快，就要再来一遍。这是一种很愉悦畅快的生活状态，孔子不是干瘪瘪的，孔子是活生生的，是有很强的生命气息的，很鲜活。

7-32 子曰："文，莫吾犹人也。躬行君子，则吾未之有得。"

译：孔子说："书本上的学问，大致我和别人差不多；做个亲身践行的君子，我还没能真正做到呢！"

7-33 子曰："若圣与仁，则吾岂敢？抑为之不厌，诲人不倦，则可谓云尔已矣！"公西华曰："正唯弟子不能学也。"

译：孔子说："讲到圣和仁，我怎么敢当呢？至于在这方面不厌倦地努力，不厌倦地教诲人，那我就算得上了。"公西华说："这正是学生们所学不到的呀！"

7-34 子疾病，子路请祷。子曰："有诸？"子路对曰："有之。《诔》曰：'祷尔于上下神祇。'"子曰："丘之祷久矣！"

译：孔子有疾病，子路请求为之祈祷。孔子说："有这事吗？"子路回答道："有这事。祈祷的诔文是这样写的：'祷告你于天上地下的神灵。'"孔子说："我一直久久地祈祷着呀！"

说：子路是非常直率的一个人，他跟孔子的感情是相当深厚的。孔子生病了，这病可能比较重，随时有可能死亡。子路就去向上天祈祷，孔子听到了，就质问子路，是否有祈祷的事情。子路说确实祈祷过了，希望天上地下的鬼和神都来保佑我的老师，不要让他死掉。孔子就跟子路说了一句："丘之祷久矣。"什么意思呢？孔子不信真的有鬼神存在，子路去祈祷神灵，孔子觉得没必要。真正保佑自己的是平时的修养善行，其中的修为直接决定着自己的命运和下场。所以说不用祈祷，平时做的每一件小事都是在为自己祈祷。生病是天命，不能由自己掌控。自己能掌控的只是不作孽，不造恶，不给自己种恶果。

7-35 子曰："奢则不孙，俭则固。与其不孙也，宁固。"

译：孔子说："奢侈了就不知逊让，节俭了就显得固陋；与其不知逊让，不如显得固陋。"

说：有时候人们会疑惑，到底应不应该节俭。例如，因为现在许多人的生活条件都还可以，家里也不缺钱，虽不算大富大贵，一般的生活日常应该都还过得去。家里的电灯通宵点到天亮，也不至于说会让人贫穷。亮一个晚上的灯可能还不到一块钱。那么为什么要节约用电呢？因为节约自身是一种美德，节约的目的不仅仅只是说为了节约那一点电。我们现在讲节约，主要是为了不铺张浪费，因为环境资源有限，我们有了环保意识，感觉到了节约的重要性。但是节约成为美德还有更重要的原因，节约和其他很多方面的德性会有一种伴随的一致性。能懂得节约，就会懂得节制，甚至不会贪图虚荣等，这些就比较重要了，不单单是钱的事情。节约是中国人一向比较看重的传统美德，不单单有穷人才崇尚节约，越是富有，越是有文化修养的人，他们越是懂得节约。节俭和吝啬不是一回事，大家都应该大方一点。例如虽然说不是那么富有，但是请朋友吃个饭还是请得起的，在平时跟人交往的时候，不计较小东西，可以自己多付出一点，这体现出人的大度，跟节约是两码事。在遵循一些道德准则的时候，如果做不到恰到好处，就会犯很多毛病。孔子讲中庸，任何德行，任何准则，都有一个恰到好处的度。要做到这个恰到好处的度是比较难的，如果达不到，往往会犯一些毛病。虽然说准则本身是好的，但是没有掌控好度，可能会走向反面，成为新的问题。比如节约，本是美德，如果节约过度，就容易变得粗陋和拘谨。一个人奢侈就不知道逊让，节俭过度了就显得固陋。孔子说，如果这二者要选其一的话，宁愿因节约而致固陋，也不愿意因奢侈而致不逊。这是孔子的保守主义。中庸是很难达到的，中庸达不到的时候会走向两极，孔子往往宁愿走向保守的一极。

7-36 子曰："君子坦荡荡，小人长戚戚。"

译：孔子说："君子内心坦荡，小人内心常常忧愁。"

说：要做到坦荡，首先在行为方面要顶天立地，其次在心态上还要有定力。行为不是为了让别人评价的，是自己做给自己看的。小人为什么长戚戚？他们的行为不能光天化日晒到太阳底下，再者，他们做的很多事情，会在意结果和他人的评价，于是导致内心的不安宁。为什么要过一种德性的生活？德性的生活未必就有好报，未必就可以升官发财，但是它可以让人内心得到安宁。小人为什么长戚戚，因为他没有完全按德行来做，他就会有遗憾，会有怨艾。君子遵德而行，即使有不好的下场，那也顶天立地。好人做好事得到坏报，是不会产生痛苦的，取而代之的是一种崇高感。想一下，你扶一个老太太过马路，人家却控告了你，虽然说自己觉得很委屈，但是这个时候人格得到了彰显，你感觉自己更是一个像样的人，一种光辉就开始释放出来了。价值感和崇高感就在这里彰显了。西方为什么视悲剧为最高的审美形态？悲剧就是告诉人们，即使得坏报，也要做好人，这就是西方悲剧的精神。悲剧给人带来的就是崇高感，跟常人的痛苦感是不一样的。做坏事受到坏报，这个时候内心会痛苦，这是一种惩罚，是很难受的。做好事得坏报，人反倒有一种愉悦感，这愉悦感就是崇高感，是一种美感。为什么君子能坦荡荡，道理就在这里。

7-37 子温而厉，威而不猛，恭而安。

译：孔子温和而又严厉，有威严而又不凶猛，庄严而又安详。

说：这是圣贤气象。孔子平时跟学生很随和，很亲近，但是也有严厉的一面。他骂宰我的时候，毫不留情。平时有威严，但又不特别严苛，不会让人受不了。敬和爱这两个因素，始终是阴阳两极，要达到一种相辅相成的效果。孔子温而厉，威而不猛，恭而安，这是一种恰到好处的人格。

泰伯第八

8-1 子曰："泰伯，其可谓至德也已矣！三以天下让，民无得而称焉。"

译：孔子说："泰伯这人真可说是有至德呀。三次把天下让给别人，百姓真不知道该怎么来称道他。"

说：这一则在讲历史，《泰伯》篇讲了很多商周的历史。泰伯，即吴太伯，吴国第一代君主，东吴文化的宗祖。泰伯姓姬，名泰，父亲为周部落首领公亶父，兄弟三人，排行老大，两个弟弟仲雍和季历。泰伯是周文王的伯父。公亶父传位于季历及其子姬昌（周文王），太伯和仲雍避让，迁居江东，建立吴国。泰伯是长子，按道理说，皇位是要给他继承的，但是他觉得季历比自己贤能，就不愿意出来继承王位。孔子看到这段历史，感慨了一番，盛赞泰伯的至德。

8-2 子曰："恭而无礼则劳，慎而无礼则葸，勇而无礼则乱，直而无礼
则绞。君子笃于亲，则民兴于仁；故旧不遗，则民不偷。"

译：孔子说："注重端庄而不懂礼，就会劳倦；注重谨慎而不懂礼，就会畏葸不前；有勇而不懂礼，就容易闯祸；直爽而不懂礼，就容易急切以致伤人。在上位的人如果能厚待他的亲属，百姓就会萌发仁心；不遗弃老同事、老朋友，老百姓就不会薄情。"

注：①劳：劳倦。②葸：畏惧。③乱：作乱，闯祸。④绞：急切，尖刻刺人。⑤偷：薄情。

说：一种德行如果没有做到恰到好处，就会生出一些毛病来。恭是一德，但是如果不遵照礼来行，就很劳倦。历代先贤们早就整理出来了一套准则，直接遵循这些准则，就不会劳累了。如果不懂这些准则，各个地方都要自己去思考，去探究，那就非常劳累。对长辈该怎么样，对晚辈该怎么样，对平辈该怎么样，家里的陈设该怎么摆，衣服该怎么穿，各个地方想要恰到好处是非常难

的。前人早就给总结好了，各个地方该怎么做，该怎么去把握，全都是有一套典制的，这套典制就是所谓的礼。要是懂得礼，就不会劳倦。按礼来做，自然就很端庄恭敬，不会劳累。如果一个人注重谨慎，但是没有礼来做引导，就会有畏葸不前的毛病。谨慎过头了，事情该做不该做，不知道，不明确，于是就畏畏缩缩。有了礼的参考，很多事情就一目了然，直接按照礼的规定来做就行了，约定俗成的，不用反复思考，有了礼的凭依，直接遵照着做就行了。勇也是这个样子，一个人好勇，但是如果不懂得礼的节度，那么就容易闯祸。一个人如果很直率，但是没有用礼来规制自己，就容易伤人。现实生活中存在许多这样的人，他们以直自居，感觉自己很直率，很磊落，很坦诚，但经常出口伤人，而且很容易发脾气。这种人感觉自己顶天立地，就对人很不客气。你觉得自己很直，那么你能做到恰到好处吗？该直的时候要直，该尊重人的时候要尊重人，如果没有礼的规制，直率的人容易无谓伤人。

"君子笃于亲，则民兴于仁。"如果说在上位的人能够亲善地对待他的亲属，百姓就会萌发仁心。因为老百姓是会跟风的，尤其是在古代社会。古代社会跟我们现在不一样，大众对于精英是有一种近乎迷信的狂热的，因为所有的话语权都在精英那里，权力也在他们手上，老百姓会受精英的左右。现在的国民已经开化了，思想进步了，经历过了启蒙，所以我们现在独立自主的意识要强一些。放到五十年前，平民阶层就特别容易效法精英阶层，看他们穿什么，也跟着穿什么，看他们吃什么，也跟着吃什么，看他们怎么做，大家也都跟着做。所以，精英对于整个大众是有引领作用的，这个引领作用非常强大。不像现在，思想家对大众的影响不是太大，政治家的行事风格对大众影响也不大。在孔子时代，君子就是所谓的精英层，精英层对于老百姓是有压倒性的感染力的。如果精英层对于自己的亲戚能够笃厚的话，老百姓就会萌发仁心。那些上层人士都那么有爱心，那么淳厚，那么老百姓自然就跟着也一起淳厚起来。上行下效，上面的精英怎么做很重要，老百姓只是跟着他们去效仿，没有太多独立的判断力。

"故旧不遗，则民不偷。"这是孔子的用人态度，前面讲到"因不失其亲"，不回避自己的亲人，用人一方面要考虑才能，如果才能差不多的话，可以优先考虑关系亲近的人。这是孔子的用人原则，顾及情感，但不是唯亲是用，他要在情感和能力之间达到一个平衡。用亲近的人，他会尽心尽力办事，会有自觉心。再者，人跟人之间需要讲点感情，每个人都要照顾好自己身边的人。所以自己的老朋友、老同事，没有大的过错，不要轻易遗弃。孔子的这种原则，一不小心就容易被误读了，所以很多人都批判儒家，说中国的腐败是儒家重情的原则导致的，那是没有完全读懂儒家。儒家如果引入搞官场腐败的那一套，那还是儒家吗，它凭什么被历代那些有头脑有良知的知识分子膜拜？"偷"有薄情的意思。在上的如果轻易遗弃故旧，在下的老百姓就会薄情，大家都不讲情面，大家都薄情寡义，就剩下利益的瓜葛。这多可怕呢，不讲情感的社会是非常恐怖的。完全不讲亲情，只讲正义，这多可怕。

8-3 曾子有疾，召门弟子曰："启予足！启予手！《诗》云：'战战兢兢，如临深渊，如履薄冰。'而今而后，吾知免夫！小子！"

译：曾子患了疾病，召来学生们说："看看我的脚！看看我的手！《诗经》说：'战战兢兢，好像对着深渊，好像踩着薄冰。'从今往后，我知道可以避免了！学生们！"

注：启，同"督"，视的意思。

8-4 曾子有疾，孟敬子问之。曾子言曰："鸟之将死，其鸣也哀，人之将死，其言也善。君子所贵乎道者三：动容貌，斯远暴慢矣；正颜色，斯近信矣；出辞气，斯远鄙倍矣；笾豆之事，则有司存。"

译：曾子患了疾病，孟敬子去探望他。曾子说："鸟快要死的时候，它的叫声都比较哀伤，人快要死的时候，他的言语都很善良。君子在道义上有三处值得注重：勤勉于自己的容貌，就可以避免粗暴和懈怠；端正自己的脸色，就容易使人信任；注意言辞和声调，就可以避免粗鄙和悖逆；至于笾豆之类礼仪上的事情，则有专门的人员在主掌。"

说：人快要死的时候，他说的话都是善良的，从这一点上看，我们也可以说人性善。孟子用孺子入井的例子来论证人性善，他是从人之初来说性善。曾子这句话是从人之终来说性善。人性本善，因为有利益的牵扯，把良知蒙蔽住了，所以才会去做坏事。如果没有利益牵扯的情况下，人都愿意去做好事。人快死了，以后再也没有什么利益瓜葛了，什么都忘掉了，剩下的就是原本的良知良能，被遮蔽的又能重新焕发出来，这个时候，人说的话都是善的。叔本华特别注意到，在向一英国陪审团提出的一个报告中有下面一件事情：一个粗野的黑人少年，15岁，在船上某次打架中受了致命伤。当他快要死的时候，他急切恳求把他的所有同伴赶快请到他面前。他要问一问他是否曾经烦扰过或侮辱过他们任何人，而当听到人们说他从来没有那样做过以后，他的心情看起来似乎大大宽慰了。叔本华不无感叹地说："那些临终的人愿意在自己死去以前同每个人言归于好，这确实是到处一样的经验教训。"

8-5 曾子曰："以能问于不能；以多问于寡；有若无，实若虚，犯而不校。昔者吾友尝从事于斯矣。"

译：曾子说："有能力却仍然去向没能力的请教，知道得多却仍然向比自己知道得少的人请教，有却如同没有，充实却如同空虚，别人侵犯却不计较。过去我有个朋友，就是这样做的。"

说：博学的人，向那些懂得比自己少的人请教，有学问又好像没学问。学了很多知识，又不会夸奇炫博，这就是一种德行。肚子里很多干货，很充实，但是还觉得肚子里空空如也，这就叫"实若虚"。别人侵犯了他，但是他不计较，这与孔子说的"仁者能好人，能恶人"的意思是一样的，只有可恶的事，没有可恶的人。别人虽然冒犯了自己，但是如果后面别人能正道直行的话，自己照样不计较，这就是"犯而不校"。

8-6 曾子曰："可以托六尺之孤，可以寄百里之命，临大节而不可夺也。君子人与？君子人也。"

译：曾子说："可以把六尺的孤儿托付给他，可以把百里的政命交付给他，面临生死大节，别人无法动摇屈伏他。这样的人可称得上君子了吧？这样的人当然称得上君子呀！"

8-7 曾子曰："士不可以不弘毅，任重而道远。仁以为己任，不亦重乎？死而后已，不亦远乎？"

译：曾子说："士不可以不弘大而刚毅，因为他肩负重，行路远。以实现仁道作为自己的使命，不正是肩负重吗？到死才能放下，不正是行路远吗？"

说：以继承和传播仁道作为自己的任务，就像孔子一样，以布道来作为自己的大任，作为自己活着的价值和目标，这不就是很重的担子吗？个人的一点点小事情不足为数，甚至治国也没有传道显得任重。治国只是一时的，传道那是长远的，可能要贯彻一两千年。仁道是要贯彻久远的，仁以为己任，一直到死为止。

8-8 子曰："兴于《诗》，立于礼，成于乐。"

译：孔子说："以诗来感发心性，依礼来循规蹈矩，以乐来完成人格。"

说：这一则是孔子对人生修养的三个阶段的划分。"兴于《诗》"是基于儒家对人性的理解，儒家认为我们的人性被遮蔽了，仁爱之心被遮蔽了，要靠诗歌去感发。因为诗歌是感性的，是讲情感的。可以扩展一点，除了诗歌，其他的艺术样式，音乐、美术等等可以达到兴发仁性的效果。当然也不是所有的艺术，而是特定的符合人的中正之情的艺术。孔子所谓的诗，指的就是《诗经》。第二个阶段是"立于礼"，人有了仁爱之心还不够，如果没有遵照礼来行事，很难达到一个恰到好处的度，所以就要有个程式性的东西来规范，有程式去凭依，可以自如地措其手足，这叫"立于礼"。最后是"成于乐"，人格的完成需要通达于乐，最终要达到一种和乐的状态。乐也可以扩展为艺术。孔子的成人思想从艺术开始，完成于艺术。

8-9 子曰："民可使由之，不可使知之。"

译：孔子说："容易使老百姓遵照着做，较难让他们明白为什么要这样做。"

说：不要觉得孔子是在这里宣扬愚民政策。统治者想怎么弄就怎么弄，不让老百姓知道这里面的道理，那就是愚民政策。这跟我们的启蒙思想是刚好相反的，启蒙就是要让大家知道为什么要这么做。孔子这样感慨，恰好说明他想要让大家知道，但是大家实在特别难以知道，所以他很遗憾。可以让老百姓遵照着做，但是很难让他们知道为什么要这样做。如果从道理上懂了，那就有思想了。所以孔子很遗憾，说一般的老百姓很难让他们明白道理。这里有一种孤独感在里面，有一种无奈。

8-10 子曰："好勇疾贫，乱也。人而不仁，疾之已甚，乱也。"

译：孔子说："崇尚勇力而厌恶贫困，这容易出问题。对于那些没有仁德的人，对他们痛恨太甚，也容易出问题。"

说：这一则涉及怎么对待小人的问题。有些人是不仁的，对这些不仁的小人，可以有所惩戒，以直报怨。但是如果把这些人看得太糟糕，太过讨厌他们，那也会出问题。对于小人的恶劣行径，要用智慧来应对。那些恶事应对化解了以后，对这个人本身不要有根本上的厌恶，不要完全放弃，不要从根本上敌对，不要有成见，好像永远都让他抬不起头。那会让人变得越来越糟糕，会让人堕落。很多人本来是可以救的，因为你的一念之差，让他走上了不归路，落到泥泞之中，不能自拔。

8-11 子曰："如有周公之才之美，使骄且吝，其余不足观也已！"

译：孔子说："如果有周公的才华之美，只要骄傲吝啬，别的就不值一提了。"

8-12 子曰："三年学，不至于谷，不易得也。"

译：孔子说："三年求学，目的不在于功名利禄，这是很难得的。"

注：谷：谷子，这里代指功名利禄。

说："三年学，不至于谷"，首先是目的要很纯粹，没有功利心，而且要很专注，很有毅力。董仲舒读书三年，自己家的菜园子都不去看一眼，在历史上是一个专注读书的典范。每个人都可以扪心自问一下，将来是不是也能有三年，学不至于谷？虽然说三年时间不是太长，但是有了三年，那么五年、十年，心态会是一样的，可以超功利了。学问分手段之学和目的之学，目的之学就是涉及终极关怀、终极价值，手段性的学问，西方的思想家们把它叫作工具理性，就是把知识当作一种工具。三年学习，目的不在于功名利禄，不做稻粱谋，是很难得的。如果有人读书不是为了求取功名利禄，不是为了稻粱谋，而是为了修养身心，这是非常难得的。孔子有这样的感慨。

读书如果只是为了工作的话，就相当狭隘了。人活着如果真的只是金钱最重要，很多东西根本就解释不通，对这个世界就会完全看不懂。只有功利的眼光，那实在是太狭隘了。一说超功利，许多人会忍不住要出来反驳，饭都吃不饱，还讲什么这这那那。确实也没错。什么时候才叫作吃得饱饭？按孔子的说法，"今汝画"，现在就画一条界限，如果现在是吃得饱饭的，那意味着，现在就有精力去追求那些物质之上的东西。现在就有条件，不要说等物质满足了，再来追求精神，那无从谈起，因为人的欲望无穷。超功利的态度，需要有当下即是的"今汝画"的果敢。

在古代，"读书人"这三个字的分量是非常重的。一个读书人，不论跑到哪里，大家都尊重他，甚至比对做官的还尊重。以前的读书人读书有内外两层目的，内在的目的就是为了修身养性，外在的目的是求取功名，治国平天下。两者相辅相成，而且以内在目的为根本。外在目的不论达成与否，内在目的是要有一定程度的达成的。读书人的德行修养要高出常人，所以不论走到哪，大家都尊重他是读书人。因为读书人意味着德行修养要比常人高，也就是说，大家尊重的是德行，而不是在意你读了多少书。如果读了很多书，依然没德行的话，大家照样不会尊重。"万般皆下品，唯有读书高"，"读书人"三个字在古代社会的分量，已经充分说明，古代知识分子群体德行的修养是得到了社会的普遍认可的。

8-13 子曰："笃信好学，守死善道。危邦不入，乱邦不居。天下有道则见，无道则隐。邦有道，贫且贱焉，耻也；邦无道，富且贵焉，耻也。"

译：孔子说："坚定地信仰又好学习钻研，至死守护善道。危险的国家不进入，祸乱的国家不居处。天下有道就出来，无道就归隐。国家有道，自己贫困卑贱，这是耻辱；国家无道，自己富足高贵，这也是耻辱。"

说：这又是涉及隐还是不隐，贫还是富的问题，孔子已经在好多个地方探讨过这个问题了。笃信好学，坚定地信仰自己的学问，对仁道坚信不疑。不要觉得"守死善道"好像是假大空的话，殉道的人物，在现实中还是很多的，尤其是到了紧急关头。革命年代出了那么多的烈士，不都是"守死善道"吗？为了国家，为了民族，可以把自己生命牺牲掉，这种人不在少数。

"危邦不入，乱邦不居"，"择"是孔子的一大原则。时机要择，跟什么人交往共事要择，居处在什么样的地方也要择。择时，择地，择人。如果一个国家混乱，最好不要留在那里，国家之所以会混乱，就是因为小人当势，国家被他们搅乱搅坏了。如果不跟当势的小人们同流合污，就生存不了，所以尽量不要走到小人聚集的地方去。天下无道，自己就隐退，也可以装疯卖傻。所以孔子也有一些道家的气息。如果天下有道，自己就出来做官，发挥自己的聪明才干。国家太平，世道清明，如果在这样的国度里面贫穷又卑贱的话，这是耻辱的，因为可能是自己太懒惰，不求上进。国家混乱，政治黑暗，如果发了大财，那是耻辱，因为可能在发国难财，可能就有点为富不仁。生灵涂炭之际，即使发了财，如果有良知的人，他可能就散出去了。如果一个人有仁爱之心，他可能身上积蓄的财富不会太多，因为民不聊生，他会去赈济灾民。

8-14 子曰："不在其位，不谋其政。"

译：孔子说："不在那个职位上，就不谋划那个职位上的事情。"

说：如果是职责范围内的事情，自己对自己的工作环境了如指掌，对发生的事情真相有比较可靠的了解，就可以思考它，而且可以干预它。这就叫作"在其位，谋其政"。只是个村长，就不要去谋市长的政。当然，如果是副市长，可以去谋市长的政，因为那在可及的范围之内，也算是"在其位"。隔得太远了，八竿子打不着的范围，就没必要去操不该操的心了。

8-15 子曰："师挚之始，《关雎》之乱，洋洋乎盈耳哉！"

译： 孔子说："从师挚升乐开始，到《关雎》的结尾，洋洋洒洒，满脑子都是（美妙的音乐）。"

说： 孔子是很喜欢音乐的，他不是干瘪瘪的道学家。宋明儒更加偏向理性，他们把佛学引入儒学里面，学说的体系性非常强，非常精深。他们跟孔子比起来就少了一些感性。孔子有理性，而且他的理性是从感性里面得来的。他平时的日常生活也好，在艺术里面也好，很有审美的享受。

8-16 子曰："狂而不直，侗而不愿，悾悾而不信，吾不知之矣！"

译： 孔子说："狂突而不直率，天真而不老实，无实而又不诚，我真不知人怎么会这样。"

注： ①侗，通"僮"，即幼童，也指天真幼稚。②愿：老实。③悾悾：空虚，愚悫。

说： 对于狂人，孔子有时候是称道的，如果做不到中庸，有时候狂一点，可能这个人还比较正直，还值得称道。狂放本来就是毛病，但是如果狂放率直，不虚伪，敢说真话，甚至冒着生命的危险去顶撞不义的上司，这种人也值得称道。但是狂又不正直，那就是乱上加乱，坏上加坏。孔子说有这样的人，虽然平时很轻狂，但又不直率，畏畏缩缩，而且不正直。有些人天真幼稚，但是又不老实。肚子里没学问，很愚钝，但是又不知道讲究诚信。这几类人都是比较无可救药的。

8-17 子曰："学如不及，犹恐失之。"

译： 孔子说："学问好像赶不上的样子，而且又怕丢失了。"

说： 这里面可能有错简的现象，所以不是太容易读懂，好像里面少了一点连缀。在学的时候，就好像生怕赶不上，要努力去学。学到的东西又害怕丢失了。学到一些东西，怕自己忘掉了，这当然也是一个方面。但这还是比较粗浅的一个方面，更深一层的，就是被遮蔽的良知好不容易被唤醒，又被遮蔽了。就像乌云遮日一样，太阳好不容易露出来了，又被乌云遮蔽，这叫作"犹恐失之"。为什么要"温故而知新"，因为每一次新过的东西，后面又有可能会被玷污。本来就不容易学得，好不容易学得了，又有可能会再度被遮蔽掉。所以说，

"学如不及，犹恐失之"，这是孔子对待学问的战战兢兢的态度。

8-18 子曰："巍巍乎！舜禹之有天下也，而不与焉。"

译："真是伟大啊！舜、禹拥有天下，却好像与自己不相关。"

说：尧、舜、禹是儒家崇奉的三大圣君，是儒家的理想人格、君主的典范。历代大臣向皇帝进谏的时候，都说尧怎么样，舜怎么样，因为这是君王的典范，有普遍的认同感。臣下说皇帝陛下的德行就像尧、舜一样，那是最高的赞美。孔子称赞舜、禹的伟大，因为他们拥有天下，但是好像跟自己不相关。这可以有好几种解释。第一种，是说他们无为而治，不干预，让老百姓按自然规律自己去发展。第二种，是说舜、禹虽然是君王，但是不把天下当成是他们自己个人的，不是说什么东西都归他自己，好像拥有了天下，就拥有了一切，不是这样。舜、禹虽然是君主，但是好像所有东西都不是他们的，这叫作"不与"。天下为公，不私有，舜、禹只是帮助治理。第三种，是说舜、禹的帝位不是争夺而来的，也不是代代相传的。尧、舜、禹的时候，帝位不传给自己的后代，谁有贤能，就把天下让给谁。舜的帝位是从尧那里让过来的，禹的帝位是从舜那里让过来的。舜、禹的帝位都不是自己刻意追求而来，而是别人让给他的，所以说是"不与"。

8-19 子曰："大哉，尧之为君也！巍巍乎，唯天为大，唯尧则之！荡荡乎，民无能名焉！巍巍乎，其有成功也！焕乎，其有文章！"

译：孔子说："尧作为君主，真是伟大！最高大的是天道，只有尧能够效法，尧真是高大啊！（他的）广大浩荡，百姓都无法用言语形容！他已有的功劳，是多么地高大呀！他的礼仪制度，是多么地美轮美奂呀！"

8-20 舜有臣五人而天下治。武王曰："予有乱臣十人。"孔子曰："才难，不其然乎？唐虞之际，于斯为盛，有妇人焉，九人而已。三分天下有其二，以服事殷。周之德，其可谓至德也已矣！"

译：舜有贤臣五人，而天下大治。武王说："我有能干的大臣十人。"孔子说："人才难得，不是这样吗？唐尧和虞舜，一直到周武王那时，（十人之中）有一位是女性，除她之外，只有九人而已。拥有天下土地的三分之二，仍然臣服于殷朝，周朝的德，真可谓是最高的了。"

说：这里所谓的"乱臣"，不是乱臣贼子的意思。恰好相反，"乱臣"指的是能臣干将。乱有治理的意思。乱的小篆字形是两个手在拨弄悬挂在架子上的丝，就是治理丝线的意思，所以乱最初的含义应该是治理。治理丝线看起来非常纷乱，因而乱又有纷乱的意思。同一个词，有完全相反的意思，所以特别需要注意语境。

图8 "乱"字小篆字形

8-21 子曰："禹，吾无间然矣！菲饮食，而致孝乎鬼神；恶衣服，而致美乎黻冕；卑宫室，而尽力乎沟洫。禹，吾无间然矣！"

译：孔子说："对于禹，我没有什么好说的！自己吃得很粗淡，却把祭祀办得很丰盛；自己穿着很简朴，却把祭服做得很华美；自己住的宫室很低矮，却尽量把财力用于建筑沟渠。对于禹，我没有什么好说的！"

子罕第九

9-1 子罕言利与命，与仁。

译：孔子很少谈及利和命，而常常称许仁。

说：此章断句分歧较大。孔子较少谈及谋利之道，也较少和学生直接谈及性、命、天道等抽象高远的概念。"与"有"称许""和"两种意思，这一句有两个"与"字，不同意思相互组合，所以导致了很多种情况。如果把"与"都解成"和"的意思，那就是说，孔子很少谈论利，很少谈论命，很少谈论仁。这肯定不能跟孔子的思想相合。孔子谈论最多的就是仁。仅就字面而言，可以有许多种解释，这时就需要借助孔子思想的整体去解释。孔子到底谈不谈命的问题？从整个《论语》来看，孔子较少谈到命，只是略有涉及，没有专门的思想性的探讨。利孔子肯定很少正面性地谈，谈到了也不是称许，因为他就是教人从功利性中超越出来，去实现对道的追求。基于这样的思想背景，可以把第一个"与"字解释为"和"，把第二个"与"解释为"称许"。把两个"与"都解释为"称许"，似乎也解释得通。孔子对于命是认可的，他尽天命，不否认命，尽人事，听天命，这是他的态度。说孔子称许命和仁，这也解释得通，总而言之，要通过思想的整体返回到文字上来。

9-2 达巷党人曰："大哉孔子！博学而无所成名。"子闻之，谓门弟子曰："吾何执？执御乎？执射乎？吾执御矣！"

译：达巷这地方有人说："孔子真是伟大！学问渊博，没有哪一个名目可以冠到他的名下。"孔子听到了，就跟学生们说："我该专于哪一项呢？是驾车呢？还是射击呢？（如果非得选一样）我还是选择驾车吧！"

注：①钱穆注："古人常为尊长御车，其职若为人下。又以较射择士，擅射则为人上。故孔子谦言若我能专执一艺而成名，则宜于执御也。"②驾车需循道

而行，导引着方向，择"御"暗喻择"道"，此解亦或可通。

说：达巷党人的解释也有些争议，不过不涉及思想的分歧，所以对它不用太纠结。有人把"达巷党"当成一个地名，有人把"达巷"当成一个地名，都可以。这个地方有人赞美孔子，说他真是伟大，学问很渊博，但是没有一个名目可以冠到他的名下。就是说，孔子是通人，不是专家型的人才。中国古代的学者都有这个特点，人文学者都是比较通透的，不拘泥于某一个方面。别人称赞孔子是个通人。孔子听到了，就跟学生说，我如果要做专家，那我该做哪一门的专家呢？我是驾车呢，还是射击呢？六艺里面他学哪一门呢？孔子觉得单学哪一门都不行，有偏颇。如果非得要选择的话，那就学驾车吧。为什么孔子更偏好驾车？驾车是要选择方向的，驾车者就相当于我们所谓的导师，是给人导路、引领方向的人。驾车的时候是行走在大道上的，这个道一语双关，既指车子行走的路，又指求学问道的路。所以孔子说，如果非得选一样，那就选驾车，因为驾车要选择方向，要给人导引方向。

我们现在专业分工越来越细，学问也越来越细。孔子时代专业分工还不是十分突出，中国的知识分子，其实一直到民国，都没有十分突出的专业分工。孔子是一个通才，是一个博学的通人，那个时候因为技术性还不是太强，所以他能做得到。现在基本上很难做到，数学、文学、艺术样样精通，那基本不可能。因为现在越来越精细，一门学问还分门别类，而且也分得越来越细。孔子那个时候还可以做到博学通达，现在就比较难。身处在这个专业分工如此精细的时代，我们该怎么办？通人做不到，仅成为一技之长的专家，那也不行。后来就有了"一专而多能"的话，以图补救专门而狭隘的弊病。但其实是换汤不换药。问题不是出在一还是多上，而是出在技还是道上。仅仅是技术上的修养，修一千种、一万种也救不了修一种出现的问题。形而上的道的修为才能匡救技术的弊病。总要掌握一门心性修养的学问，那是安身立命之基。不妨碍去追求专业性的知识，技术方面必须掌握一门才容易谋生。在这个前提之下，还少不了道的修为。

9-3 子曰："麻冕，礼也；今也纯，俭。吾从众。拜下，礼也；今拜乎上，泰也。虽违众，吾从下。"

译：孔子说："礼帽用麻布来做，这是符合礼的；现在大家都用丝料，这样节俭些，我赞同大家的做法。在堂下行拜礼，这是古礼，现在大家都在堂上行拜礼，我觉得这太骄纵了一些。虽然和大家相违背，我还是选择堂下行拜礼。"

说：这里又见出孔子保守的一面。在不能达到恰到好处的度的时候，他宁愿不及也不愿意太过。麻冕是比较好一点的礼帽，有时候达不到这个标准，就搞简单一点，用丝料也是可以的。这样比较节俭，大家都这样做，那么自己也跟着大家这样做。觐见上级和长辈，在堂下，还没上堂的时候，就应该先行一个拜礼。现在大家为了省事，都是到了堂上再行礼拜，孔子觉得这样就有点骄纵了。堂下比较远的时候拜一下，显得比较重视对方，等走到他跟前，到了堂上再行拜礼，可能就稍微迟了一点。因为还没到堂上两人目光可能就相遇了，不行个礼就有点尴尬。所以孔子觉得到了堂上再行拜礼有点不合适，即使现在大家都这样做，自己也不愿意从众。是不是要随大流，要看合不合理，要有非常明确的独立的判断力。所以人要有一定的思想，要有一定的价值观，有一定的世界观，否则就容易被流俗所左右。从这一则也可以看到孔子对礼的改造意识。有些人对于孔子有误解，觉得孔子是守旧的复古主义，只是一味迷信先王留下来的礼制。从这一则，可以充分地看到，孔子不单单是遵循留下来的礼，他还要思考礼，改造礼。

9-4 子绝四：毋意，毋必，毋固，毋我。

译：孔子杜绝四种毛病：不臆测，不绝对化，不固执，不拘泥于自我。

注：意，即后起的"臆"字，臆测的意思。

说：毋意，毋必，毋固，毋我，这四点要是做到了，人的习性修养就有了一个根本性的转变和提升。我们常犯的毛病，第一个是胡乱臆测。意，通臆，古文字没有偏旁，后来加了个月字旁。我们很多时候就会过度地推测别人，觉得人心险恶，自己也就因此居心不良了。各怀鬼胎，跟人打交道的时候，总是先防着别人，戴着个面具，就像身上穿着防护服一样。这样的话，怎么能交到朋友？如果有一种先入为主的不信任，很难形成良好的心态来对待别人，难有深交，甚至事情也不容易做成。古话说："疑人不用，用人不疑。"用人是要担负一定风险的，用你就意味着相信你，我愿意把所有的后果都承担起来，即使你真的到时候背叛了我，我也已经把这个结果承担在内了。这也反映了儒家对人性的乐观。不排除现实中确实有些人会心怀鬼胎，那这个时候怎么办呢？《雍也》篇孔子说："君子可逝也，不可陷也；可欺也，不可罔也。"仁人君子要有一点智慧，不能傻到任人欺骗利用的地步。考察真相，尽量不被欺骗利用。但绝对不是一来就先入为主地对人有一种提防。坚信人性本善，以这样一种态度去对待别人。有人就说，我们这个社会坏人很多，不得不防。这也不错，我们这个时代跟孔子那个时代的差异性，也要注意到。孔子的时代是一个熟人社会的时代，跟熟人打交道的机会比较多。一般的百姓，平时打交道的也就是左右邻里，陌生人是比较少的。即使有陌生人，打交道的场合也不会太多。我们现在跟那个时候很不一样，我们现在是陌生人社会，如果是在古代的熟人社会的话，那不要紧。防人之心不可无，这个是不会错的。要注意孔子思想的时效性。但是孔子的初衷和精神不能忽视了。他是要告诉我们相信人性。宁愿把事情想得更好一些，也不把事情想得更糟糕。当无法判断事实，拿捏不准的时候，宁愿抱一种乐观一点的态度，宁愿抱一种更加信任的态度。如果确定无疑，对方来者不善，再去采取应对的措施。人和事都是这样，心态会影响结果。把人和事往好里想，人和事会朝着好的方向发展；反之，把人和事往坏里想，则人和事容易朝着坏的方向发展。

除胡乱臆测之外，我们又有绝对化的毛病。真理在一定范围内有效，超过了范围，它就无效了。很多事情不能绝对化，需要抱着一种开放的态度，抱着一种试探的态度。大体是这个样子，应该是这个样子，不敢保证绝对会怎么样。什么都保留一定的空间，保持一种探索的态度。勿意、勿必、勿固、勿我，有一定的内在一致性，从根本上是要破除我执。"我"不是实体，不是不可拆分的，就像桌子和椅子，随时有可能不是桌子和椅子，被人切割一下，就可能变成别的东西。万事万物，因缘和合，像聚合的沙子，随时散掉。"我"也是这个样子，完全固定的我是没有的，不要有一个实体的观念在后面作祟，要非实体化。

9-5 子畏于匡，曰："文王既没，文不在兹乎？天之将丧斯文也，后死者不得与于斯文也；天之未丧斯文也，匡人其如予何？"

译：孔子被围困在匡地的时候说："周文王死了以后，他的道不就传到了我的手上吗？上天如果是要消灭这种道，也就不会使后死的人掌握这种道；上天如果不是要消灭这种道，匡地的人又能把我怎么样呢？"

说：这个事件的背景，《史记》里面有一些记载。孔子周游列国，在匡地被人围困。因为孔子长得很像鲁国贵族季氏的家臣阳虎。阳虎曾经侵犯过匡地，匡人把孔子误认作阳虎，就强行把他和他的弟子们包围起来。这是一场误会，但是孔子不知道，莫名其妙，不知道为什么被人围住了。他面临着死亡的威胁，以为要有坏事情发生。这个时候，我们看孔子是怎么样的一种心境。他很坦然，没有对死亡的恐惧。庄子不怕死，我们可能好理解一些。在庄子的观念里面，死和生一样，是人的生命的两个不同阶段，死是生的延续，就像火柴烧灭了一样，他的能量会传递到另外一个地方去，薪火相传。孔子是不思考死后的情形的，孔子的不惧死亡，要从他的仁道思想里面得到理解。面对死亡，孔子表现出的不是惧，也不是忧，而是几分遗憾，几分豁达。这时候他心里计较的不是私心私欲，而仍然是他一生为之奔走的仁道和礼义。孔子奉行仁道，并继承了周初的礼乐制度，他自信地认为自己所坚守的道乃是天下应行之道，他的生死决定着是不是"天之将丧斯文"。即便如此，孔子也是豁达的，如他自己所说，道将要盛行，这是命，道将要废弃，那也是命。自己的生死固然将一时影响仁道的兴衰，但仁道的兴衰终究也由天命决定，由天下之人共同决定，所以个人也就没有什么好忧虑的。孔子面对死亡的时候，他脑袋里想的不是自己还有什么个人的愿望没实现，有哪些欲望没有得到满足。他满脑子都是自己身上继承的仁道思想。他觉得儒家掌握了天下之大道，不是说自己一个人就代表着整个儒家，自己只是儒家的一个代表，儒家的仁道比较集中地继承在自己身上。不管匡人是否进来杀害自己，也决定不了文明的大走向，孔子死了，还有那么多崇尚儒学的人，还有那么多遗留的文献。大道是消灭不掉的。他的最高价值追求，不会随着个人的死亡而消亡，所以他很坦然。常人为什么怕死？因为，他个人所追求的东西都是他个人的，名声是个人的名声，权力是个人的权力，个体死亡了，伴随着这个个体的一切也就全部跟随着一起消亡，所以就会怕。平时追求的东西都是个人化的东西，个体一旦死亡，就意味着什么都没了。怕死的人就是惦记着明天，惦记着个体的生命延续到明天会怎么样。孔子追求的最高价值不是系于他一个人的个体生命，也就是说不是为私的，而是为公的。这个时候最害怕他死的不是他自己，而是受他恩泽的人群。他们的生命，天下人都在为他们操心，为他们操心就是为自己操心。一个人活到天下为公的境界，就会是这个样子。孔子在这个地方充分体现了一种大境界。一个人如果去掉了私欲，他面对生死的时候，反倒坦然。为了个人利益追寻奔波的人们，反倒很怕死。这一则里面有很多值得思考的问题，可以想到性和命，可以想到生和死，可以想到公和私……内涵非常丰富，不能完全详尽，需要反复细心揣摩。

9-6 太宰问于子贡曰："夫子圣者与？何其多能也？"子贡曰：固天纵

之将圣，又多能也。"子闻之，曰："太宰知我乎！吾少也贱，故多能鄙事。君子多乎哉？不多也。"牢曰："子云：'吾不试，故艺。'"

译：太宰向子贡问道："孔夫子是位圣人吧？为什么他能掌握这么多本事呢？"子贡说："大概是上天让他成为圣人，又让他多才多艺吧。"孔子听到了，说："太宰知道我的情况吗？我小时候贫贱，所以掌握了许多技能。君子一定要追求技能多吗？不需要的。"子牢说："先生说过：'我年轻时没有去做官，所以学了不少技能'。"

说：孔子说自己小时候很贫贱，所以掌握了很多技能。因为要谋生，如果不掌握一些技能，可能吃喝都成问题。如果不是不得已，他觉得不需要掌握太多技能。因为一个人的精力有限，如果学习的技能太多，可能会妨碍了求道的工夫。只有很专一，才能把事情学得很精通。这一点荀子在《劝学篇》中有充分的发挥。技能都是形而下的，形而下的东西，掌握一门可以谋生就可以了。两门、三门也可以，但是不要太多，不要贪多，更不要跟人比较，不是越多越好。最根本的是要立足于求道。这就是孔子对待知识的态度，也基本是整个中国传统文化对待知识的态度。求知欲也是一种欲望，如果求知欲欲壑难填，也容易出问题。要把握一个度，而且要知道本末。如果没有立住根本，掌握很多的东西，有时候反倒容易误入歧途。开宋学先河的胡瑗，其教人之法，设经义、治事两斋。经义皆需明六经，而治事则一人各治一事。这种分科，非常明了道与技之分，道以通，技以专，即使在当下，也很有借鉴的意义。

9-7　子曰："吾有知乎哉？无知也。有鄙夫问于我，空空如也，我叩其两端而竭焉。"

译：孔子说："我算是有知识吗？还算不上有知识（无知）。有些没什么文化的人来向我提出一些疑问，我也没有答案，只是从正反两方面叩问，穷尽所能而已。"

注：空空：内心无物。或解为"悾悾"，诚恳的样子。

说：孔子"勿意，勿必，勿固，勿我"的修养，在这里得到了很好的体现。他说：我算是有知识吗？我感觉到自己空空如也。孔子肚子里装的东西多得很，但他把我执消除掉了，没有说非得怎么样不可。自己掌握的知识也未必就是完全的真理，所以说自己"无知"，是一种虚空的状态。知识不是让人拿过来做教条的，没有固化的标准，不以自我的见识为准绳，就像一把尺子一样，这里量一下，那里量一下。知识只不过是为探索提供了一些条件而已。碰到任何具体的事情，任何具体的场景，仍然要虚空出来，继续探索，这就是"勿意，勿必，勿固，勿我"。没有固定的要怎么样，就是一种虚空的状态、待定的状态。

"鄙夫"不是贬义词，只是指那些没有受过很多教育的人。比如那些乡野的农民，平时受教育的机会少一些，读的书少一些，所以他们就会来问孔子一些问题。这些人来问孔子，孔子怎么办呢？他就感觉自己好像没知识一样，只是一起探索，"叩其两端而竭焉"。事情一般有正反两面，当然，有时候扩展开来，有三种、四种、五种可能性，但是一般情况下就是正反两面。"叩其两端"就是把正反两面的可能性考虑到，两个人一起探讨一下，如果是这种情况会怎么样，如果是那种情况又会怎么样。根据已有的知识，运用到具体的事情上，可能结果会怎么样。就是说，以前的所有知识都只是提供了一种工具，提供了一个条件，来给"叩其两端"做准备。不是说标准一拿过来就量，已有的知识和观念一拿过来就判断是非。不论是自然科学的真理，还是为人处世的真理，都是这个样子。

9-8 子曰："凤鸟不至，河不出图，吾已矣夫！"

译：孔子说："凤鸟不飞来，黄河没有出现瑞图，我也是没有什么办法了。"

说：有时候孔子也有感慨，就像常人一样，他很多时候也说一些非常寻常的话，不是每一句话都充满哲理。比如孔子在这里说"凤鸟不至，河不出图，吾已矣夫"，好像很迷信，凤凰不来，黄河不出现祥瑞，这个世界就好像要完了。如果这样机械地理解，就会把孔子看得很迷信。他面对乱世，有时候也有感慨，也有牢骚，顺口就说了这样一句话，没有什么实质性的思想在里面。

9-9 子见齐衰者、冕衣裳者与瞽者，见之，虽少必作；过之，必趋。

译：孔子遇到服丧的人，做官的人，眼盲的人，即便他们比自己年轻，也一定会站起身来。从他们身旁经过，一定会小快步走过。

注：齐衰亦作"齐缞"（zī cuī），丧服，"五服"中列位二等，次于斩衰。

说：这是孔子仁心仁行的表现，被学生记录下来了。学习孔子的仁学思想，除了理性的把握，更要有感性的把握。感性的把握就是通过具体的事例和细节，《论语》里面有好多，这里就是一处。通过具体的事例和细节去体察，去熏染，这种感染力常常要比理性思想的感染力还要强。

9-10 颜渊喟然叹曰:"仰之弥高,钻之弥坚。瞻之在前,忽焉在后。夫子循循然善诱人,博我以文,约我以礼,欲罢不能。既竭吾才,如有所立卓尔,虽欲从之,末由也已。"

译: 颜渊慨然感叹道:"越是抬头看,越是觉得他高大;越是钻研,越是感到他的艰深;一会看似居于前面,一会看似居于后面!先生循循善诱,使我不断广博学养,使我得到礼仪的规范,让我欲罢不能。已经充分发掘了我的才能,我跟前好像立着一座高峻的大山,虽然想着继续进一步追赶,但实在是无路可行了。"

说: 颜渊对孔子是佩服得五体投地的。他感觉孔子的伟岸人格,就像高山,越看越觉得高大。平时要是不钻研,也就觉得他很稀松平常。对他说的一些话如果仔细揣摩,仔细钻研,就越发领会到他的博大精深。孔子很谦虚,很平实,要是不跟他谈学问,谈思想,就感觉他好像跟常人没什么两样,比较平庸。只有深入接触,钻研他的学问的时候,才体会到他的高大。这就是圣贤气象。《论语》里面有很多学生对孔子的赞美,可以让人感受到一种伟岸的人格。

9-11 子疾病,子路使门人为臣。病间,曰:"久矣哉,由之行诈也!无臣而为有臣,吾谁欺?欺天乎?且予与其死于臣之手也,无宁死于二三子之手乎!且予纵不得大葬,予死于道路乎?"

译: 孔子得了重病,子路组织学生们充作家臣做好治丧的准备。等到病好了一些,孔子说:"仲由行诈也太久了!我没有臣下却装作有臣下,我能欺骗谁呢?能欺骗上天吗?况且,我与其死于臣下跟前,还不如死在这些学生跟前!就算我没能以大葬礼下葬,难道我还致于死于路边无人安葬吗?"

说: 孔子得了重病,子路年长一点,所以他就组织同学们做好治丧的准备。孔子本来没有太多家臣,就学生多一点。子路就找了一些孔子的学生来充当家臣。为了表示礼节,把丧礼办得规模更大一些,更隆重一些,他就组织了一些人来扮演家臣。孔子知道了这个事情,就有点不开心。等他病好了一些,就责备说,子路真是诡诈,我本来就没有什么家臣,却故意找一些人来充当家臣,我欺骗谁呢?欺骗上天吗?上天岂能欺骗,欺骗的只是自己而已。而且,自己学生那么多,不也是很体面吗?家臣多未必比学生多显得体面,为什么要用学生来装扮家臣呢?实事求是,不是更好吗?与其死在家臣面前,不如死在学生面前。这里也可以看到孔子跟学生关系的紧密。孔子觉得老师的身份要比做官的身份更让他骄傲。孔子又说，即使得不到大葬，自己还会死在道路上没人埋吗？不至于。还有孩子，还有学生，虽然得不到很隆重的大葬，一般规格的丧礼，他们还是可以办得到的。孔子一生不追求奢华，最重要的是他要遵循礼节，是什么身份，就要以什么样的规格来葬。

9-12 子贡曰："有美玉于斯，韫椟而藏诸？求善贾而沽诸？"子曰："沽之哉！沽之哉！我待贾者也。"

译：子贡问："有美玉在这，是放到盒子里藏着呢，还是该找个识货的把它卖了呢？"孔子说："该卖！该卖！我只是等着能识货的。"

9-13 子欲居九夷。或曰："陋，如之何？"子曰："君子居之，何陋之有？"

译：孔子想到东方蛮夷居住的地方去。有人说："那里很粗陋，怎么去那里呢？"孔子说："有君子住到那里去了，又怎么会粗陋呢？"

9-14 子曰："吾自卫反鲁，然后乐正，《雅》《颂》各得其所。"

译：孔子说："我从卫国回到鲁国，才把乐整理规范，雅和颂都得到了各自的安置。"

说：孔子从卫国回到鲁国以后，把诗乐重新整理了一遍。孔子的贡献不仅仅在于《论语》，他晚年修订了《诗》《书》《礼》《乐》《易》《春秋》（六经），基本奠定了后世儒学的格局。

9-15 子曰："出则事公卿，入则事父兄，丧事不敢不勉，不为酒困，何有于我哉？"

译：孔子说："在外事奉公卿，在家事奉父兄，遇到丧事不敢不尽力，不被酒瘾所困，这些对我来说有什么难处呢？"

9-16 子在川上曰："逝者如斯夫！不舍昼夜。"

译：孔子在河边说："时光流逝如河水这般，哪会管它是白天还是黑夜呀！"

说：不舍昼夜的舍字用得非常好。不吝啬白天和黑夜，不舍弃白天和黑夜，好像抢着要流逝一样，白天黑夜都不管不顾。孔子在这里感叹时光的流逝，在思考时间。孔子大概经常对着流水感叹，这一点从《孟子》一书中可以知道：徐子曰："仲尼亟称于水，曰：水哉，水哉。何取于水也？"孟子曰："原泉混混,不舍昼夜,盈科而后进,放乎四海。有本者如是,是之取尔。苟为无本,七八月之间雨集,沟浍皆盈;其涸也,可立而待也。故声闻过情,君子耻之。"(《孟子·离娄下》)

9-17 子曰:"吾未见好德如好色者也。"

译:孔子说:"我没遇见过喜好德行甚于喜欢美色的。"

说:孔子承认好色之心人皆有之,这是人之常情。男女恋爱相思的《关雎》被放在《诗经》的第一篇,就有可能是孔子的编排。好色而不淫,没有什么好指责的。孔子觉得应该好德胜于好色,遗憾的是很少有人能好德甚于好色。

9-18 子曰:"譬如为山,未成一篑,止,吾止也;譬如平地,虽覆一篑,进,吾往也。"

译:孔子说:"就像堆土成山,在还差一筐就要完成的时候,如果停止了,就是自己停止了;在平地刚要开始的时候,即便只堆上一筐,如果努力向前,那也是自己在向前。"

说:孔子这里说的就是尽心尽力的为仁之道。为仁就像堆土成山,平地刚要起步,刚要堆的时候,只往上堆一筐,那也是在向前,也是在为仁。为仁不在于山堆得有多高,而在于尽心的程度有多深。山虽然堆得很高了,如果停止,就算还有一筐没有堆成,也是不仁。

9-19 子曰:"语之而不惰者,其回也与!"

译:孔子说:"对说过的话能不懈怠的,大概只有颜回吧!"

9-20 子谓颜渊,曰:"惜乎!吾见其进也,未见其止也!"

译:孔子评价颜回,说:"(死了)真是可惜呀!我只看到他不断进步,没有看到他原地止步。"

说:"惜乎"的对象被省略掉了,所以有点不好理解。孔子说可惜,可惜的是什么?"吾见其进也,未见其止也",这个没有什么好可惜的,肯定不是"惜乎"的对象。孔子感到可惜的,就是颜渊的去世。古文言简意赅,有一种简约之美。但也正因为古文的简约,有时候导致难以理解,主语和宾语省略的情况非常常见,需要根据语境去补充。

9-21 子曰:"苗而不秀者有矣夫!秀而不实者有矣夫!"

译：孔子说："长了苗而没有吐穗开花的，这样的有吧！吐穗开花了而没有结果实，这样的也有吧！"

说：苗、秀、实，是果实成熟经历的三个阶段。苗就是抽苗，秀就是开花，实就是结果。孔子感叹，一个阶梯比一个阶梯难。对应到学问上，有些人不愿意学，没有学习的苗头；有些人愿意学，但是没有学道；有些人学了道，但是又不能遵道而行。

9-22 子曰："后生可畏，焉知来者之不如今也？四十、五十而无闻焉，斯亦不足畏也已。"

译：孔子说："后生可畏呀，哪里知道后来者的成就不如现在人的成就呢？人到了四五十岁仍然没有什么值得称道的，那么这种人大概也就不足为畏了。"

说：这里有一定的意气的成分在里面。孔子虽然是圣人，但是他说话有时候也有一些意气。跟着自己思想的调子，情绪有时候也会渲染一下，不要太过机械地去理解，四五十岁以后才成器的大有人在。年轻人不可限量，有无限的可能，到了四五十岁就基本定了调了，一般人确实也是这个样子。

9-23 子曰："法语之言，能无从乎？改之为贵。巽与之言，能无说乎？绎之为贵。说而不绎，从而不改，吾末如之何也已矣。"

译：孔子说："合理的告诫之辞，能有不接受的吗？只有能真正改过才算是可贵。恭维的话，能有听了不高兴的吗？只有冷静分析才算是可贵。只知道高兴，却不知道冷静分析，只知道道理上接受，却不知道如实改正，这种人我能拿他怎么办呢？"

说："法语之言"是大家不乐意听的，"巽语之言"是大家乐意听的。什么是"法语之言"？法就是法度准则，"法语"就是经常来告诫人该怎么做才合法度的言语。要早睡早起，要讲诚信……这些让人生烦，让人觉得婆婆妈妈的言语，都是"法语之言"。"法语之言"从道理上大家都会接受，一听都知道有道理。例如早睡早起是好习惯，大家都认可，不至于反对。但是认可归认可，还是不会照做。所以说，"法语之言，能无从乎！改之为贵。""法语之言"要认可比较容易，难能可贵的是能依照它来改正自己的毛病。身上有毛病，别人指出了，有时很难承认，承认了，要真正改过也难。什么又是"巽语之言"？巽，就是顺。八卦里面有巽卦，卦象是风，特性是顺从。恭维的话，让人听得很耳顺，很舒服，很顺心，让人美滋滋的，这就是"巽语之言"。恭维的话，谁听了都会开心，贵能冷静地去反思分析。被人恭维，开心是人之常情，孔子也没有否认，也通人情。他提醒的是要保持冷静清醒，对方是否在说实话，有多少夸张的成分，自己心里要有点数。

9-24 子曰："主忠信，毋友不如己者，过则勿惮改。"

译：重出，见《学而》篇第八则。

9-25 子曰："三军可夺帅也，匹夫不可夺志也。"

译：孔子说："一国军队，可以夺去它的主帅；一介匹夫，却不可夺去它的意志。"

说：人是有自由意志的，一介匹夫，要夺掉他的意志，是夺不掉的。无从夺起，别人脑子里想的事情，不能左右。手脚可以被绑住，外在的力量可以强制他的身体，意志是外在力量左右不了的。仁就是一种自由意志，所以孔子说："我欲仁，斯仁至矣。"

9-26 子曰："衣敝缊袍，与衣狐貉者立，而不耻者，其由也与？'不忮不求，何用不臧？'"子路终身诵之。子曰："是道也，何足以臧？"

译：孔子说："穿着破旧的棉絮袍子，与穿着狐衣貂裘的人站在一起，然而不感到耻辱难堪，要数仲由了吧！（《诗经》说:）'不嫉妒，不贪求，哪有不好的？'"子路听到后，经常诵读这两句诗。孔子说："这个样子的话，哪里算得上尽善呢？"

说：类似的情境在《论语》中出现多次，孔子表扬子路一番，子路就把尾巴翘到天上去，子路一旦把尾巴翘到天上，孔子又把他的尾巴给掰到地上来。

9-27 子曰："岁寒，然后知松柏之后凋也。"

译：孔子说："天气变冷的时候，才意识到松柏是最后凋零的。"

9-28 子曰："知者不惑，仁者不忧，勇者不惧。"

译：孔子说："智慧的人不会困惑，仁爱的人不会忧愁，勇敢的人不会害怕。"

9-29 子曰："可与共学，未可与适道；可与适道，未可与立；可与立，未可与权。"

译：孔子说："可以一起学习的人，未必可以一起求道；可以一起求道，未必可以一起守道；可以一起守道，未必可以一起权变。"

说：能在一起学道，已属难得。更难的是可以一起坚定地守道。一个原则，一个道理，不单单是学习了，明白了，还须要去贯穿，去坚守。即使是可以一起学习道的那些人，未必可以一起去坚定地去执守。有些人可以一起执守，立场很坚定。立场很坚定容易犯一个毛病，就是会比较迂腐。儒家的很多道理是特别需要权变的。这个就比较难，要么就不知道权变，要么变来变去又容易没有立场了。到底该怎么去拿捏，这是非常考验人的修养和能力的。怎么把握，这里面没有条条框框可以去参考，不像法律条文有一条条固定的参考，可以对着去执行。儒家的道德教义要靠个人去权变，这就很麻烦。儒家有许多含混地带，儒家的长处在这，局限性也在这。法制社会制定的各种法度，从宪法到地方法，那么多的条条框框已经规定得非常细了。尽管如此，完全按法律条文去执行，也会出现很多问题。很多时候我们确实要面对一些模糊地带，这是不能回避的。我们要以模糊的办法来处理模糊地带，想用清晰的办法，反倒处理不了。

9-30 "唐棣之华，偏其反而。岂不尔思？室是远而。"子曰："未之思也夫？何远之有？"

译："唐棣树的花呀，正翩翩地摇摆着；我岂不是在想着你？只是你住得太远了啊。"孔子说："那是还没有思念太深，思念够深，还有什么远不远的呢？"

说：反就是翻，花瓣翻过来了，被风吹着，翩翩起舞。可以想象一下，风吹花瓣的时候，花瓣摇摆，正反相翻，画面感很强，很能引起联想。诗人就用这个画面做了一个起兴，说唐棣树的花正在摇摆，其实我也很想你，只是我住得太远了。孔子读到这个地方，就做了一个评论。他说，是作诗的人思念得还不够深，如果思念得够深的话，还有什么远不远的，再远都会跑过去。

乡党第十

《乡党》篇是《论语》里面最特殊的一篇，刚好在《论语》的正中间。这篇在《论语》中稍微有一点违和感，和《论语》其他篇章的风格有较大差异，记载的内容也有些特殊。其他篇章讲思想、讲事件的偏多，《乡党》篇较少讲思想和事件，更多讲的是一些礼节。不同的人对这一篇的重要性的定位会不一样。有些人觉得这一篇不是太重要，觉得它有点琐碎，讲的都是一些寻常非常琐碎的节目。但是有些人又刚好觉得它很重要，觉得孔子的仁学，贯彻得最具体的就在于《乡党》篇。仁者见仁，智者见智，这个可以先不管它。先试着理解它，理解了以后，有兴趣就多读一些，没兴趣就少读一些。把《论语》里面最能为自己所用的东西拿来多去消化就可以了。宋朝的赵普说，半部《论语》治天下。不单单是《论语》，其他任何一本书也是一样的道理。先试着去理解它，有了基本的理解以后，再去反思，去消化。觉得好的地方可以为自己所用，不好的地方可以展开批判。如果一本书（尤其是经典）读下来全都觉得没用，那就说明还没读进去。

10-1孔子于乡党，恂恂如也，似不能言者。其在宗庙、朝廷，便便言，唯谨尔。

译：孔子在乡里，温恭谦逊，好像不怎么能说话。他在宗庙朝廷，却能侃侃而谈，只是比较谨慎。

注：①党：古代地方户籍编制单位，五百家为一党。②恂恂：温恭信实之貌。③便便：擅长言语的样子。

说：《乡党》篇在语言上会稍微难一点，有不少生僻字出现。"恂恂如"就是一个比较偏僻的词，形容温恭信实的样子。这里可以看到孔子的两种状态，一种是在小场合，一种是在大场合，孔子在这两种场合跟常人的状态有些相反。

在弱者面前显强，在强者面前显弱，那一般是修为不到的人的状态。如果修为到了，就会反过来。就像孔子一样，在乡里，在寻常百姓面前，他很谦虚，好像不怎么能说话。在宗庙朝廷的大场合，孔子侃侃而谈，只是比较谨慎。这不是孔子自己说的，是旁观的学生对他的记载，收录在《论语》里面，让我们可以看到一种君子的人格气度。

10-2 朝，与下大夫言，侃侃如也；与上大夫言，誾誾如也。君在，踧踖如也，与与如也。

译：上朝的时候，和下大夫说话，和乐而敬；和上大夫说话，中正而敬。君主来了，恭敬庄重而又安详舒缓。

10-3 君召使摈，色勃如也，足躩如也。揖所与立，左右手，衣前后，襜如也。趋进，翼如也。宾退，必复命曰："宾不顾矣。"

译：鲁君使孔子去接待外国的贵宾，表情庄重，脚步戒惧慎重。和左右同立的人作揖，左右拱手，衣服俯仰摆动，却整齐不乱。中庭趋进时，像鸟儿舒展翅膀。贵宾辞退了，一定跟君主复命，说："客人不再回头了。"

说：摈，提手旁加个宾字，宾就是贵宾，加个提手旁表示动作，就是接待外宾。勃如，就是很庄重。勃然大怒，就是后来演变的一个词。一个人发怒的时候，他的表情是很严肃、很正经、很认真的，没有人在发怒的时候还嬉皮笑脸的。勃如，起初就是严肃正经的意思。所谓的勃然大怒，就是说不是跟你闹着玩了，不是跟你嬉皮笑脸了。孔子去接待外宾的时候，色勃如，表情比较庄重，比较正经，很严肃。"躩如"就是戒惧慎重的样子，走路很小心、很谨慎，不会大大咧咧，不会很随意地走。接待外宾的时候，一般左右都会站着人，对这些人，先左右作揖，表示尊敬。衣服也要整理整齐，方法是前后摆动摆动，把衣裙捋顺。春秋之际，人们穿的衣服是有裙摆的，不管是男是女，都穿裙子。裙子很容易错乱交叠在一起，这就不整齐，不端庄。所以时常要前后晃一晃，把它捋整齐。"襜如"，就是衣服平整的样子。作揖之后要继续往前，近距离接触。怎么前进呢？脚步要很舒缓，像小鸟展翅一样，很轻盈。外宾走了以后，一定要回来跟君主复命，告知把外宾送走，不再回头。这个时候就可以轻松一点了。

这里记载的是孔子外交的情景，我们现在肯定不会这样，现代人没有这么拘谨的。现代人读了《论语》，也没有哪个会跟着孔子这么做。这就是时代性，不需要特意去说，靠着直觉，也不至于会迂腐到要跟着做的程度。读《论语》，不是学循规蹈矩，死守教条。然而读这一则也不是说就没意义。通过这一则，可以比较清楚细致地了解到当时外交的风俗和礼节。更重要的是，通过这一则，可以体味孔子的敬的心理状态。

> 10-4　入公门，鞠躬如也，如不容。立不中门，行不履阈。过位，色勃如也，足躩如也，其言似不足者。摄齐升堂，鞠躬如也，屏气似不息者。出，降一等，逞颜色，怡怡如也。没阶，趋进，翼如也。复其位，踧踖如也。

译：在经过公门的时候，常常要恭敬地收敛身躯，好像公门容不下他的身躯一样。不在门中间站立，也不把脚托到门限上经过。经过国君经常坐立的位置，面色矜庄，脚步谨慎，说话也好像不够多。走上大堂的时候，屏气凝神，脚步谨慎，好像不能呼吸的样子。从堂上下来，走下一级台阶，面色就宽舒了，一副怡然和乐的样子。下完台阶，小步趋近，像鸟儿舒展翅膀。回到原来的位置，又是一副恭敬的样子。

说：鞠躬如，也就是恭敬地收敛身躯，我们现在的鞠躬就是俯身子，俯身子也就是收敛身躯。跟它相反的是，展手展脚，挺首昂胸，摆手摆脚，这是很傲慢的样子。我们形容一个人傲慢，有时就会说他横着走路，走螃蟹路。鞠躬如，就是身体微缩，表示恭敬。公门属于公共场合，公共场合要表示一种尊敬。

"立不中门，行不履阈"，就是说站的时候不要在门中间站着，也不把脚托到门限上经过。这种讲究前几十年在农村还很常见。门是大家进进出出的地方，站在那里一方面碍着别人，不方便进出。再者，站在那里确实也不雅观。经过大门的时候，把脚抬起来，抬得足够高，一是表示利索，不拖拖沓沓。再者，这种讲究也是对门槛的保护，门槛是木头的，很容易被磨平。许多老宅的门槛中间常会有一个凹下去的坎子。时间长了，门槛中间会陷出一个坎，因为进进出出多了，木头自然就会被磨掉。门槛破坏得太严重，就需要换掉。如果是小门，槛不是太高，脚一抬就进去了。如果是大宅，门很大，门槛就很高，小孩子一般是迈不进去的。尤其是庙宇的门，每天几百上千号人进出，如果说每个人都在门槛上蹭，可能很快就要换门槛。如果说大家都能做到"行不履阈"的话，就可以很好地保护门槛。更根本的应该还是为了表示一种敬，表示行为不拖沓。古时候的很多讲究，我们现在看起来莫名其妙，因为脱离了当时的背景和语境。

10-5 执圭，鞠躬如也，如不胜。上如揖，下如授，勃如战色，足蹜蹜如有循。享礼，有容色。私觌，愉愉如也。

译：拿着君主赐予的圭，非常恭敬谨慎，好像举不起来的样子，向上举好像在给人作揖，向下好像要递交给别人，面色矜持庄严，脚步紧凑，好像沿着一条线在走。献礼物的时候，和颜悦色。私下相见，则轻松愉快。

说：孔子有两种状态，一种是很轻松很欢愉，这种状态就是跟平辈或者跟下级，或者平常日常生活的一种状态。到朝廷办政事，到宗庙里面祭祀等这样一些大的场合，他则表现得非常谨慎戒惧，这有集体心理的作用在里面。我们常听到这样的话，说有些人戴着面具在过活。人格不是一个固定的东西，他是决定于对象的，如果没有打交道的对象，人格也就不存在。马克思说过，人是所有社会关系的总和。跟不同的人打交道，就有不同的面具，所有的面具加起来，就是一个人的脸面。不是说面具就是假的。每一个面具都是真的，但是面具不只是一面。跟不同身份的人相处的时候，会有不同的方式、不同的心态、不同的言语、不同的态度，就是人有很多套面具。其实面具也是合理的，也不能就简单说成是虚伪。任何一个面具也都是真的。有些人可能平时大大咧咧，嬉皮笑脸，一旦碰到长辈，就很端庄，也不要说那就是假的。那也不叫作装，两边都真实，只有把所有的面具加到一起，那才是比较全面的真实。任何一个局部也是真实，那是局部的真实，局部的真实加起来，就是全面的真实。像孔子这样，平时愉悦活泼，在政治和宗教场合就严肃正经，能因此就说孔子是伪君子吗？"伪君子""真小人"，这是常听到的。好像君子做不得，想做君子就显得有些虚伪。做了小人，好像反倒显得真诚。儒家有它的理想，理想是任何人都达不到的，不要因为主张的理想达不到，就说他是伪君子，用一个"伪"字，把人家付出过的努力也全部否定了。有人主张要做好人，有人就出来反驳，说你自己都不是好人，还要教人做好人，你不是伪君子吗？天天说这要做好，那要做好，其实你自己很多地方也没有做到位，别人就把你那些没做好的揪出来，说你是个伪君子。这就很令人无奈。到底是不是"伪君子"要看情况。有些人是故意要虚伪，嘴上说一套，嘴下做一套，故意骗人，这可以叫作伪君子。小说和电视中这种人很多，现实生活中这种人其实是不多的。更多的情况是，想要达到一个目标，在努力朝那边做，但是也有一些地方没做好，被人挑三拣四,被人说成是"伪君子",这种情况往往更多。当然也不否认现实中有许多虚伪,这个要去辨别。对人性还是要有信心的,有时候处在边缘地带,拿捏不准的时候,宁愿乐观一点。

10-6 君子不以绀緅饰,红紫不以为亵服;当暑,袗絺绤,必表而出之。缁衣羔裘,素衣麑裘,黄衣狐裘。亵裘长,短右袂。必有寝衣,长一身有半。狐貉之厚以居。去丧,无所不佩。非帷裳,必杀之。羔裘玄冠,不以吊。吉月,必朝服而朝。

译: 君子不用绀色和緅色做服饰的镶边,不用红色和紫色来做平常居家的衣服。当暑之际,可以穿葛单衣,但外出一定加一件外衣。黑色的衣服配羔裘,白色的衣服配麑裘,黄色的衣服配狐裘。居家穿的衣服长一些,但右边的袖子短一些。狐貉皮厚,可以用来垫坐。服丧期满后,没有什么不可以佩戴。紫羊皮衣,黑色的帽子,一定不穿戴着去吊丧。每年正月,一定穿着朝服去朝贺。

说: 这一则有好多生僻字,不像日常语言,比较书面化。没有"子曰"的字样,也没有明确标明与孔子相关。《乡党》篇许多都是这样,很有可能是从一些与礼仪相关的典籍中抄录出来的文本,也有可能是经孔子讲述的相关礼仪的文本。

绀和緅,都是布料的颜色。绀,即深蓝色;緅,即赤青色,黑里面带点红的颜色。饰,服饰的边缘叫作饰,衣领和袖领,都需要缝边,即所谓的"修饰"。我们现在有个词叫作不修边幅,不修边幅就是不修饰,就是不镶边。衣服的边缘地带一般都需要缝补修饰一下,这就叫作修边幅。为什么不用绀色和緅色来做服饰的镶边呢?因为绀色和緅色容易跟黑色混淆。黑是正色,是最正规的颜色,朝服和一些祭祀的服装,都用黑色来做,以表庄重严肃。所以一般不以绀色和緅色来做镶边。红色和紫色也属于比较正的颜色,不用来做平常居家的衣服。袗,就是单衣。絺绤,葛布的统称,葛之细者曰絺,粗者曰绤,引申为葛服。夏天可以穿葛单衣,但是一定加一件外衣。葛服比较随意,不那么正规。外出加一件外衣,一方面为避免着凉,另一方面,待人接客显得庄重正规一点。吉月就是每年的正月。"吉月,必朝服而朝",可见年初相互朝拜的礼仪在先秦就已经风行了。我们现在的拜年,很有可能就是这种传统的一个延续。

10-7 齐,必有明衣,布。齐必变食,居必迁坐。

译: 斋戒,一定要有用布做的浴衣。斋戒一定改变饮食,改变居所。

注：明衣：①古人在斋戒期间沐浴后所穿的干净内衣。②古代死者洁身后所穿的干净内衣。③神明之衣。

说：斋戒是很有讲究的。斋戒的时候，一定要穿布做的干净的衣服。斋戒之前，还要进行沐浴，把身上洗干净，衣服也要干净。饮食也有特别的要求，比如不沾荤腥之类。有些人觉得荤腥的东西比较脏，所以斋戒之际不沾荤腥。斋戒的时候往往还要禁欲。斋戒之前的几天，可能一个人住在一个房间里。日常居处的地方可能不太干净，或者易受干扰，所以斋戒的时候要改变居处的场所。如果家庭条件好一点，可能就换到另外一个房间去了。如果家庭条件不好，没有条件的，就打扫清洗一番。

10-8　食不厌精，脍不厌细。食饐而餲，鱼馁而肉败，不食。色恶，不食；臭恶，不食。失饪，不食；不时，不食。割不正，不食；不得其酱，不食。肉虽多，不使胜食气。唯酒无量，不及乱。沽酒市脯，不食。不撤姜食，不多食。祭于公，不宿肉。祭肉不出三日，出三日不食之矣。食不语，寝不言。虽疏食菜羹瓜祭，必齐如也。

译：粮食不嫌舂得太精，鱼肉不嫌切得太细。粮食霉烂发臭了，鱼和肉腐烂发臭了，都不要吃。颜色变坏了的不吃，气味变坏了的也不吃。烹饪不到位的东西不吃，没到时节的东西不吃。胡乱切割的东西不吃，调料不当的东西不吃。席上肉食即使很多，也不要吃得超过了主食。喝酒不限量的多少，只是不要喝醉罢了。过夜的酒以及街上买的肉干不吃。（饭后）姜不撤走，但不能多吃。公家助祭的肉，不能留到第二天。自家祭祀的肉，留放不超过三天，超过三天就不能再吃了。吃饭的时候不说话，临睡觉时也不说话。虽然是粗粮蔬汤瓜果的祭祀，也一定同样斋敬。

说："食不厌精，脍不厌细。"有一种解释是：粮食不嫌舂得太精，鱼肉不嫌切得太细。钱穆先生的解释是：吃饭不会因为米舂很精就多吃，鱼肉不会因为切得很细就多吃。意思就是告诉人们要注意节制饮食。两种解释都有一些让人不明就里，稀里糊涂，疑者还疑。《笑禅录》还生出一则笑话：

有位道学先生教人家，只要深切体会得一两句孔子的话，便终生受用不尽。有位少年一听，就向前对这位先生作礼说道："我对孔子的两句话有会于心，念念于怀，觉得非常贴切，而大有心广体胖之效。"先生问："是哪两句？"答道："食不厌精，脍不厌细。"

"食饐而餲，鱼馁而肉败，不食。"粮食霉烂发臭了，就不要再吃了；肉质变坏了，也不要再吃了。这是很实在的，有利于健康。古代科学没有我们现在发达，条件也没有我们现在这么好，没有冰箱，而且食物比较有限，家庭条件不太好，平时肉食本来就不多，又舍不得吃。有时候变了点味，也继续吃。医学不发达，卫生观念淡薄，也不知道有什么细菌病毒，一般百姓甚至可能根本不知道吃腐败的食物与生病之间的因果关联。这个地方是把它当作一种礼仪规矩拿出来说的，其实在我们看来，是非常日常的一种科学知识。可以看到，礼不单是缘人情而作，有些也是缘科学而作。

食物变色变味，就不再吃；烹饪不到位，太生太焦都不吃；没到时节的东西不吃……这些都是出于健康的考虑。古人有天人合一的思维。

"割不正不食"，胡乱切割的东西不吃，这个就有点太讲究了。古人有时太一板一眼，穿衣服要讲究端正，吃东西切割也讲究端正，摆在桌上好看。稀里糊涂地乱放，看上去很杂乱，显得不讲究。

席上的肉食即使很多，也不要吃得太多了，不要让它超过了主食的"食气"。吃的食物以主食为主，肉食即便很多，那也不要让它超过了主食。

"唯酒无量，不及乱"，这一句说得好。喝酒不限量，一两也好，一斤也好，都可以，尽兴就好，但是不要喝醉，不要搞得失去了理智。中国人好客，因而爱劝酒，劝酒也是好客的一种表现，但并非得把客人劝醉，才显得足够热情。喝酒以尽兴为标准，酒量好的就多喝点，酒量浅的就少喝点，没有量的规定，只是不要喝醉生乱。

"沽酒市脯，不食"。沽酒就是在街上买回来的酒，不是自家酿的。古代没有生产日期和保质期的标签，在外面买的酒，也不知道它放了多久，不知道到底有没有变坏。当时闻着好好的，可能隔了一夜就变坏了，所以不能让它过夜，尽量当天喝掉。市脯就是在街上买的肉干，不吃也是出于健康安全考虑。

"不撤姜食，不多食"。饭后，姜一般会撤走，有时候不撤走。即使姜不撤走，也不能多吃。现在姜是佐料，古人可能也把它当菜吃。姜是一种热性的食物，不能多吃，吃多了身体会不舒服。

"祭于公，不宿肉"。公家祭祀如果杀了很多牲畜的话，肉一下子吃不掉，就分发给下面的僚属们带回家里去吃。这肉不知道是哪一天的，今天闻着没腐败的味道，第二天早上起来可能就变味了，所以不能留到第二天。公家祭祀分发的肉，当天就吃掉，不要再留了，留到第二天可能就坏掉了。

10-9 席不正，不坐。

译： 座席没端正摆放就不入座。

10-10 乡人饮酒，杖者出，斯出矣。乡人傩，朝服而立于阼阶。

译： 与乡人饮酒吃饭，等到老人离席，才可以离席。乡人行迎神驱鬼仪式时，就穿着朝服站立在东阶上。

注： 阼，指堂下东边的台阶，是主人迎接宾客的地方。

说： 跟乡里的人饮酒吃饭的时候，要等到老人离席了才可以离席。如果去吃酒席，坐上座的人如果不离席，其他人是不能离席的。坐上座的人，一般都是最年长的，辈分比较高一点的，或者是特殊的贵客。菜端上来，先放到上座，上客先吃，等他动了筷子以后，其他人才可以吃。上客不走，大家不能散席。虽然说比较拘谨，把它当作一种风俗来看，也很有点意思。年纪大的吃饭一般比较慢，坐上座的许多又爱喝点酒，往往这些人都是吃得最慢，吃到最后的。而其他人吃得快也没用，有时候不耐烦，碍于情面偏偏又不能离开。

傩是一种驱鬼的仪式，戴着面具跳驱鬼的舞蹈。乡里的人在进行这些仪式的时候，要穿着朝服站立在东阶上。东阶是迎宾的地方。我们说"我做东"，就是说我是主人，你是客，由我来请客。乡人搞迎神驱鬼仪式的时候，站在东阶，就表示自己也来迎接这个傩的队伍，表示这个仪式自己也有份了。自己对它有送有接，而不是旁观者，站在东阶上，表示这个仪式跟自己有关，也参与其中了。

10-11 问人于他邦，再拜而送之。康子馈药，拜而受之，曰："丘未达，不敢尝。"

译： 托人向外邦的朋友送礼问候，就向受托者行两次拜礼然后送别。季康子给孔子送来药物，孔子行过拜礼后再接受，并且说："我还未能通达药性，暂时就不品尝了。"

说： 问，这里是慰问的意思。亲戚朋友到了异乡他邦，有时候会托人顺路去问候，送一些音信，还顺便带一些礼物。这在古代是非常常见的，因为古代交通不发达，又没有手机，就经常会托别人送问候。托了别人的话，就给受托的人拜两次。为什么要拜两次呢？第一拜表示对这个代为问候的人的感谢，第二拜表示对问候的那个朋友的礼节。虽然远在他乡的人没看到，但是托信的人是可以转达的。

季康子给孔子送来药物，孔子也只拜了一次。他只拜一下，然后接过药物，很尊重地说：我还未能通达药性，暂时就不品尝了。药是不能乱尝的，每个人身体体质不一样，这个人能吃的药，即使是补药，另一个人也可能不能吃。如果有禁忌的，可能还会致命。

10-12 厩焚，子退朝，曰："伤人乎?"不问马。

译：孔子退朝回来，发现家里的马棚起火了。孔子问："伤着人了吗?"不问马的情况。

注：厩，马厩，马棚。

说：孔子退朝回来，发现马厩烧了，他只说了一句话，问人伤着了没，不问马的情况。这里面透露出两个信息，一是孔子不太重视钱财，损失也就损失了，无所谓，说明孔子对财物是比较超脱的。第二，可以看到孔子的人道主义。"问人不问马"，放到现在我们可能觉得很正常。这有两个原因，第一是我们已经受到孔子《论语》的影响。孔子"问人不问马"的人道主义精神已经渗透在通俗艺术里面，我们看多了，间接地受到孔子的影响，所以我们觉得很稀松平常。第二个原因，是我们现在理所当然地觉得人要比马贵重。而事实上，在孔子那个年代，马要比下人贵重。马厩里面管马的那些人，就是所谓的"皂隶之人"，是贱役。有人换算过，这种人的身价可能大抵只是一匹马的价格的十分之一。这就可以明白孔子"问人不问马"的不容易。孔子真正把人当人看，不论贵贱，只要是人，就要比动物贵重，这就是人道主义的觉醒，有充分的对人的重视。

10-13 君赐食，必正席先尝之。君赐腥，必熟而荐之。君赐生，必畜之。侍食于君，君祭，先饭。疾，君视之，东首，加朝服，拖绅。君命召，不俟驾行矣。

译：君主赏赐的食物，一定端正了座席先尝一尝。君主赏赐了生腥，一定煮熟了然后供奉祖宗。君主赏赐了活牲口，一定把它养起来。陪同君主进食，君主饭前祭礼，先为准备饭食。生病的时候，君主前来探病，头朝东边，将朝服披在身上，披着上朝的带子。君主有召唤，不等车马准备完毕，便先步行出发。

10-14 入太庙，每事问。

译：重出，见《八佾》第十五章。

10-15 朋友死，无所归，曰："于我殡。"朋友之馈，虽车马，非祭肉，不拜。

译：有朋友去世了，无所归葬。孔子说："就由我来殡葬他吧。"朋友送的礼物，即便是车马，只要不是祭肉，就不行拜礼。

说：《礼记·檀弓》记载："宾客至，无所馆。夫子曰：'生于我乎馆，死于我乎殡。'"朋友没地方落脚，没地方住，孔子说，那就到我这里来吧。这朋友可能是带病在身，所以没人敢接待。孔子说了这样一句话：你还活着就到我这里来住吧，万一死掉，我来给你殡葬。所以孔子是做好了他会死掉的准备的，也就说明了这朋友应该是带着重病过来的。后来这个朋友果然死掉了，孔子遵守诺言，把他给安葬了。

朋友是平辈之交，朋友如果有所馈赠，再贵重也不必行拜礼。车马是比较重的礼物了，即使是车马的馈赠，如果不是祭肉，都不必拜。馈赠祭肉为什么要行拜礼？因为祭祀是重礼，有一些宗教的成分在里面，所以送来祭肉一般会回拜一下。

10-16 寝不尸，居不容。见齐衰者，虽狎，必变。见冕者与瞽者，虽亵，必以貌。凶服者式之。式负版者。有盛馔，必变色而作。迅雷风烈，必变。

译：睡觉的时候不直躺如尸，平素坐着也不像与宾客对坐那样拘谨。遇见穿齐衰孝服的，即使是平素狎昵之人，也一定改变容貌（变得肃敬）。遇见戴着正式礼帽的以及目盲的人，即使寻常，也一定变得礼貌。遇到穿孝服的人，扶着车轼俯身。遇到背负国家图籍的人，也是如此。宴会的饭食如果很丰盛，一定站起来改变面容以致意。遇见巨雷大风，一定容貌改变（表示对上天的敬畏）。

说："寝不尸，居不容。"睡觉的时候不要躺得像死尸一样挺直。一方面这样睡不是很舒服，睡觉一般侧卧，即使平躺，也不会躺得那么直。还有更重要的一个方面，是宗教性的禁忌。尸在古代还有一个更常用的意思，就是尸祝。古代行使巫术和祭祀仪式的时候，会用一个活人来装扮死人，这种人就叫作"尸"。睡觉的时候不能做"尸"躺的动作和姿态，这会亵渎宗教的神圣性，要回避。"居"就是坐，"不客"就是不要像对着宾客那样。对着宾客的时候，主人很拘谨，客人也很拘谨，要坐得很端正。平时坐着，就没这么讲究，可以随意一点，没有那么拘谨。

10-17 升车，必正立，执绥。车中不内顾，不疾言，不亲指。

译：上车时，一定端正站立，手扶着挽绳。坐到了车中，就不再往回看，不高声讲话，不用手指指点点。

10-18 色斯举矣，翔而后集。曰："山梁雌雉，时哉时哉！"子路共之，三嗅而作。

译：情形不对头就高飞起来，空中盘旋一阵然后栖落在树上。（子路）说："山坡上的雌鸟，真是识时务呀！真是识时务呀！"子路向它拱手，雌鸟警视再三，还是飞走了。

注：嗅，本作臭，当是狊（jú）字，从目从犬，犬视貌，借作鸟之惊视。

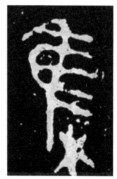

图9　"集"字的甲骨文和金文字形

说：色，《论语》中已经出现过好多次，有时候表示脸色和容貌，有时候表示女色，这里表示周遭的环境状况，也就是情形的意思。鸟很会洞察周边的环境，也很会"观色"。"举"就是飞起来，如果发现不对头，鸟马上会飞起，然后在空中盘旋一阵，发现没有危险之后，才慢慢落在树上。"集"的甲骨文字形，就是一个鸟站在树上的形态。鸟站在树上，这就是集的最初含义。子路看到鸟对周遭环境的敏感，感叹了一句："山梁雌雉，时哉时哉！"梁就是脊，两边从高处往低处，像人字形一样，上面有个最高的，叫作脊，也叫作梁，也即所谓的"脊梁"。屋脊里面有个木头在那里支撑着，那就是房梁。山坡上面也有个山脊，山梁就是山脊。子路对栖息在树上的鸟，拱了一下手，佩服它的识时务。雌鸟一看有人向他拱手，就飞走了，非常机警。

先进第十一

《论语》一共二十篇，有人把它分为上下两部，前面十篇为上部，后面十篇为下部。孔子的主要思想和教义，上半部已基本囊括，下半部又有所细化和补充。

11-1 子曰："先进于礼乐，野人也；后进于礼乐，君子也。如用之，则吾从先进。"

译：孔子说："先学习礼乐（而后有官位）的，都是平民百姓；（先有官位）而后学习礼乐的，是贵族子弟。如果要选用人才，我主张选用先学习礼乐的人。"

说：先进和后进，可以是指官位上的，也可以是指学问修养上的，要结合语境来确定。这里应该是指学问修养，具体而言就是儒家的礼乐文化。所谓的先后，是就学问和出仕的先后顺序而言的。野人就是平民百姓，他们没有世袭，需要先学习礼乐文化，然后才有可能去做官，这就是所谓的"先进于礼乐"。平民子弟必须先学习，才德优秀的，才有可能改变阶层。相反的，贵族子弟可以世袭荫庇，生下来不学习也可以做官。这里的君子不是就道德修养而言的，而是就社会身份而言的。有些贵族子弟在为官以后出于工作和自我修养的需要，会进一步学习礼乐。孔子主张，如果要选用人才，就从先学习礼乐的人里面选拔。那些平民百姓通过教育，通过自己勤奋苦读获得一官半职，这些人已经经历过了层层筛选，相对来说没有什么荫蔽和社会关系的支撑，能力和素养一般要比同等职位的贵族要突出。可见，孔子在观念上已经打破了门第和阶层的界限。他的教育也是对平民开放的，他的公正的观念在教育和用人上都有所体现。儒家"亲亲"的原则，不是用人唯亲，"亲亲"和"尊贤"是交融互济的。这一则甚至可以看到"尊贤"相较于"亲亲"的优先性。

11-2 子曰："从我于陈、蔡者，皆不及门也。"德行：颜渊、闵子骞、冉伯牛、仲弓。言语：宰我、子贡。政事：冉有、季路。文学：子游、子夏。

译：孔子说："跟随我周游于陈国、蔡国的学生，现在都不在我这里了。"德行突出的有：颜渊、闵子骞、冉伯牛、仲弓。擅于言辞的有：宰我、子贡。善于处理政事的有：冉有、季路。熟悉礼仪文献的有：子游、子夏。

11-3 子曰："回也非助我者也，于吾言无所不说。"

译：孔子说："颜回不是有助于我进步的人。他对于我说的话，没有不欣然接纳的。"

说：孔子对颜回的这种评价还算是比较中性的，不能说是否定，也不能说是肯定。孔子说颜回不是有助于他进步的人。因为颜回不会跟他辩驳，有些学生会向孔子提出许多疑问，比如说子贡，经常会叩问，而子路和宰我则甚至会有所辩难。提问和辩驳对于思想家思想的提升和完善会起到很重要的作用。颜回比较少质疑，所以孔子说他不是有助于自己进步的人。颜回提问题不多，他善于倾听和吸收，听孔子怎么说，然后自己就回去体悟反省。他的长处在于平时言行和心态的修为上表现得超乎常人。

11-4 子曰："孝哉闵子骞！人不间于其父母昆弟之言。"

译：孔子说："闵子骞真是孝顺呀！旁人没有不同意他父母兄弟对他的赞美之言的。"

11-5 南容三复白圭，孔子以其兄之子妻之。

译：南容多次重复诵读"白圭"之诗句，孔子将侄女嫁给了他。

说：这里的南容和《公冶长》篇的南容是同一个人，并非两人。《公冶长》篇的记载是：

子谓南容："邦有道，不废；邦无道，免于刑戮。"以其兄之子妻之。

《公冶长》篇孔子称赞南容，把侄女嫁给了他，好像是因为他擅进退；而这个地方孔子称赞他，把侄女嫁给了他，好像是因为他反复诵读"白圭"的诗句。《诗·大雅·抑之》篇有："白圭之玷，尚可磨也。斯言之玷，不可为也。"大意是：白圭如果有瑕疵，是可以磨掉的；言语的污点，却是不能有的。这两处并没有因果关联，完全是两个层面。《论语》这两处，前半段和后半段其实都没有因果关联，孔子把侄女嫁给南容，不是因为南容"三复白圭"，也不是因为他"邦有道，不废；邦无道，免于刑戮"。孔子肯定是对南容做了比较全面的考察，然后把侄女嫁给他，而后再有对南容的这两处评价。这两处的因果关联是倒置的，文字顺序上，是果在前，因在后，与常规相反。如果不注意，按我们现代人的思维和语法习惯，可能就会出现理解的偏差。如此，这两则放到一起读就会觉得孔子虚伪，一会说是因为这个原因嫁了侄女给南容，一会又说是因为那个原因嫁了侄女给南容。

11-6 季康子问："弟子孰为好学？"孔子对曰："有颜回者好学，不幸短命死矣！今也则亡。"

译：见《雍也篇》第二章。

11-7 颜渊死，颜路请子之车以为之椁。子曰："才不才，亦各言其子也。鲤也死，有棺而无椁。吾不徒行以为之椁，以吾从大夫之后，不可徒行也。"

译：颜渊去世了，其父颜路请求孔子卖掉车子来为颜渊置办棺之外椁。孔子说："不论才与不才，说来也都是各自的儿子。我的儿子孔鲤死的时候，有内棺而无外椁。我并没有（卖掉车子）徒步，来为他置办外椁，因为我也曾做过大夫，是不可以徒步的。"

说：大户人家下葬，有棺有椁，棺是木头做的，直接放尸体。椁可以是木头，也可以是石头，用来装棺。为了更好地保护棺，椁可能会有好多层。平民百姓可能就没椁，甚至棺都没有，草席裹尸，更惨的则暴尸荒野。颜渊家境比较差，没有置办外椁的条件，他父亲想让孔子把车子卖掉来给他置办一个外椁，但是孔子没有允许。这里面反映出，孔子和颜渊父子的关系之紧密是非同一般的。为什么颜渊让孔子卖车子，什么都可以卖，为什么偏偏要卖车子？我们已经很难搞清楚了。孔子没有允许，他说自己的儿子孔鲤死的时候有棺无椁，自己也没有把车子卖掉来给他置办椁。因为自己是做过大夫的，不能徒行，这是一种礼节。他不能把车子卖掉。更重要的是，孔子觉得没有置办椁的必要，有什么家境条件就以什么样的下葬规格来下葬。他嘴巴上没说，但是应该有这一层考虑，如果真有必要，不一定要卖车子，还有其他许多途径。最简单的，孔子那么多学生，让那些条件好的学生们随便凑点，就可以置办。结合前面子路想让学生装扮家臣来给孔子置办丧事一则，可以推想到孔子的态度。

11-8 颜渊死。子曰："噫！天丧予！天丧予！"

译：颜渊去世了，孔子说："哎！老天真是要我的命呀！老天真是要我的命呀？"

11-9 颜渊死，子哭之恸。从者曰："子恸矣！"曰："有恸乎？非夫人之为恸而谁为？"

译：颜渊去世了，孔子十分悲恸地为之哭泣。跟随的人说："先生太过悲伤了。"孔子说："太过悲伤了吗？我不为这个人感到悲伤，我还为谁感到悲伤呢！"

11-10 颜渊死，门人欲厚葬之。子曰："不可。"门人厚葬之。子曰："回也，视予犹父也，予不得视犹子也。非我也，夫二三子也！"

译：颜渊去世了，孔子的学生们想厚葬他。孔子说："不可以。"学生们最终还是厚葬了他。孔子说："颜回呀，你待我如父，我却不能待你如子。不是我想这样，都是学生们做的主。"

说：颜回生前家境寥落，生活很简朴，定然不愿死后厚葬。孔子不愿门人厚葬颜回，但是门人没有听孔子的话，把颜回厚葬了。孔子的门人中不乏钱财丰裕的，完全有条件把颜回厚葬。孔子说不要厚葬颜回，那不是客套。门人可能没领会孔子的意思，以为他在讲客套，就没有听孔子的话，把颜回给厚葬了。所谓的"厚葬"，应该就是置办了孔子本不欲置办的椁。孔子说，颜回把自己视同父亲，自己却不能把颜回视同儿子。为什么这样说？因为现在没如颜回所愿，违背了他的初衷。如果说真的把颜回当作自己的儿子的话，也就简单一点下葬，就像当初对孔鲤一样。这一则更能看清孔子不愿给颜渊置棺的真实原因。

11-11 季路问事鬼神，子曰："未能事人，焉能事鬼？"曰："敢问死。"曰："未知生，焉知死？"

译：季路问如何侍奉鬼神，孔子说："人都侍奉不好，怎么能侍奉好鬼呢？"季路又问："死又是怎么一回事呢？"孔子回答说："生都不太明白，又怎么能明白死呢？"

说：这一则集中体现了孔子的鬼神观和生死观。孔子之道是仁道，也是人道，探讨的是人跟人之间的关系，思考的是怎么跟人打交道，至于怎么跟鬼打交道，不在思考的范围。因为孔子根本就不确信鬼神的存在，他也不明确否认，也不明确承认，只是一种悬搁的态度。至于生死问题，孔子用一句"未知生，焉知死"就打发掉了。生死问题是个很复杂的大问题。人死了以后到底有没有鬼魂，灵魂是否不朽，这是个哲学大难题。人是否有自由意志，灵魂是否不朽，上帝是否存在，康德认为，这三大难题是超出人类认识范围的，只能被信仰，不能被认识。孔子把后面两个难题给回避了，他不愿意思考它们，选择了回避。孔子把毕生的心血都花费在了思考怎么跟活人打交道上，他没有闲情去思考死亡以后的事情。孔子的托辞是："未知生，焉知死。"但是反过来讲，未能知死，又焉能知生。死亡的问题不好好交代，可能真的还不知道怎么更好地活在这个世界上。相信死了以后没有灵魂，那么大家就更加物欲横流，尽其所能趁活着在世的时候占到最大的便宜。好像谁活着的时候享受得最多，谁就赢了，管它死了以后会怎么样。及时行乐，享受了一天是一天，也不再担心死了以后会不会下地狱，再坏的事情都敢去做。这也是由于回避死亡问题所导致的一个问题。当然，孔子的时代是普遍蒙昧的时代，大家普遍崇尚鬼神，达到了迷信的地步，这样的背景下，孔子的观念仍然有其积极意义。引导大家不要迷信，只要顶天立地做事情，不要把决定性的力量诉诸鬼神。现在科学发达，信仰沦丧，人心惶惶，恰好要反过来多思量一下死亡的问题。孔子如果活在今天，他或许可能就会进一步问死的问题。

11-12 闵子侍侧，訚訚如也；子路，行行如也；冉有、子贡，侃侃如也。子乐。"若由也，不得其死然！"

译：闵子骞站在孔子身边，显得恭敬中正，子路显得刚强，冉有、子贡显得和乐。孔子玩笑地说："像仲由这样，恐怕得不到好死。"

注：①訚訚如：中正的样子。②行行如：刚强的样子。③侃侃如：和乐的样子。

说：孔子看到学生完全不同的表情，把自己逗乐了。四个学生的表情反差很大，很有喜感。可以想象一下，一个学生非常恭敬，一个学生非常刚狠，另外两个和乐自如，对比非常强烈，孔子看到这情形，觉得有点好笑，就开了一句玩笑：像子路这样的，可能不得好死吧。可惜一语成谶，子路最后确实死得比较悲惨，被人剁成了肉酱。对于子路的死，孔子是非常悲伤的，子路死后，他再不愿吃类似肉酱一类的东西。

11-13 鲁人为长府。闵子骞曰："仍旧贯，如之何？何必改作？"子曰："夫人不言，言必有中。"

译：鲁国人改建财库。闵子骞说："沿用旧的又怎么样？何必另外改建呢？"孔子说："这个人不太说话，一说话就说到点子上。"

说：长府是藏财货之所，应该是比较大规模的藏财货之所。因为规模大，所以肯定是要劳民伤财的。闵子骞就说，没必要改建，以前的就很好用，可以继续用，为什么还要改建？孔子非常认可闵子骞的观点，认为应该要节俭一些，不能劳民伤财。

11-14 子曰："由之瑟，奚为于丘之门？"门人不敬子路。子曰："由也升堂矣，未入于室也。"

译：孔子说："子路的瑟，怎么弹到我这里来了呢？"学生们由是不尊重子路。孔子说："子路已经升堂了，只是还没有入室罢了。"

说：这里是有暗喻的，孔子有孔子的瑟，子路有子路的瑟，二者并不是一样的。子路的瑟在子路的门庭里面弹，怎么弹到孔子这里来了呢？明里是说瑟，暗里是指道理学说。孔子的仁学，子路学了，但是还没有完全学到家，掺杂有子路自己的意思。孔子觉得不纯粹。子路挂着孔子的名头弹着自己的瑟。孔子就有这样的感慨："由之瑟，奚为于丘之门？"学生们听到孔子这句话，就开始对子路不敬起来。孔子看到这个后果，就又补了一句，说子路登堂是已经登堂了，只是还没有入室罢了。所谓的"登堂入室"，也就是从这里出来的。也就是说，子路也不是完全胡说八道，他毕竟也懂得了一些道理，道理也不会错，只是没那么纯粹罢了，也不应该对他不敬。这是孔子对子路否定后的肯定。孔子对于学生的评价也好，回答学生的问题也好，都会有针对性。前面一句话，孔子对子路的评价是有所否定的，门人不敬子路，他就补充了一句对子路肯定的话。这句话如果单独拿出来，也可以理解成是一种否定。但是如果放到整个语境里面来看，很明显是一种肯定。

11-15 子贡问："师与商也孰贤？"子曰："师也过，商也不及。"曰："然则师愈与？"子曰："过犹不及。"

译：子贡问孔子："子张和子夏这两人谁更优秀一些？"孔子说："子张太过了，子夏还不够。"子贡说："这样的话，岂不是子张更胜一筹吗？"孔子说："太过和不够都是一样不好。"

说：这一则没有出现中庸的字眼，但实实在在讲的就是中庸。中庸，就是恰到好处，无过，无不及。过犹不及大家听得很多，就是说更多和不够好，都是一样的有悖中庸。比如用药，分量不够和分量过了都不行，分量不足治不好病，分量过了可能会要了命。只有恰到好处的剂量才行。当然，不能中庸的时候，未必不及就比过头要好，要看具体情况。很多时候孔子确实也有保守的倾向，宁愿不及也不愿太过。

11-16 季氏富于周公，而求也为之聚敛而附益之。子曰："非吾徒也！小子鸣鼓而攻之，可也。"

译：季氏比周公还要富有，而冉求还继续为他聚敛增加财富。孔子说："他不算我的门徒，大家可以大张旗鼓地讨伐他。"

说：此时冉求在季氏手下做家宰，按常理，他必然是要为季氏谋求更多的财富。但是季氏已经够富裕了，甚至有些富裕过头了。如果说把眼界放开一点，放广一点，局部的长处就变成了整体的坏处。整体为什么是坏处呢？因为他搜刮了老百姓的财富。君主和诸侯富了，老百姓却穷了。看问题要有宏大的视野，儒家的视野是很开阔宏大的，因为它兼顾的是天下。技术都是针对某一个具体的方面，只想着在某一方面发挥到极致。更大的智慧是要谋求全局，这是道和技的重要区别之一。技术是没有边界的，它既可以服务贡献人类，也可以残害毁灭人类，道就必须要为人类的整体谋福祉。技术谋局部，道术谋全体。技术落脚在手段，道术落脚在目的。为什么这里孔子要批评冉求，因为他只是一味想着为季氏谋求财富，但是他忘掉了要为天下百姓苍生作计，由道落入技的层面了。所以孔子就说，他不是自己的门徒，大家可以大张旗鼓地讨伐他。如果是自己的门徒的话，不是要聚敛最多的财富，而是想着怎么让老百姓更富足，让老百姓过得更好。这是两种不同的思维方式，考虑问题的出发点和落脚点完全不一样。各行各业，做的事情不一样，但是都有个终极归宿，都是要有益于人类的整体。

11-17 柴也愚，参也鲁，师也辟，由也喭。

译：高柴愚讷，曾参迟钝，颛孙师偏激，仲由鲁莽。

注：①辟：偏。②喭：鲁莽。

11-18 子曰："回也其庶乎,屡空。赐不受命,而货殖焉,亿则屡中。"

译:孔子说:"颜回的修为算是差不多了,可是常常贫穷。子贡没受公家之命,自己做生意,猜测市场行情却往往能中。"

11-19 子张问善人之道。子曰："不践迹,亦不入于室。"

译:子张问如何使人变好。孔子说:"不跟随(前人的)脚步,也就很难登堂入室。"

说:子张属于偏激的类型,《论语》有多处都透露出这一信息。"师也过,商也不及"以及"师也辟",都是孔子明确评价子张偏激的言论。曾子评子张:"堂堂乎张也,难与并为仁矣。"从侧面也影射了子张的偏激与好高骛远。他可能不大愿意亦步亦趋地追随别人的脚步。孔子在这里因材施教,他告诉子张的是,不践踏别人的脚迹,就很难登堂入室。也就是警戒他,学问离不开脚踏实地的模仿学习。

11-20 子曰："论笃是与,君子者乎?色庄者乎?"

译:孔子说:"议论笃实,就赞美他。哪里能确定他是君子,抑或只是表面上端庄?"

11-21 子路问:"闻斯行诸?"子曰:"有父兄在,如之何其闻斯行之?"冉有问:"闻斯行诸?"子曰:"闻斯行之!"公西华曰:"由也问:'闻斯行诸?'子曰:'有父兄在。'求也问:'闻斯行诸?'子曰:'闻斯行之。'赤也惑,敢问。"子曰:"求也退,故进之;由也兼人,故退之。"

译:子路问:"听明白了就去做吗?"孔子说:"有父母兄长在,怎么能听明白了就去做?"冉有问:"听明白了就去做吗?"孔子说:"听明白了就去做。"公西华说:"仲由问:'听明白了就去做吗?'先生说:'有父母兄长在。'冉求问:'听明白了就去做吗?'先生说:'听明白了就去做。'我有些不解,请问先生(这是什么缘故)。"孔子说:"冉求比较谦退,所以鼓励他进;仲由比较敢为,所以引导他退。"

说:这是孔子因材施教的最典型的一则。同样的问题,他对不同的学生会有完全相反的回答。子路是比较勇敢大胆的人,所以孔子就要把他往回拉一拉,告诫他做事情要谨慎一点,不要那么冒险,不能听清楚了就去做,要三思而后行。父母兄弟都还健在,要多为他们考虑考虑,不要轻易牺牲了自己的生命。

冉有可能平时有点优柔寡断，有点谦退，孔子就要把他往前推一推，告诉他听清楚了就要果敢去做。

11-22 子畏于匡，颜渊后。子曰："吾以汝为死矣！"曰："子在，回何敢死！"

译：孔子在匡地被围困，颜渊后到。孔子说："我以为你死了呢！"颜渊说："先生还在，我怎么敢轻易死去。"

说：这就像发生在父子之间的对话。孔子的激动像父亲之于儿子。颜回在生死面前想到的是老师，他基本是把孔子当自己的父亲看的。这样一种场景下，原本是非常感人的对话，被后人歪曲成了骂人的话。电视和小说经常可以看到，一个人骂另一个人说，你早该死怎么还没死，另一个就斗机智说，你都没死我怎么敢死。这就变成骂人的话了。肯定的变成否定，否定的变成肯定，文本演变的这一常见规律，从侧面也反映了人们的不甘寂寞，经常要搞些新花样，正的反着来，反的正着来。

11-23 季子然问："仲由、冉求可谓大臣与？"子曰："吾以子为异之问，曾由与求之问。所谓大臣者，以道事君，不可则止。今由与求也，可谓具臣矣。"曰："然则从之者与？"子曰："弑父与君，亦不从也。"

译：季子然问："仲由和冉求可称得上大臣吗？"孔子说："我以为你要问别的事情，不想是问仲由和冉求呀。所谓'大臣'，就是要用正道侍奉君主，如果这样行不通，就宁愿停职。如今仲由与冉求，可算得上是具备做臣子的条件了。"季子然又问："那么他们是顺从的人吗？"孔子说："如果要他们弑父弑君，他们是不会顺从的。"

注：具臣：备位充数之臣。

说：君主不是行事的最终根据，道才是。具体到政治上来讲，不是以君主优先，也不是以国家为先，而是以人民为先。这就是儒家的民本思想，孟子有比较充分的发挥。儒家的教义固然有助于统治，但是它的目的不在于统治，而在于人民，统治只是在现实条件下不得不借助的一种手段。"以道事君，不可则止"，这是大臣该有的素质。孔子说冉求是"具臣"。具就是备，所谓"具备"，"具臣"就是备位充数的大臣。仲由和冉求还没有正式为官，但是他们具备了做大臣"以道事君，不可则止"的特质。季子然又想知道两人听不听话，孔子的回答是，如果叫他们去弑父弑君，他们是不会听从的。也就是说，听不听话，要看义与不义，义就听，不义就不会听。要做到这一点其实是非常难的，不仅难于能不能做到，也难于义与不义的判断。不是说上级吩咐的就是正义的，只有那种完全没有正义感的人才能做到一味顺从。什么叫作荒谬？恪尽职守地执行命令，命令本身如果是邪恶的，恪尽职守的美德就变成了邪恶。行正义，不仅要有正义感，还要有判断力，不仅要有胆，更要有识。有胆无识，很容易把正义变成荒诞。一味顺从的斗筲之徒，正义更无从谈起。

11-24 子路使子羔为费宰。子曰："贼夫人之子！"子路曰："有民人焉，有社稷焉，何必读书，然后为学？"子曰："是故恶夫佞者！"

译：子路让子羔去做费地的官长。孔子说："这是戕害了人家的孩子。"子路说："那里有人民百姓，有土地五谷，为什么一定要读书才是为学呢？"孔子说："正因如此，我讨厌巧言善辩之人。"

说：子路想让子羔去做费地的官长。子羔可能秉性比较善良，手上学的东西还不是太多，社会经验又不是太足。费这个地方应该比较乱。仅从《论语》就可以知道，那不是个让人省心的地方。（《阳货》："公山弗扰以费畔。"《季氏》："今夫颛臾，固而近于费，今不取，后世必为子孙忧。"）所以孔子说，让子羔到费地去做官，那会把这个孩子给坑害了。子路就说，为什么一定要读书才是为学呢？书本上的知识学得不够，手上的技能还不到家，去费地就可以直接面对着社会，那里有人民百姓，有土地五谷，都可以作为学习的对象，为什么非得读书才是学习呢？学问不单单是从书本上来，还从实践中来，子路差不多就是这个意思。从道理上来讲，确实是这个样子，孔子没有说子路的道理有问题，只是说，他讨厌巧言善辩的人。理论上没有错，但是要实事求是。子羔比较柔善，把他放到费地去，他本来不具备太多应对的策略，让他在实践中去学习，那可能要以生命为代价。孔子主要是基于现实，觉得子羔还要多从书本上再学点东西。子路从道理上是说得通的，从言辩上讲，子路是可以压倒孔子的。然而从现实上来讲，贸然让子羔去费地为官，可能会戕害了他。所以孔子说，他厌恶人的巧言善辩。

11-25 子路、曾皙、冉有、公西华侍坐。子曰："以吾一日长乎尔，毋吾以也。居则曰：'不吾知也。'如或知尔，则何以哉？"子路率尔而对曰："千乘之国，摄乎大国之间，加之以师旅，因之以饥馑，由也为之，比及三年，可使有勇，且知方也。"夫子哂之。"求，尔何如？"对曰："方六七十，如五六十，求也为之，比及三年，可使足民。如其礼乐，以俟君子。"
"赤，尔何如？"对曰："非曰能之，愿学焉！宗庙之事，如会同，端章甫，
愿为小相焉。""点，尔何如？"鼓瑟希，铿尔，舍瑟而作；对曰："异乎三
子者之撰。"子曰："何伤乎？亦各言其志也。"曰："暮春者，春服既成，
冠者五六人，童子六七人。浴乎沂，风乎舞雩，咏而归。"夫子喟然叹曰：
"吾与点也！"三子者出，曾皙后。曾皙曰："夫三子者之言何如？"子曰：
"亦各言其志也已矣。"曰："夫子何哂由也？"曰："为国以礼，其言不让，
是故哂之。""唯求则非邦也与？""安见方六七十，如五六十，而非邦也
者！""唯赤则非邦也与？""宗庙会同，非诸侯而何？赤也为之小，孰能为
之大？"

译： 子路、曾皙、冉有、公西华陪孔子坐着。孔子说："我比你们长了几
岁，但不要放在心上。平时你们总说没人懂自己，如果别人能了解你们，你们
打算怎么做呢？"子路轻率地回答道："一个千乘之国，周围有大国威慑，常有
军队侵犯它，又遇上饥荒；如果让我来治理，三年以后，可以使民众有勇，而
且能懂道义。"孔子笑了笑。"冉求，你怎么样呢？"冉求回答："方圆六七十里
或者五六十里的国家，让我去治理，三年以后，可以让老百姓富足。至于礼乐
教化，还有赖于贤人君子。""公西华，你又怎样？"公西华回答："不能说我有
多大本事，但我愿意求教。宗庙里的事或者外交会盟的事，我愿意穿着礼服礼
帽，做个小司仪。""曾点，你怎么样？"曾点手中鼓着的瑟声音越来越稀疏，
"铿"的一声放下瑟，站起来说："我的志向和他们三个人的不太一样。"孔子
说："有什么关系呢？各自说说自己的志向罢了。"曾点说："暮春时节，新做的
春服都穿上了，带上五六个成年人，六七个小孩子，到沂水洗洗澡，到舞雩台
上吹吹风，然后唱着歌儿回来。"孔子长叹一声，说："我也想像曾点这样啊！"
诸学生都离开了，曾点留在后面。曾点问："他们三人说得怎么样呢？"孔子说：
"只不过是都说了说自己的志向罢了。"曾点说："先生为什么笑子路呢？"孔子
说："治理国家须懂得礼让，子路言语不知道逊让，因此笑他。""冉求所说的不
算是治理国家吗？""哪里有土地六七十里或者五六十里而不算国家的呢？""公
西华所说的不算是治理国家吗？""祖庙祭祀，会见外宾，不是国家之事又是什
么？如果公西华只能做小司仪，那么还有谁能做大司仪呢？"

说： 曾点的回答是最关键的。孔子问到曾点的志向，曾点不慌不忙，跟子
路形成很鲜明的对比。子路是比较草率的，马上就回答，曾点是最后回答，老

师问到他，他还在晃晃悠悠，鼓着琴，琴声越来越稀疏，越弹越慢，停下来以后再站起来回答。这个地方可以看到曾点的修养，他的从容和超脱。从他的行为上就能感觉到一种美，这就是人格美。美和艺术不单单在于艺术作品，还在于人格美，人的言行举止莫不有艺术性在里面。曾点的志向非常独特，前面三人说的志向都是政治性的，曾点的志向是审美性的。所以孔子喟然而叹，最为赞许曾点的志向。曾点的志向从功利、政治、道德上升到了审美，达到天地境界。从这个地方也可以看到儒家和道家会通的地方。儒家居然也这么超脱，也不是那么政治化，也不是那么道德化，最高的理想居然也是审美，也是自由。曾点所描绘的境界又何尝不是道家向往的境界呢？不同的地方只是在于，庄子不会带上冠者五六人，童子六七人。这就是差异。儒家不同的地方在于，就算是审美，它也是注重群体性的。不像庄子，很洒脱，很超脱，想的是个人超脱，一身的冷峻和孤傲。儒家也超越，但是超越以后还要一群人在一起，不是一个人孤立开来。庄子可能一个人到深山大泽，到高山大川，一个人去游泳，一个人去唱歌。曾点是要带着冠者五六人，童子六七人，这就有社会性，有群体性。所以儒家虽然超越，但也顾及到了群体性，这是儒家和道家很不一样的一点。

颜渊第十二

12-1 颜渊问仁。子曰:"克己复礼为仁。一日克己复礼,天下归仁焉!为仁由己,而由人乎哉?"颜渊曰:"请问其目。"子曰:"非礼勿视,非礼勿听,非礼勿言,非礼勿动。"颜渊曰:"回虽不敏,请事斯语矣!"

译:颜渊问仁。孔子说:"约束自己,使自己符合于礼,这就是仁。一旦能这样做,天下之大无不归摄于仁。为仁是决定于自己的事情,哪里是决定于他人的呢?"颜渊说:"请问具体的要目。"孔子说:"不合礼的不看,不合礼的不听,不合礼的不说,不合礼的不做。"颜渊说:"我虽然不聪敏,但愿意按您这话去做。"

说:这一则的核心是"克己复礼"。历代对"克己复礼"这四个字的解释,每一个字都有很大的分歧。不管他们解释得有多复杂,最核心的思想是不会有太大的差异的。抛开那些细致的分歧,取同去异,仍然能对克己复礼取得一种大体一致的理解。"克"解作"胜"也好,"约束"也好,"能"也好,总之是要人为地、有意识地有所作为,使自己朝着道的方向发展。"己"解作"己身"也好,解作"私欲"也好,总之离不开自我这一主体。"复"解作"反复"也好,"恢复"也好,总之指的就是一种趋向的过程,这种趋向的过程所指向的就是道。"礼"解作"周礼"也好,解作"天理"也好,总之指的就是孔子心目中的道。大体而言,"克己复礼"就是要使自己能趋向于道。孔子的道即是人道,也即是仁道。所以,克己复礼也就是能使自己趋向于仁的方向发展。能尽力使自己趋向于仁,这就是为仁,为仁也即是仁。

为什么要克己复礼呢?"从心所欲不欲矩",那是很难的。孔子说他自己到了七十岁才"从心所欲不欲矩",那也未必就是真正的百分之百。对于常人来说,更是不可能"从心所欲不逾矩"。什么事情都按照自己的想法和习惯来做,又刚好能符合规则，基本是不可能的。要达到"从心所欲不逾矩"，一定有一个过程，这个过程就是"克己复礼"。首先可能不那么自由，尽量地克制一下自己，时间长了，渗透到了思想情感里面，变成了习惯，也就"从心所欲不逾矩"了。比如等红灯，每天那样做了，起初是被法律约束不得已，慢慢地习惯成自然，也就很自然地在那里等，也就不会焦急了。这里有三个环节，第一个环节是首先意识到该怎么做，第二个环节是要克制自己以符合意识中的那个应然，第三个环节，根本不用克制，自然而然就达到了应然的状态。克己复礼的这三个环节也就是为仁的三个阶段。

"一日克己复礼，天下归仁"，又该怎么理解呢？天下是一个人能决定得了的吗？自己克己复礼归仁了，别人没有克己复礼，怎么能说"一日克己复礼，天下归仁"呢？这个地方就有点难理解，需要换一种理解的方式。一旦克己复礼了，就会有意识地把所有的天下的人、事、物都作为仁和礼的对象。所谓的有礼，不可能说对这个人就有礼，对那个人就没有礼，礼是针对天下每一个人而言的。天下归仁，就是说天下都归摄到为仁的范围之内了。天下归仁是针对为仁的某一主体的主观意念而言的，不是针对全天下的所有个体而言的。"为仁由己，而由人乎哉？"同样是针对为仁者的主观意念而言的。为仁决定于为仁者的主观意念，不决定于为仁的外在对象。"为仁由己"和"我欲仁斯仁至矣"，意思是一样的。

12-2 仲弓问仁。子曰："出门如见大宾，使民如承大祭。己所不欲，勿施于人。在邦无怨，在家无怨。"仲弓曰："雍虽不敏，请事斯语矣！"

译：仲弓问孔子什么是仁。孔子说："平时出门的时候要像马上会遇见贵宾一样，指使百姓的时候就像对着重大的祭祀；自己所不想要的，不要强加给别人；在工作岗位上没有怨气，在家里也没有怨气。"

说："己所不欲，勿施于人"，这是孔子的恕道。既然恕是为仁的方法，那么恕就必须合仁，恕也就有它一定的规定性，以区别于一般的推己及人。推己及人总是离不开欲，"己欲立""己欲达""我不欲""己所不欲"，这都涉及欲。恕要合仁，首要的一点就是，作为推己及人的基础的欲必须是合于道义的欲，否则爱人就有可能变成害人。这一点虽未经孔子言明，但其潜在道理合当如此。明代吕坤曾说，"恕"这个字，本来是个好道理，但还要看那推己及人的人是个什么念头。"好色者恕人之淫，好货者恕人之贪，好饮者恕人之醉，好安逸者恕人之惰慢，未尝不以己度人，未尝不视人犹己，而道之贼也。"① 吕坤所说的种种害道之"恕"，都算不得是孔子所谓之恕。这些"恕"所推的是不合道义的欲，因而"恕"也都成了背离仁道的恕。合于道义之欲往往都是在合理范围之内的人之常欲。比如，自己害怕饥寒，就知道天下之人需要衣食；自己害怕劳苦，就知道天下之人需要安逸；自己不愿困厄，就知道天下之人想要富足。这些都是明显地符合道义的人之常欲。对于什么是符合道义的欲，孔子并无具体的说明。然而，在具体的日常生活之中，什么是当推之欲，什么是不当推之欲，大抵依据人之常情，人人都容易做出大致的判定，并不需要进行太多的细推琐辩。

恕要合仁，除了要推所当推之欲，仍需讲究推的方法。"己欲立而立人，己欲达而达人"，不是要人不加选择地把所有自己想要的都加诸人；"己所不欲，勿施于人"，也不是一味避免把自己不想要的施加给人。孔子最注重权衡与变通，推己及人更多地应立足于现实生活之实际，而不能拘泥于纯粹的逻辑而对推己及人做绝对化、机械化的理解。就逻辑上而言，己之所欲与不欲，不必然是他人之所欲与不欲，则推己及人似无入手处。然而反观我们日常生活之实际，以己之所欲与不欲忖度他人之所欲与不欲，多数时候又都切实而有效。人性具有一定的普遍性，人的一些基本的欲求多数是相同的，所以推己及人往往也能行之有效。不可否认，不同人的欲求存在着许多的差异，即便是同一人，今日之欲求与明日之欲求也有可能存在差异，这就要注意推己及人的动态性与开放性，要求行恕者能在言行的交往沟通中感知到对方的所欲与不欲。恕不是为恕而恕，恕的目的在于行仁。既已在言行交往沟通之中了解到他人之所欲与不欲与己之不同（甚至相反），仍至于胶柱鼓瑟，以己之所欲施加于人，或者因己之所不欲而避施于人，这定然也是与孔子恕的精神相背离的。当人的欲求存在差异的时候，行恕者就应当感知到这种差异，了解到对方的所欲与不欲，并能施之以其所欲，避之以其所不欲。但这里还有一种情景，就是己之所欲与不欲和他人之所欲与不欲不但有差异，而且还有冲突。这个时候就要回过头来对欲进行审视与权衡。首先要保证欲是合乎道义的，在自己与他人的欲都不背离道义的情况下，就应成就更能合乎仁道的一方的所欲，而牺牲另一方的所欲。这也就是要舍小仁而取大仁。总之，推己及人需要在具体的情景当中做具体的权衡，

① （明）吕坤著，王国轩等注. 呻吟语［M］. 北京：学苑出版社，1993：344.

权衡的终极标准就是仁道。

12-3 司马牛问仁。子曰："仁者，其言也讱。"曰："其言也讱，斯谓之仁已乎？"子曰："为之难，言之得无讱乎？"

译：司马牛问孔子什么是仁。孔子说："仁者说话迟钝。"司马牛说："说话迟钝，这就算得上仁了吗？"孔子说："做起来艰难的事情，说起来能不迟钝吗？"

说：讱，是指说话迟钝的样子，与巧言令色刚好是相反的状态。巧言令色的人说话很草率，不计后果，也不负责。仁者是要考虑后果的，而且想着要言行一致，所以他不能轻易说话，说话很慢，边想边说，非常谨慎。司马牛问仁，孔子回答："仁者，其言也讱。"司马牛觉得不够，他的思维方式跟我们现在很多人的思维方式是一样的，他没有把握住孔子的思维方式。孔子的回答，不是那种一是一、二是二的回答。他回答什么是仁，会根据学生的特点，仅就仁的某个方面回答。司马牛以为孔子将"其言也讱"视为仁的本质，所以他就反问，说话迟钝那就算得上仁了吗？当然不行。不是说只要说话迟钝就能算得上仁，其他方面都不需论。孔子只是说了言辞的方面，面对司马牛的反问，孔子只是补充了一句"为之难，言之得无讱乎！"仁是很难的，如果所言所行都跟仁相符合的话，会比较艰难，那么说起话来就不那么轻巧，会很沉重，有一些迟钝。孔子还是没有正面回答司马牛的问题，思维方式没有转变，司马牛肯定还是不会甘心。孔子仍然是在打哑谜，司马牛仍然是稀里糊涂。司马牛想听到的是孔子回答什么是仁的本质，一言以蔽之，什么是仁，他想听到这样的答案。那么孔子永远不会给他想要的答案。孔子的思维不是本质思维，他从来不给仁下定义，不会说仁的本质是什么，仁根本没办法定义。孔子的思维是描述性的，描述性的思维也有它的长处，面对没办法定义的事物，只能通过不断地描述来不断地加深认识。下面一则在结构上与本则如出一辙。

12-4 司马牛问君子。子曰："君子不忧不惧。"曰："不忧不惧，斯谓之'君子'已乎？"子曰："内省不疚，夫何忧何惧？"

译：司马牛问君子之道。孔子说："君子不忧愁也不畏惧。"司马牛又问："不忧愁也不畏惧，就称得上君子了吗？"孔子说："内心自我反省而无愧疚，又怎么会忧虑和畏惧呢？"

12-5 司马牛忧曰："人皆有兄弟，我独亡!"子夏曰："商闻之矣：死生有命，富贵在天。君子敬而无失，与人恭而有礼，四海之内，皆兄弟也!君子何患乎无兄弟也?"

译：司马牛忧愁地说："大家都有兄弟，只有我没有!"子夏说："我听说：'死生有命，富贵在天。'君子端庄而没有过失，与人相交恭敬有礼，那么四海之内的人，就都是自己的兄弟，君子何必担忧自己没有兄弟呢!"

说：子夏也是个非常有智慧的人，他有点琐碎，做学问的方法有点像朱熹的格物致知。他对司马牛的安慰，涉及很重要的性和命的问题。命是外在性和偶然性，没办法由自己掌控，自己能掌控的只是性，性是内在的，是可以自我掌控的。君子要做的就是修身尽性。"敬而无失，与人恭而有礼"，这是在交友方面的尽性。自己尽了性，那么天下的人都会跟自己做兄弟。有没有血缘的兄弟，那是自己决定不了的，跟生死和富贵是一样的，没办法由自己决定，这属于命。但是相处好非血缘的朋友，自己是可以决定的。非血缘的朋友之间的关系，有时候要胜过血缘的兄弟。血缘的兄弟，处之不以道，关系也不会深刻到哪里去；非血缘的朋友，处之以道，关系也可以非常深刻。决定关系深浅的，不是血缘的远近，也不是时间的长短，而是与道的吻合度。有些朋友可能从小就开始相处，但是感情未必就深；有些朋友可能只认识两三年的时间，感觉相见恨晚，掏心掏肺。如果是酒肉朋友，只顾着吃酒喝肉，有点好处就相互利用一下，这种朋友相处的时间再长，关系都是非常有限的。跟你相处十几年的朋友，你落难了，他不一定帮你。如果基于道义走在一起的朋友，就可靠许多。真正有难的时候，伸手过来帮助你的就是这些人。比较典型的是革命年代的所谓的"同志"，大家都有着崇高的共同理想，基于正义结合在一起，甚至会以性命的牺牲来保全对方。所以，朋友关系的深浅决定于相交的媒介和根基到底是金钱名利还是道义，这个是决定性的。如果根基是道义，那么关系可能会很长远，很可靠；如果仅仅是功利或者游戏享乐，那绝对靠不住，相处的时间再长都靠不住。朋友是这样，夫妻其实也是这样。子夏说的是怎么样才能有兄弟，兄弟也不一定血缘的就好。血缘兄弟的争斗太常见了，尤其是大家豪族。比较极端的是皇族兄弟，为了皇位自相残杀，比仇敌的关系还恐怖。那种血缘的兄弟算什么兄弟呢?所以血缘也不一定靠得住。子夏讲得比较具体，要扩展开来，不仅仅局限于"敬而无失，与人恭而有礼"，扩展开来就是要符合道义。建立在道义基础之上的关系才能牢靠。

12-6 子张问明。子曰："浸润之谮，肤受之愬，不行焉，可谓明也已矣！浸润之谮，肤受之愬，不行焉，可谓远也已矣！"

译：子张问如何才是"明"。孔子说："渐浸湿润一样的谗言，切肤之痛一般的控诉，在你这里行不通，就算是明。渐浸湿润一样的谗言，切肤之痛一般的控诉，在你这里行不通，甚至可以说是远。"

注：①愬：诋毁、诬陷。通"诉"。②远：明之至。

说：子张问怎么样才能不犯糊涂，孔子告诉他，像水浸润泥土一样的谗言，不要听从。突然说一个人的坏话的时候，别人可能不易听从。但是吹枕边风，慢慢地吹，不是一下子说人家的坏话，而是一点一滴，就像水润湿泥土一样，不知不觉，慢慢地就把泥土给润湿了。"浸润之谮"比一般的谗言更加可怕，它是慢慢地把人搞糊涂的。一般的谗言容易分辨，而"浸润之谮"的辨别和提防，就需要有特别的明察。突如其来的，可能容易保持清醒，循序渐进的，就很难提防。一件事情在慢慢发生渐变的时候，一定要保持足够的警惕。没有人会觉得自己昏庸，为什么事实上确实有那么多昏庸的人，做了那么多昏庸的事呢？因为抵不住"浸润之谮"，抵不住"温水煮青蛙"。"肤受之愬"，是另外一种性质的谗言、诋毁或者控诉。肤受，就是自己的肌肤亲自感受到的。别人的痛，自己可能没什么感受，如果在控诉的时候很有感染力，让听的人感受到切肤之痛，这就是"肤受之愬"。面对很有感染力的控诉，也要非常小心，要保持冷静。所以孔子说，能提防"浸润之谮""肤受之愬"，就算是不昏庸，就算是明了。非但可算是"明"，简直可算是"远"。明和远的意思有点接近。明是很清晰，不浑浊，不混沌，不浑浑噩噩，不犯糊涂。远是比明还要明。南北朝的大文学家鲍照，取字明远。照就是光照，光打过来照在某个地方，就让那个地方明亮。古人的名和字往往是互训的，互相注解，照就是明，就是远，既明又远。

12-7 子贡问政。子曰："足食，足兵，民信之矣。"子贡曰："必不得已而去，于斯三者何先？"曰："去兵。"子贡曰："必不得已而去，于斯二者何先？"曰："去食。自古皆有死，民无信不立！"

译：子贡问为政之道。孔子说："粮食充足，军备充分，人民信任。"子贡又问："如果不得已要去掉一样，三者中先去掉哪一样？"孔子说："去军备。"子贡又问："如果不得已再要去掉一样，二者中先去掉哪一样？"孔子说："去掉粮食。自古以来人都难免一死，人民不信任，政府就维持不下去。"

说：孔子对民心、粮食、军备三者做了个轻重的次序排列。对于为政来说，什么最重要？当然是民心。民心比粮食重要，粮食比军备重要。把军备排在最后可能有点难以理解。我们常常会觉得国防很重要，没有国防什么都是空谈。但是孔子却主张，必不得已，首先要把军备去掉。如果有民心，终究能把军备筹建起来。兵不是最根本的，最根本的在于民心。如果老百姓不信任，政府就维持不下去；如果老百姓联合起来造反，再强的军事力量都没用。如果没有了民心，再多的军备，再多的粮食，也都无济于事。人心涣散，这个国家就没得救了。有军队又怎么样，军队自己都要谋反，造反的可能就是这些军队。兵一方面是保卫，一方面也是一个威胁的力量。从表面上看，军事很重要。军事确实很重要，但它不是根本的。民心有了保障以后，再来谈军事，那才是有意义的。如果民心都没保障，那军事就毫无意义，再强大的军事都没用，国家照样要亡。

12-8 棘子成曰："君子质而已矣，何以文为？"子贡曰："惜乎，夫子之说君子也！驷不及舌。文犹质也，质犹文也。虎豹之鞟，犹犬羊之鞟。"

译：棘子成说："君子能质朴就行了，何必还要文采呢？"子贡说："先生谈论君子，当谨慎才对，一言既出驷马难追！文采也如同质朴，质朴也如同文采；拔掉了毛的虎皮和豹皮，与拔掉了毛的狗皮和羊皮，是看不出什么区别的。"

注：①驷马：指驾一车之四马。②鞟（kuò）：去毛的皮革。

说：这里讲文和质的问题。棘子成的疑惑是，君子质朴就可以了，为什么要文采？儒家确实很重视质朴，讲究实质性的东西，不要搞花里胡哨的。这是对的，但是孔子也不是完全不要文采。孔子的主张是文质彬彬，文质不能兼顾的前提下，以质为优先。孔子的思想中确实有对质的偏重的一面，棘子成的疑惑不是空穴来风，跟孔子思想本身是有干系的。子贡对棘子成的疑问做了一个较好的回应。他做了一个比喻，如果只要质不要文，虎豹和犬羊都会区分不出来。虎豹和犬羊有着质的区别，如果去掉毛发，剩下的皮革看上去就是一样的。言下之意，如果去掉了文，君子小人也容易混同而难以区分。

12-9 哀公问于有若曰："年饥，用不足，如之何？"有若对曰："盍彻乎？"曰："二，吾犹不足，如之何其彻也？"对曰："百姓足，君孰与不足？百姓不足，君孰与足？"

译：鲁哀公问有若："遇到荒年，国家用度不足，该怎么办呢？"有若回答说："何不实行十抽一的赋税政策呢?"鲁哀公说："十抽二，还觉得不够用，为什么还要十抽一呢?"有若回答说："人民充足，君主还有什么不足呢? 人民不足，君主还有什么充足呢?"

说：《论语》里面有很多民本思想，前面讲民心比军事、经济重要，以及这一处，都体现出民本思想。哀公问，如果遇到荒年，国家用度不足，该怎么办? 有若的方法是要减税。哀公很是困惑，遇到荒年，到处都要用钱，本来想多抽点税，现在反倒让少抽点税，这是什么道理呢? 有若的回答是：人民充足，你跟谁谈不足，人民要是不足的话，你跟谁来谈充足? 这就是民本思想。国家要钱来干吗，就是要去拯救百姓。如果收税不是为了百姓，只是想着君主自己挥霍，那这个君主就别当了，迟早要被推翻。如果说是为了考虑百姓的问题，要救济百姓，何必又要来转这么一圈呢? 少收点税，不就是在救济了吗? 何必收上来再返还给百姓呢? 搞一个周折，里面要耗费掉多少? 贪官污吏在里面又要盘剥掉多少? 少收一点，老百姓不就可以多吃一点了吗? 老百姓要是充足了，那君主还谈什么不足? 老百姓吃得饱饭，君主躺在那里睡大觉都可以，还要去救济什么呢? 反过来，老百姓吃不饱饭了，国家府库再充足，又有什么意义。国库满了，老百姓口袋空了，那有什么意义? 所以，百姓足，君无所谓不足，百姓不足，君无所谓足。遇到荒年了，好像要多花钱，于是就多收税，这是本末倒置的做法。我们看中国后面的历史，一到了荒年，国家往往会实行减税政策。在孔子的时代，可能普遍还没有这种意识，这一点从哀公的疑惑中可以反映出来。汉代以后的帝王，基本都是会读《论语》的，从小就得读，读到这一则的时候，就会受到影响，一到了荒年就要减税，要从国家财政直接拨一些银两，或者以各种方式间接救济地方。这种史实跟《论语》应该是有一些因果关联的。

12-10 子张问崇德、辨惑。子曰："主忠信，徙义，崇德也。爱之欲其生，恶之欲其死。既欲其生，又欲其死，是惑也。""诚不以富，亦祇以异。"

译：子张问提升道德、辨明迷惑的方法。孔子说："注重忠信，迁从道义，这是提升道德的方法。喜爱一个人的时候就希望他生，讨厌一个人的时候就希望他死。既希望他生，又希望他死，这就是迷惑。""诚非因为她富有，只是你已变心。"

说：仁者不管是讨厌一个人还是厌恶一个人，出发点都是想要他生，想要让他更好地成长和发展。喜欢他的时候就想他生，不喜欢他的时候就巴不得他死，这就是不仁。一会想他生，一会想他死，这不就是自相矛盾？不就是困惑吗？"诚不以富，亦只以异。"这一句一般认为是错简，原本不放在这个地方。放在这里孤零零的，与前面没有半点逻辑关系。简牍是用绳子绑起来的，绳子断了，要重新编排起来，就很容易出现位置编排失误（错简）的现象。"不思旧姻，求而新特。诚不以富，亦只以异。"这是《诗经》里面的一句话，意思是：你不思念我这个结发的妻子了，你现在追求的是你新认识的女子，不是因为那女子富贵，只是因为你已经变了心。有人把这一句放到《季氏》篇"齐景公有马千驷"一则的前面。我倒觉得放到本篇下则（第十一则）更为妥当。本是连着的文本，就无所谓错简，只是后人编排断章的时候出了点偏差，把后一则的开头断到前一则的末尾去了。从内容上看，这一句与后一则也有着逻辑上的关联。

12-11 齐景公问政于孔子。孔子对曰："君君，臣臣，父父，子子。"公曰："善哉！信如君不君，臣不臣，父不父，子不子，虽有粟，吾得而食诸？"

译：齐景公向孔子问为政之道。孔子说："君要像个君，臣要像个臣，父亲要像父亲，儿子要像儿子。"齐景公说："说得好！君不像个君，臣不像个臣，父亲不像父亲，儿子不像儿子。即便有粮食，我能吃得着吗？"

说：君君，第一个是动词，第二个是名词，合起来表示以君主为君主。其余三个道理一样。古代汉语名词可以动词化，动词可以名词化，"君君，臣臣，父父，子子"，很有修辞意味。齐景公问政，孔子以这句话回答。齐景公表示认同，补充说：如果君不君、臣不臣、父不父、子不子，即使有粮食，也没有我的份。齐景公的这个补充，和"诚不以富，亦只以异"一句就很能呼应。国家即使富有，如果人民变了心，照样没有君主的份。所以说，不是因为富有君主才有得吃，只不过是因为大家没变心。不在于富不富，只在于有没有变心。

12-12 子曰："片言可以折狱者，其由也与？"子路无宿诺。

译：孔子说："凭借只言片语就可以断案，大概只有子路吧。"子路答应过的事，从不拖延过夜。

注：折，即断。

说：子路比较率直，他凭借不完整的语言就可以断案。这里孔子是批评子路断案太草率了。本来断案是要反复周旋，要各方面去考证，要非常谨慎的，子路轻率，这是他的缺点。可是刚说完这个缺点，孔子又紧接着说了一个与之并联的优点，说子路许下的诺言，从来不让它拖延过夜，也就是说子路很爽快。人就是这个样子，往往优点就决定了缺点，缺点就决定了优点。子路豪爽利索，有时未免轻率。优点就是缺点，缺点就是优点，并非优点之外另有缺点，并非缺点之外另有优点。

12-13 子曰："听讼，吾犹人也；必也，使无讼乎！"

译：孔子说："处理诉讼，我也和别人没什么两样；一定有什么不一样的话，那就是使诉讼不发生。"

说：孔子自己承认，在断案的技术性上，他不比别人更有能耐。他的能耐在于减少诉讼的发生。孔子的仁学讲的是修心，讲的是道德。断案那是法律的事情，我们经常说，法律是道德的底线，是最后的屏障。道德没有了，还有法律，如果法律都没有了，保障就彻底地崩溃了。法律是最后的后盾，是往下靠的，往上靠的是道德。孔子要让没有诉讼发生，就是要人往上靠。仁学要让大家心诚自觉，自觉遵守基本的规范。如果一个人能够崇德的话，他就不会有意为非作歹。法律是不得已而为之，是最末的，是没有办法的办法。中国的传统社会是没有警察的，一般的老百姓也基本不上法庭。一旦要上法庭了，大家就会觉得出了什么大事，而且觉得很丢脸。法庭上的事情往往都是政治事件，跟国家政权发生了冲突。一般是官不惹民，民不惹官，大家相安无事。有时候遇到些纠纷，处理不了了，那大家来评评理，大家来说说公道话。让邻居一起来，把事情放到光天化日之下，到公共场所去吵，大家都过来听一听，到底谁有道理。往往很多矛盾就这样解决了。如果哪个做得太过分，引起公愤，大家一说，这人觉得也有点说不过去，那就退让一步算了。此外还有一种重要的裁决力量，那就是乡绅乡贤。乡里会有一些威望比较高的人，或者是见多识广的长者，或者是饱读诗书的秀才。比较有权势的，比较通情达理的，比较有学问的，大家平时对这些人比较尊重，一旦有什么事，也愿意请这些人来评评理。法律毕竟有它的局限性，法律不可能面面俱到，处处明确作出规定。就算法律规定了的，又还有很大的解释空间。人如果不自觉，社会就不好治理。所以，孔子说断案已经是到了末流了，最好是不要有诉讼发生，这是理想的状态。孔子也不完全是空谈，事实上传统社会确实做到了一些。传统社会的秩序不用警察都能维持，大街上不用警察，乡下就更不需要了。当然传统社会的状态也有其局限性，优点同时会有它相伴随的缺点。

12-14 子张问政。子曰："居之无倦，行之以忠。"

译：子张问为政之道。孔子说："在职位上无倦怠，执行政令要尽心。"

12-15 子曰："博学于文，约之以礼，亦可使弗畔矣夫！"

译：重出，见《雍也》篇。

12-16 子曰："君子成人之美，不成人之恶。小人反是。"

译：孔子说："君子成全别人的好事，不促成别人的坏事。小人则刚好相反。"

说：觉得别人好了，自己就会坏，这个是局部意识，小家子气，短视，没气魄。如果自己的好需要别人的坏来衬托，那是不仁，不是真的好。

12-17 季康子问政于孔子。孔子对曰："政者，正也。子帅以正，孰敢不正？"

译：季康子向孔子问为政之道。孔子回答说："所谓的政，也就是正。你（在上的）带头行正，（在下的）谁敢不正呢？"

说：孔子对政治生态崇奉着一个自上而下熏染的信念。他诉诸制度偏少，所以对于人心的依赖就特别强。比如说要让人清廉，他的办法就是从上到下的廉洁。他不是说要建立一套什么制度，而是从上到下地正。上梁不正下梁歪，从上到下地投机取巧，整个政治生态就会混乱。孔子这种信念当然有其局限性，但是也要知道它的积极意义。上正，下未必正；上不正，下必不能正。政治不能完全依赖人心，也要有制度的保障。

12-18 季康子患盗，问于孔子。孔子对曰："苟子之不欲，虽赏之不窃。"

译：季康子有盗贼的困扰，向孔子请教。孔子回应说："只要你自己不贪婪，即使鼓励偷窃，也没人愿意干。"

说：季康子问孔子怎么解决盗贼为患的问题。孔子是儒家，不是法家那一套，不会告诉君主要如何制定法令。如果当时问的是韩非、李斯，可能就会回答该如何制定严厉的法令。偷一文钱砍一个手指头，偷两文钱砍两个手指头，看谁还敢偷。韩非就说过，人们敢于犯法，是因为法度还不够严苛。法家的这种思想孔子是不采取的，道家也反对。当然短期内确实是有其好处的，大家一时半会都不敢偷。但是怨声载道，不能得民心。法律太严苛了，非但贼盗会犯法，寻常的百姓一不小心也很容易犯法。甚至君主和权贵也会犯法，到时候怎么办呢？严刑峻法不是长久之道，与儒家的主张有短视和长视之别。儒家很间接，但是更宏观、更长远。所以孔子的回答就很间接，他不回答如何制定法令，也不说如何训练官兵缉拿盗贼，他只从根本上说。为什么会盗贼四起，就是因为大家吃不饱饭。真正想偷盗的人是没有多少的，真正有偷瘾的，这种人只是极少数。多数人的情况，偷窃就是因为吃不饱饭，尤其是在古代社会，吃不饱饭，生计得不到保障的时候，容易贼盗四起。那该怎么办呢？孔子的意思就是发展民生，让君主把国家发展起来，大家吃得饱饭，贼盗自然减少。偷窃是君主所不欲的，君主所不欲的，别人也不欲。如非逼不得已，就算是有奖赏，人们也不愿去偷窃。现在不要奖赏，大家都去偷了，那就意味着什么？国家民生出了问题，治理出了问题。所以，孔子的言下之意，是要劝谏季康子，多发展民生，不要对百姓有太多的苛捐杂税，让老百姓吃得饱饭，让民生得到安定。这是从根本上说的。

12-19 季康子问政于孔子曰："如杀无道，以就有道，何如？"孔子对曰："子为政，焉用杀？子欲善，而民善矣！君子之德风，小人之德草。草上之风，必偃。"

译：季康子向孔子问为政之道，说："如果杀掉不道义的，亲近道义之士，怎么样？"孔子说："你处理政事，何必用刑杀的办法呢？你一心向善，百姓也就趋善了。君主的德行就像风，百姓的德行就像草。风从草上吹过，草一定随之摇摆。"

说：这一则和上一则可以相呼应。杀无道，那是法家的办法。制定条例，用刑杀和奖惩措施来让人民归善，这是逼不得已的办法。我们现在讲依法治国，但是仍然要讲以德辅法。不能动不动就搞刑杀。首先还是要讲德，这是最根本的。为政者能把老百姓当回事，不草菅人命，民风才有可能淳朴。在上的人有仁德，在下的老百姓也会变得宽厚。在上的统治者和精英的德行就像风，在下的老百姓的德行就像草，如果风吹草，可以想象一下，草肯定是应风而倒。仍然是孔子自上而下的逻辑，下面受制于上面，上面决定下面。这里的君子也可以理解成有道德的人，有道德的人的高风亮节就像风一样，低劣的德性就像草一样，好的一定会把坏的给感染。

12-20 子张问："士何如斯可谓之达矣？"子曰："何哉，尔所谓'达'者？"子张对曰："在邦必闻，在家必闻。"子曰："是闻也，非'达'也。夫达也者，质直而好义，察言而观色，虑以下人，在邦必达，在家必达。夫闻也者：色取仁而行违，居之不疑，在邦必闻，在家必闻。"

译：子张问："读书人怎样才算是'达'？"孔子说："你所谓的'达'是指什么呢？"子张回答："在朝廷里有一定的名望，在家族里有一定的名望。"孔子说："你所说的不是'达'，而是'闻'。所谓的'达'，应该是品性正直爱好仁义，又善于察人言语，观人容色，常常想着居处人下，在朝廷里能够通达，在家族里也能通达。而所谓的'闻'呢，外表看上去追求仁德，而实际行为上却背离仁德，而且心安理得地以仁人自居，这样的人，在朝廷可以猎得名望，在家族里也可以猎得名望。"

12-21 樊迟从游于舞雩之下，曰："敢问崇德、修慝、辨惑？"子曰："善哉问！先事后得，非崇德与？攻其恶，无攻人之恶，非'修慝'与？一朝之忿，忘其身以及其亲，非'惑'与？"

译：樊迟陪孔子在舞雩台下闲游，说："请问如何提高德行，如何去除匿恶，如何辨别糊涂？"孔子说："问得好！做事在先，求得在后，不就是提高品德了吗？反思自己的过失，而不计较别人的过失，不就是去除匿恶了吗？忍不住一时的气愤，忘记了自己的生命与亲人，不就是糊涂吗？"

注：修慝：慝[tè]，恶之匿于心。修，治而去之。

12-22 樊迟问仁。子曰："爱人。"问知。子曰："知人。"樊迟未达，子曰："举直错诸枉，能使枉者直。"樊迟退，见子夏曰："乡也吾见于夫子而问知，子曰：'举直错诸枉，能使枉者直'，何谓也？"子夏曰："富哉言乎！舜有天下，选于众，举皋陶，不仁者远矣。汤有天下，选于众，举伊尹，不仁者远矣。"

译：樊迟问仁。孔子说："爱人。"又问智。孔子说："知人。"樊迟不能理解。孔子说："把正直的人提拔起来置于枉曲的人之上，可以让那些枉曲的人也变得正直。"樊迟回来的时候，遇见子夏，便问他："刚刚我去了孔夫子那里，问他什么是'智'，夫子说：'把正直的人提拔起来置于枉曲的人之上，可以让那些枉曲的人也变得正直'，这是什么意思呢?"子夏说："这话的涵意真丰富啊! 舜掌管天下，在众人里面把皋陶提拔出来，那些不仁的人就远去了。汤掌管天下，在众人里面把伊尹提拔出来，那些不仁的人就远去了。"

12-23 子贡问友。子曰："忠告而善道之，不可则止，毋自辱焉。"

译： 子贡问为友之道。孔子说："忠心劝告，好好引导，对方不听从，自己就停止，不要自取其辱。"

说： 这一则可以和《里仁》篇子游说的"事君数，斯辱矣。朋友数，斯疏矣"相呼应。子游的那句话可以视作是孔子这句话的翻版。如果在朋友面前太过于琐碎，太过于喋喋不休，那会招致侮辱。碰到该要劝告的事情要好好劝导，睁一只眼闭一只眼也不对，顺着人家的错误和负面情绪滑坡，那更糟糕。真正意义上的朋友当然不应该这样，倾听不是要看人笑话，更不是火上浇油，应该是要开导，要劝谏。"忠告而善道之"，如果实在引导不了，就要"不可则止"了。如果不听从忠告，就说明了你的忠告是无效的，这个时候就不用再多说了，说多了就是自取其辱，别人会觉得你很啰嗦，如果是这样的话，忠告就是负效果。别人不听劝告，说明你没有说到他心坎上，或者你说的方式不对，说话的艺术还不到家，或者你对这个问题的分析的高度还没有达到可以说服他的程度。那这个时候就不要再劝导了，劝导只会起到反作用。再劝就是执拗，何必还要在那里一而再再而三地说，好像别人没听到一样，好像次数越多就会起效果一样。那只会适得其反，导致别人的厌烦。如果看清了问题的真相，劝说的技巧到位的话，别人或许会听，这是最理想的，如果达不到，那就算了，事实证明你的说法很难打动他，改变不了他的观念，改变不了他的现状，那就算了，剩下的只要倾听就够了。这个时候也不要"忠告而善导之"，也不要反感，也不要怨气，也不要附和，只是坐在那里默默地倾听。对方有一种情绪的宣泄，反倒可能会舒服一点。倾听也很重要，有些人可能就是为了说一下这个事，他心里就舒坦了，他也不是为了要解决什么问题，他就需要有个倾听的对象。

12-24 曾子曰："君子以文会友，以友辅仁。"

译： 曾子说："君子以文章学问为媒介来交朋友，又借助朋友来辅助仁德的培养。"

子路第十三

13-1 子路问政。子曰："先之，劳之。"请益，曰："无倦。"

译：子路问为政之道。孔子说："自己带头，大家努力。"子路想孔子再多说点。孔子说："不要懈怠。"

13-2 仲弓为季氏宰，问政。子曰："先有司，赦小过，举贤才。"曰："焉知贤才而举之？"曰："举尔所知。尔所不知，人其舍诸？"

译：冉雍做了季氏的宰臣，向孔子问为政之道。孔子说："首先注重干部，不计较小的过失，推荐贤能的人。"冉雍又问："怎样才知道举荐的一定是最为贤能的呢？"孔子说："举荐你所知道的。你所不知道的，别人难道不会举荐吗？"

13-3 子路曰："卫君待子而为政，子将奚先？"子曰："必也正名乎！"子路曰："有是哉，子之迂也！奚其正？"子曰："野哉由也！君子于其所不知，盖阙如也。名不正，则言不顺；言不顺，则事不成；事不成，则礼乐不兴；礼乐不兴，则刑罚不中；刑罚不中，则民无所措手足。故君子名之必可言也，言之必可行也。君子于其言，无所苟而已矣。"

译：子路说："卫君如果要先生去治理国政，先生首要准备做什么呢？"孔子说："那一定是正名吧！"子路说："真是这样吗？先生有些迂远啊，怎么会是正名呢？"孔子说："你真是太粗野了！君子对于他所不知道的，当付诸阙如。语词不当，言论就说不通；言论不通，事情就做不好；事做不好，礼乐就实行不起来；礼乐实行不起来，刑罚就不能得当；刑罚不能得当，百姓连手脚都不知如何安放。所以，君子定一个名，一定要名正言顺可以说得出来，说得出来也一定可以依照而行。君子对于任何措辞，一定不能含混。"

13-4 樊迟请学稼，子曰："吾不如老农。"请学为圃，曰："吾不如老圃。"樊迟出，子曰："小人哉，樊须也！上好礼，则民莫敢不敬；上好义，则民莫敢不服；上好信，则民莫敢不用情。夫如是，则四方之民襁负其子而至矣，焉用稼？"

译： 樊迟问孔子种庄稼的方法。孔子说："我没有农夫懂。" 又问种菜的方法。孔子说："我不如菜农。"樊迟离开以后，孔子说："樊须真是粗野啊！在上的崇尚礼，那么老百姓没有不敬重的；在上的崇尚义，那么老百姓没有不服的。"在上的崇尚信任，那么老百姓没有不讲真话的。如果是这样，天下的百姓就会背负家小前来投奔，用得着亲自耕种吗？"

说： 这一则非常意味深长，争议性也非常强。很多人据此批判孔子，说他对下层劳动百姓有歧视。孔子说"唯女子与小人难养"，于是又有了孔子歧视女性的批评。诸如此类，都比较钻牛角尖。孔子的仁爱思想就是要纠正统治者草菅人命的风气，他一再强调要把人当人，孔子是民本主义，他一向把普通百姓看得最重，怎么会对下层百姓有歧视？他的政治学说都是以底层百姓为根基建立起来的。一叶障目，不见泰山，读书不能那样读，要体味孔子为什么会这样说。"小人哉，樊须"，可以有两种理解，一种解释是说樊须粗野，道德修养还不是很高。但在这里把"小人"解释为小民应该更为贴切一些。孔子的意思是说，樊须真是升斗小民，不考虑国家大事，老是想着怎么去种庄稼，怎么去种菜。读书人应该把精力和心力放在礼、义、忠、信等学说上。如果只是为了自己吃饱饭，那就不用费那么大的劲去求学问。通过孔子后面的回答，可以推想，樊须问稼，极有可能是出于政治的动机，试图通过提升农耕水平来优化政治。他或许也受到一些农家学派的影响，故而来问孔子稼穑的问题。不过所问非人，孔子思想与农家思想迥异，孔子更加不懂具体的耕种技术上的问题。他只是告诉樊须，通过礼、义、忠、信之道，使君民一心。赢得民心，则四方百姓都会背着自己的小孩奔赴而来，又哪里需要去钻研耕种的问题。奔赴而来的百姓自己就会去思考怎么种田。孔子的站位要更高一点，不仅仅停留在技术上，技术上的事情自然有相应的专家们去解决。更高的政治站位意识，应该少问技术多问道。有道之君，有道之国，不用通过发展农耕去向外征服天下，天下人自然奔赴而来，人口自然越来越多，国土自然越来越广，国家自然越来越强盛。应当通过得民心的方法来王天下，而不是靠着经济和军事的力量来霸天下。儒家的天下观，西方文明里面是没有的。天下的情怀只有中国有，这是很了不起的一个中国智慧。

13-5 子曰：“诵《诗》三百，授之以政，不达；使于四方，不能专对；虽多，亦奚以为？”

译：孔子说：“能背诵《诗经》三百篇，交给他政治任务，却办不通；让他出使到周边国家，又不能独立应对。即便背诗背得再多，又有什么意义呢？”

注：专对：使节出使他邦，“受命不受辞”，言辞的对答随机应变，独立行事，这就叫作“专对”。

13-6 子曰：“其身正，不令而行；其身不正，虽令不从。”

译：孔子说：“如果自身正当，不用发号施令事情也行得通；如果自身不正当，即使三令五申也行不通。”

13-7 子曰：“鲁卫之政，兄弟也。”

译：孔子说：“鲁国和卫国的政治，真像兄弟一样。”

说：孔子说鲁国和卫国的政治就像兄弟一样，这可以有两种解释。一种是说，鲁国和卫国两国关系很亲密，就像亲兄弟一样。一种是说，孔子抱怨礼崩乐坏，天下大乱，鲁国现在很乱，卫国也好不到哪去。

13-8 子谓卫公子荆：“善居室。始有，曰：‘苟合矣。’少有，曰：‘苟完矣。’富有，曰：‘苟美矣。’”

译：孔子评价卫国的公子荆：“这人善处自己的家业。刚有一点，他就说差不多够了；再多一点，他又说，差不多完备了；再更富足的时候，他又说，已经很完美了。”

说：公子荆是个懂得知足的人，由贫到富的任何一个阶段他都能安，而且虚怀若谷，恬淡谦和，所以孔子称道他。梁漱溟说：“不仁者无论是富是贫，他都不能久处。他才到苦境还能勉强承受，但安之则不能；才到富境，他亦可安处，但一久则又想别的，觉得乏味，便不耐烦。其所以贫富都耐不住，根本上是由于找。不向外找的人，不但处富他泰然自适，即处贫亦安然自在。因他里面是安适柔和，境遇如何固不足以挠其志也。”颜回是善于安贫的典范，公子荆则是善于安富的典范。

13-9 子适卫，冉有仆。子曰：“庶矣哉！”冉有曰：“既庶矣，又何加焉？"曰："富之。"曰："既富矣，又何加焉？"曰："教之。"

译：孔子去卫国，冉有为他驾车。孔子说："人口真多呀！"冉有问："人口充足了，下一步该怎么办？"孔子说："使他们富足。"冉有又问："如果富足了，下一步又怎么办？"孔子说："使他们受到教育。"

说：这个地方有一个值得反思的问题，孔子没有把"教之"放在"富之"的前面。孔子经常是把精神放到物质之上的，这里却反过来了。不同的视角和立场，考虑问题当有不同。一个是站在老百姓的立场，站在个体的立场，一个是站在执政者的立场，站在宏观的立场。孔子"庶""富""教"三个步骤的优先顺序，是针对执政者而言的，首先是增加人口，然后是使民富裕，最后是开展教育。如果是对个人而言，这个顺序将要被倒过来，首先是受教育修身，这是最重要的，其次是改善生活条件，其次是人口繁衍。对个体，可以提倡安贫的思想，但是安贫的思想不能成为执政者的挡箭牌。执政者想的应该是如何让老百姓过上最好的生活。针对个人的修养而言，精神优先于物质，"教之"要放在"富之"的前面。但是对于国家和政治而言，就要反过来，"富之"要放在"教之"的前面。执政者如果想着，老百姓吃不饱饭不要紧，先让他们去学点东西，缓一缓，等学得差不多了，再来想着让他们吃得饱饭，那当然不行，那是推卸责任。作为执政者，应该反过来，首先让百姓吃得饱饭，有了生计的保障之后，才考虑教育的问题。对于个人而言，自己对自己的要求，又不能说等到能够吃饱饭，再来受教育，首先想的是修养。就算吃不饱饭，也要好好修养，好好接受教育。"君子食无求饱，居无求安，敏于事而慎于言，就有道而正焉。"（《学而》）"士志于道，而耻恶衣恶食者，未足与议也。"（《里仁》）都是这种精神的体现。

13-10 子曰："苟有用我者，期月而已可也，三年有成。"

译：孔子说："如果能用我的学说，一年就会发生效力，三年就能有所成功。"

说：孔子说，如果能用我的学说（仁学），一年（期月）停止都可以，三年就会有所成功。后面第十一则孔子又承认，善人当政一百年，才可以化残去暴；第十二则孔子又讲，如果有王者兴起，一定要三十年才能推行仁道。这该怎么理解，岂不自相矛盾？"期月而已可也，三年有成"，意思是说，如果能推行仁学，就算是只推行了一年，到了第三年就会看到有不一样的境况。一年有一年的成效，十年有十年的成效，三十年有三十年的成效。如果国家贯彻了仁道一年，那么到了第三年，就会看到推行一年的效果。至于有没有达到理想的状态，那肯定是没有的。三年怎么可能实现理想，就算是圣王，那也得三十年才能推行仁道，何况是一般的君王。就像吃药，吃了以后，一个小时以后可能会见效，这个效果可能是暂时退烧了，或者有其他身体病征的缓解。但是要把病治好，那不是说吃一副药就能行，要持续吃，吃足所需疗程，病才能痊愈。

13-11 子曰："'善人为邦百年，亦可以胜残去杀矣。'诚哉是言也！"

译：孔子说："'善人当政一百年，就可以化残暴去刑杀。'这话说得真对呀！"

说：一百年可以让一个国家发生换血性质的改变。十年树木，百年树人，人才的培养与塑成，需要一百年。人才培养出来了，他的习性、心态、行事方式，会形成一种惯性，优点必然伴随着他的局限性，优势发挥充分了，剩下的就是局限性的不断暴露。一个人的寿命也不过百年。一个国家发生根本性的转变，需要百年，善人要化残去暴，也需要百年。

13-12 子曰："如有王者，必世而后仁。"

译：孔子说："如果有王者兴起，也一定需要三十年才能推行仁道。"

13-13 子曰："苟正其身矣，于从政乎何有？不能正其身，如正人何？"

译：孔子说："如果自身端正，对于从政又有什么难事？如果自身不能端正，又如何去端正别人呢？"

13-14 冉子退朝，子曰："何晏也？"对曰："有政。"子曰："其事也？如有政，虽不吾以，吾其与闻之！"

译：冉有退朝回来。孔子问："为什么这么晚呢？"冉有回答说："有政事。"孔子说："只不过是事务性的工作吧。如果有政治性的工作，我虽然没有参与，也一定会听闻到的。"

13-15 定公问："一言而可以兴邦，有诸？"孔子对曰："言不可若是，其几也。人之言曰：'为君难，为臣不易。'如知为君之难也，不几乎一言而兴邦乎？"曰："一言而丧邦，有诸？"孔子对曰："言不可以若是，其几也。人之言曰：'予无乐乎为君，唯其言而莫予违也！'如其善而莫之违也，不亦善乎？如不善而莫之违也，不几乎一言而丧邦乎？"

译：鲁定公问："一句话就可以使国家兴盛起来，有这样的话吗？"孔子回答说："话不能机械地理解！有人说：'为君主难，为臣下的也不容易。'如果能知道为君的艰难，不就接近于一言兴邦了吗？"鲁定公又问："一句话就可以使国家衰颓落后，有这样的话吗？"孔子回答说："话不能机械地理解！有人说：'我做君主没什么快乐可言，只是没有人敢违抗我说的话。'如果是善言，人们不敢违抗，不也挺不错吗？如果是不善之言，人们不敢违抗，不就是一言丧邦吗？"

13-16 叶公问政。子曰："近者说，远者来。"

译：叶公问政。孔子说："近的欢悦，远的来附。"

13-17 子夏为莒父宰，问政。子曰："无欲速，无见小利。欲速则不达；见小利则大事不成。"

译：子夏做了莒父的县长，向孔子问政。孔子说："不要贪图速度，不要贪图小利。贪图速度反不容易达到目的，贪图小利则办不成大事。"

13-18 叶公语孔子曰："吾党有直躬者，其父攘羊，而子证之。"孔子曰："吾党之直者异于是，父为子隐，子为父隐，直在其中矣。"

译：叶公跟孔子说："我们乡里有个人很正直，他父亲偷了别人的羊，他就把他父亲给告发了。"孔子回答说："我们乡里所谓的正直和你所谓的正直不太一样，父亲替儿子隐瞒，儿子替父亲隐瞒，正直就蕴藏在其中了。"

说：孔子和叶公辩论正直的问题。叶公认为，父亲偷了羊，儿子出来举报，这就是正直，为了公义，可以不顾私情。不管是谁偷了羊，都要举证，不管是朋友，还是亲戚，就算天王老子，父母妻儿，都要出来举证。孔子就告诉他，父亲为儿子隐瞒，儿子为父亲隐瞒，正直就蕴藏在其中了。我们觉得很奇怪，这还叫正直，这不是教人徇私枉法吗？为什么父子相互隐瞒，直就在其中呢？因为父子之间的关系太紧密，如果父子之间都相互举报的话，简直没有人性了，人与人之间完全没感情可讲了，父子之间尚且没感情可讲，其他就更不用说。夫妻之间可以反目，丈夫头天晚上说的悄悄话，说不定第二天妻子就去告发，这是什么世道？夫妻之间，父子之间都这样，天下就要大乱。只讲法，不讲情，那就会天下大乱。孔子讲的"直"，首先需要有"直情"的依托。什么是人的

"直情"呢？就是仁爱，大家都有恻隐之心，该直的时候就直，该隐的时候就隐。陌生的不法分子犯了罪，就应该要去举报，因为没有直接的情感纠葛，正义感胜出情感，直觉上没有那么令人感到难受。如果父亲犯了法，情感胜出正义感，直觉上过不了情感的一关，这就是人性。如果不是大是大非的问题，就会不忍心去举报。孔子讲的父为子隐，子为父隐，也不是绝对的任何情况都隐。要看具体情况，也不是唯法是重，也不是唯情是重，而是要在情和法之间达到一种协调，达到一种统一，这才是孔子真正的义理所在。情和义是要有统一的，仁而不义，妇人之仁，会出问题，一味讲义不讲情，更会出问题。理想的状态应该是情和义要统一，情和法要统一，相辅相成。

13-19 樊迟问仁。子曰："居处恭，执事敬，与人忠。虽之夷狄，不可弃也。"

译：樊迟问什么是仁。孔子说："平素端庄，处理事情严肃认真，待人能够信实。即使到了夷狄之国，也不废弃。"

13-20 子贡问曰："何如斯可谓之士矣？"子曰："行己有耻，使于四方，不辱君命，可谓士矣。"曰："敢问其次。"曰："宗族称孝焉，乡党称弟焉。"曰："敢问其次。"曰："言必信，行必果，硁硁然，小人哉，抑亦可以为次矣。"曰："今之从政者何如？"子曰："噫！斗筲之人，何足算也！"

译：子贡问："如何才能称得上'士'？"孔子说："对待自己的言行要知道耻辱，出使于外国他邦，不辱没君主的使命，如此就称得上'士'。"子贡又问："次一等的士又如何？"孔子说："宗族乡党面前，能够孝悌。"子贡又问："再次一等的士呢？"孔子说："言语一定要讲究信用，行为一定要讲究果断，坚硬得像石头一般。这已经是平民之列了，非要求其次一等的士的话。"子贡问："现在那些从政的人算哪一级？"孔子说："噫！那些鄙言细行的人，又何足道呢？"

注：斗：量器，十升为一斗。筲：淘米的竹器，容量为一斗二升。斗筲：比喻气度狭小，才识浅陋的人。

说：孔子在这里说的是"士"的层级等次的排列，并不是就"士"的修为高低来说的，而是就职能的范围大小来说的。第一级的士是就国家的范围而言，那是最大的。其次的一级，针对宗族乡党而言，范围在缩小。再其次，针对个人而言，范围进一步缩小。

13-21 子曰："不得中行而与之，必也狂狷乎！狂者进取，狷者有所不为也。"

译：孔子说："如果不能行中庸之道，就行狂狷之道吧！狂者进而有所奋发，狷者退而有所不为。"

说：中行就是行中庸之道。如果不能行中庸之道，就行狂狷之道。还有比狂狷更糟糕的一路人，那就是乡愿，一乡之所愿的老好人，没有原则，怎么样能讨好别人就怎么样做。狂、狷则与乡原不同；狂和狷都有其立场与原则。狂者进以奋发，积极为善；狷者退而守节，不为不善。乡愿背离狂、狷，而中庸则兼备狂、狷。中庸是该进取有为的时候就进取有为，该退守无为的时候就退守无为。

13-22 子曰："南人有言曰：'人而无恒，不可以作巫医'。善夫！""不恒其德，或承之羞。"子曰："不占而已矣。"

译：孔子说："南方人说：'人如果没有恒心，就不能做巫师和医生。'说得真好呀！""不能恒守其德，就会招致侮辱。"（《易经·恒卦》）孔子说："没有恒德，就不必去占卦了。"

13-23 子曰："君子和而不同，小人同而不和。"

译：孔子说："君子和谐但不责同，小人求同但不和谐。"

13-24 子贡问曰："乡人皆好之，何如？"子曰："未可也。""乡人皆恶之，何如？"子曰："未可也。不如乡人之善者好之，其不善者恶之。"

译：子贡曾问孔子："有一种人乡里人都喜欢，那这种人怎么样呢？"孔子说："还不行。"子贡又问："如果乡里的人都不喜欢他，那么这人又怎么样呢？"孔子说："也不行，比不上乡里的好人都喜欢，乡里的恶人都讨厌的那种人。"

说：乡人都喜欢的，那是乡愿；乡人都讨厌的，那是小人。乡里的君子喜欢，小人讨厌的，那就最好了，非得是有原则、合道义、合中庸之道才有可能。

13-25 子曰："君子易事而难说也。说之不以道，不说也；及其使人也，器之。小人难事而易说也。说之虽不以道，说也；及其使人也，求备焉。"

译：孔子说："君子容易共事，但不容易取悦。不合道义地取悦他，他不会喜悦。当他用人的时候，却能量才而用。小人很难共事，却很容易取悦。即便不合道义地取悦他，他也能喜悦。而当他用人的时候，则又求全责备。"

13-26 子曰："君子泰而不骄，小人骄而不泰。"

译：孔子说："君子庄严而不骄傲，小人骄傲而不庄严。"

13-27 子曰："刚毅木讷，近仁。"

译：刚强、坚毅、质朴、讷言，这四种品质偏近于仁。

说：黄式三说："刚者坚强而不屈挠，毅者果断而不游移。"毅的含义主要是果敢而能决断。刚和毅都体现出意志的坚定，区别在于：刚是能坚守已有之志，不为外在因素屈挠；而毅是能对现有的选择做出决断，并能果敢而不游移地坚守这个决断。木，就是朴实厚道。木的人格特征可以表现在人的方方面面，讷就是木的人格特征在语言上的表现。讷，从言从内，意思就是忍于言，不轻易出言，出言缓慢谨慎。刚毅木讷是孔子所直接指出的仁人的"质"的方面的人格美特征。之所以说"近仁"而不说"为仁"，是因为仁有仁之质，也有仁之文，刚毅木讷只是仁的质的层面的内容，而非文的层面的内容，光有质不足以成仁，只有文与质的统一才是全面的仁。

13-28 子路问曰："何如斯可谓之士矣？"子曰："切切偲偲，怡怡如也，可谓士矣。朋友切切偲偲，兄弟怡怡。"

译：子路问："怎样才能称得上是'士'？"孔子说："相互敬重切磋勉励，和睦愉悦，就称得上'士'了。朋友之间相互敬重切磋勉励，兄弟之间和睦愉悦。"

注：切切偲偲（sī）：相互敬重切磋勉励。

13-29 子曰："善人教民七年，亦可以即戎矣。"

译：孔子说："善人训练百姓七年，然后才可以让他们参与战争。"

13-30 子曰："以不教民战，是谓弃之。"

译：孔子说："让不经训练的百姓去打仗，乃是抛弃他们。"

宪问第十四

14-1 宪问耻。子曰："邦有道，谷；邦无道，谷，耻也。"

译：原宪问耻。孔子说："国家有道，则当为官以取禄；国家无道，也以官取禄，这就是耻。"

14-2 "克、伐、怨、欲不行焉，可以为仁矣？"子曰："可以为难矣，仁则吾不知也。"

译：（原宪问孔子）："好胜、自矜、怨恨、贪欲这些毛病都能制止，可以算得上仁者了吗？"孔子说："这已经很难能可贵了，但大概还不能算是仁者。"

说：仁者有两种，一是现实的仁者，一是理想的仁者。现实的仁者是现实中存在的，只要做了一点符合仁道的事情，有时候也会被称为仁。理想的仁是长期的、面面俱到的，各个地方都符合仁的，一种完满的、理想的状态。以理想的仁者来衡量，没有任何人可以达得到。做了这样的区分以后，这一则就比较容易理解了。"克、伐、怨、欲不行"，其他方面如何，是尚且不能断定的，就现实的仁者而言可以算得上仁者，就理想的仁者而言，就未必算得上了。

14-3 子曰："士而怀居，不足以为士矣！"

译：孔子说："知识分子如果怀恋安乐窝，也就不足以称为知识分子了。"

14-4 子曰："邦有道，危言危行；邦无道，危行言孙。"

译：孔子说："国家有道，言语上正直，行为上也正直；国家无道，行为上正直，言语上谦逊。"

注：危：正。

14-5 子曰："有德者必有言，有言者不必有德。仁者必有勇，勇者不必有仁。"

译：孔子说："有道德的未必有言论，有言论的未必有道德。有仁德的一定有勇德，有勇德的未必有仁德。"

14-6 南宫适问于孔子曰："羿善射，奡荡舟，俱不得其死然。禹稷躬稼而有天下。"夫子不答。南宫适出，子曰："君子哉若人！尚德哉若人！"

译：南宫适请教孔子："羿善射，奡能覆舟，然而都不得好死。夏禹和后稷亲自耕种，却得到了天下。"孔子默然不语。南宫适离开后，孔子说："这人真是君子呀！这人真是崇尚道德呀！"

注：①适字亦作括，南宫适又名缩，即南容。②奡〔ào〕：又作浇，寒浞子，后被夏后少康所诛。《竹书纪年》："浇伐斟寻，大战于潍，覆其舟，灭之。"荡舟即覆舟，谓奡力大能荡覆敌舟。后谓矫健有力为奡。

14-7 子曰："君子而不仁者有矣夫！未有小人而仁者也。"

译：孔子说："君子之中可能有不仁者吧！小人里面却不可能有仁者呀！"

说：不辨理想仁者与现实仁者，此古今注疏之所以不能通。

14-8 子曰："爱之，能勿劳乎？忠焉，能勿诲乎？"

译：孔子说："爱于他，能不勉劳他吗？忠于他，能不教诲他吗？"

14-9 子曰："为命，裨谌草创之，世叔讨论之，行人子羽修饰之，东里子产润色之。"

译：孔子说："（郑国）出一道辞命，先由裨谌起草，再经世叔讨论，行人子羽修饰，东里子产润色。"

说：这一则是在讲历史，《宪问》篇还有好几则都是在讲历史。可以看到，《论语》不单只是讲思想，有时候也会有一些历史的记载。中国的人格教育，往往是通过历史来展开的，所以中国历史尤其发达。中国从上古开始，把历朝历代的历史都汇编下来，里面有无数的典故，中国人的道德教化主要就是靠历史，而不是靠说教，也不是靠理性的逻辑的力量。中国人确实有思想教育，但思想教育一定不脱离感性的历史。感性的历史，就是那些历史故事，它们是感性的、鲜活的，是有人格熏陶力的。这种道德熏陶的力量，往往比言语的教化还强大。读孔子，也要先有一种对孔子人格的倾慕，如果没有这个前提，《论语》是比较难读进去的，读完了也吸收不到什么东西。孔子隔三岔五就会给学生讲历史，学生只是只言片语记载了一些，编到了《论语》里面。这里涉及了裨谌、世叔、行人子羽、东里子产，关于他们，孔子肯定要一一跟学生们讲述，《论语》记载的只是只鳞片爪。

14-10 或问子产。子曰："惠人也。"问子西。曰："彼哉！彼哉！"问管仲。曰："人也。夺伯氏骈邑三百，饭疏食，没齿无怨言。"

译：有人问子产的为人。孔子说："恩惠于民的人。"问子西。孔子说："那人呀！那人呀！"问管仲。孔子说："是个有仁德的人。他剥夺了伯氏骈邑三百户。伯氏吃着粗茶淡饭，终生对管仲没有怨言。"

注：①子西：子产的同宗兄弟，二人同事，子西继子产执郑国之政。②人也：有两解，一解为人才，一解为仁人。③管仲夺伯氏邑，如诸葛亮废廖立、李平为民，及亮之卒，廖立垂泣，李平致死，皆以执法公允，故得罪者无怨。

14-11 子曰："贫而无怨，难；富而无骄，易。"

译：孔子说："处贫穷而没有怨气，这相对较难；处富贵而没有骄气，这相对容易。"

14-12 子曰："孟公绰为赵、魏老则优，不可以为滕、薛大夫。"

译：孔子说"孟公绰这样的人，可以做赵氏和魏氏的室老，却不可以为滕国和薛国的大夫"

注：①赵、魏皆晋卿。②老，大夫的家臣之长，也称室老。③优，宽绰有裕。朱熹："大家势重而无诸侯之事，家老望尊而无官守之责。大夫，任国政者。滕、薛国小政烦，大夫位高责重，然则公绰盖廉静寡欲而短于才者也。"

14-13 子路问成人。子曰："若臧武仲之知，公绰之不欲，卞庄子之勇，冉求之艺，文之以礼乐，亦可以为成人矣！"曰："今之成人者何必然？见利思义，见危授命，久要不忘平生之言，亦可以为成人矣！"

译：子路问孔子，什么样的人才算得上人格完备的人。孔子说："有臧武仲那样的智慧，能像孟公绰那样寡欲，有卞庄子那样的勇，能像冉求一样多艺，再加上礼乐的修养，差不多就算得上人格完备的人了。"孔子又补充说："在现今这样的时代，又谈不上这些了！谋利的时候能顾及义，遇到危险的时候能忘却生命，久处贫约却能不忘记平生的诺言，这样也可以算得上人格完备的人了。"

注：要：约。

14-14 子问公叔文子于公明贾曰："信乎，夫子不言，不笑，不取乎？"公明贾对曰："以告者过也。夫子时然后言，人不厌其言；乐然后笑，人不厌其笑；义然后取，人不厌其取。"子曰："其然？岂其然乎？"

译：孔子向公明贾问公叔文子的为人，说："据说他老人家不言不笑，不取利于人，是真的吗？"公明贾回答说："这话说得过头了。他老人家该说的时候就说，所以别人不厌烦他说；开心的时候就笑，所以别人不厌烦他笑；该取的才取，所以别人不讨厌他的取。"孔子说："是这样吗？真的是这样吗？"

14-15 子曰："臧武仲以防，求为后于鲁，虽曰不要君，吾不信也！"

译：臧武仲凭借防这一封邑请求鲁国封其子弟为卿大夫，虽然有人说他不是要挟君主，但我是不相信的。

注：①防：臧武仲的封邑，离齐国边境很近。②要：要挟。

14-16 子曰："晋文公谲而不正，齐桓公正而不谲。"

译：孔子说："晋文公多谋而不正派，齐桓公正派而不多谋。"
注：谲：诡诈多谋。

14-17 子路曰："桓公杀公子纠，召忽死之，管仲不死。曰未仁乎？"子曰："桓公九合诸侯，不以兵车，管仲之力也。如其仁！如其仁！"

译：子路问："齐桓公杀了公子纠，召忽殉死了，而管仲却没有殉死，管仲还算不上仁吧？"孔子说："齐桓公多次主持诸侯会盟，制止了许多战争，这都是管仲的功劳呀，这就是他的仁！这就是他的仁！"

14-18 子贡曰："管仲非仁者与？桓公杀公子纠，不能死，又相之。"子曰："管仲相桓公，霸诸侯，一匡天下，民到于今受其赐！微管仲，吾其披发左衽矣！岂若匹夫匹妇之为谅也，自经于沟渎而莫之知也？"

译：子贡问："管仲不是仁者吧？齐桓公杀了公子纠，管仲非但不能为公子纠殉死，还要去辅佐齐桓公。"孔子说："管仲辅佐齐桓公，齐桓公称霸诸侯，使天下得到匡正，老百姓到现在还受着他的恩惠，如果不是管仲，我们现在恐怕会像蛮夷一样，披头散发，向左边披衣襟。难道非得像普通百姓一样守着小节，在山沟里自杀，死了都没人知道吗？"

14-19 公叔文子之臣大夫僎，与文子同升诸公。子闻之曰："可以为文矣！"

译：公叔文子的家臣大夫僎，和文子同升到公朝，孔子听说此事后说："这人可以谥为'文'了。"

说：可以被谥号为"文"的情况有好多："经天纬地曰文；道德博闻曰文；慈惠爱民曰文；愍民惠礼曰文；赐民爵位曰文；勤学好问曰文；博闻多见曰文；忠信接礼曰文；能定典礼曰文；经邦定誉曰文；敏而好学曰文；施而中礼曰文；修德来远曰文；刚柔相济曰文；修治班制曰文；德美才秀曰文；帝德运广曰文；坚强不暴曰文；徽柔懿恭曰文；圣谟丕显曰文；化成天下曰文；纯穆不已曰文；克嗣徽音曰文；敬直慈惠曰文；与贤同升曰文；绍修圣绪曰文；声教四讫曰文。"这里对应的类型是"与贤同升"。大夫僎属于"与贤同升"一类。

14-20 子言卫灵公之无道也。康子曰："夫如是，奚而不丧？"孔子曰："仲叔圉治宾客，祝鮀治宗庙，王孙贾治军旅。夫如是，奚其丧？"

译：孔子说卫灵公昏庸无道。季康子说："既然如此，为什么不会败亡呢？"孔子说："卫国有仲叔圉管理宾客之事，祝鮀管理宗庙之事，王孙贾管理军旅之事。这样的话，为什么会败亡呢？"

说：这一则如果对着《庄子》读就很有意思。《庄子·则阳》有这样一则典故：

> 仲尼问于大史大弢、伯常骞、狶韦曰："夫卫灵公饮酒湛乐，不听国家之政；田猎毕弋，不应诸侯之际；其所以为灵公者何邪？"大弢曰："是因是也。"

就是说，因为卫灵公昏庸无道，所以卫国没有亡国。孔子还是很理想主义的，在他的观念里，世界是有秩序的，社会的发展也有必然的因果关联。国家之所以不会败亡，是因为有能臣干将。贤君贤臣，则国家昌盛；昏君乱臣，则国家败亡。到了庄子那里，因果必然性就被打破，庄子看到的是世界的偶然性和荒谬性。君主有道，国家或许灭亡，君主昏庸，国家或许不丧。

14-21 子曰："其言之不怍，则为之也难！"

译：孔子说："如果说话大言不惭，做起来就不容易。"

14-22 陈成子弑简公。孔子沐浴而朝，告于哀公曰："陈恒弑其君，请讨之。"公曰："告夫三子。"孔子曰："以吾从大夫之后，不敢不告也。君曰：'告夫三子'者!"之三子告，不可。孔子曰："以吾从大夫之后，不敢不告也。"

译：陈成子弑简公。孔子斋戒沐浴后去朝见鲁哀公，告诉他："陈恒弑杀了他的君主，请讨伐他。"鲁哀公说："去跟三大家族商讨吧。"孔子说："因为我担任过大夫，所以不能不说。国君却说：'去跟那三大家族商讨。'"孔子又去和三大家族商讨，不被听从。孔子说："因为我担任过大夫，所以不能不说。"

14-23 子路问事君，子曰："勿欺也，而犯之。"

译：子路问侍奉君主之道。孔子说："不应当欺瞒，而应当犯颜相谏。"

14-24 子曰："君子上达，小人下达。"

译：孔子说："君子不断向上超升，小人不断向下沉沦。"

说：学习的最终目的是什么？很多人根本没有想过这个问题，浑浑噩噩读了半辈子书。中小学读书，是为了升学，大学读书是为了拿文凭，拿文凭是为了将来好找工作……自始至终，学习都是一种手段。科学技术是工具理性，这里面固然有情感和生命存在的价值在里面，然而对多数人而言，科学技术就是工具理性的存在，是为了解决某些手段性质的问题，就好像一个钉子的存在只是为了马鞍，马鞍是为了战争，都是中间的一个环节，不是终极。可以经常想一下，所学的哪些是可以跟一辈子的，跟终极关怀息息相关的，哪些只是一个阶段学了一下，过段时间可以忘掉，可以不要的。就像学英语一样，很多人大学考完了四、六级以后再也不碰英语，说明英语对他而言只有工具的意义，而且是阶段性的工具。那么学习的终极目的在哪里呢？为了中华民族的伟大复兴，这也是一个目标，而且是个很高远很宏大的目标。但这个高远的目标还没有落到最根本上去。中华民族伟大复兴的目标又在哪里呢？中华民族的复兴，最终的意义仍然要落实到国民的个体上去。每一个个体就是目的。求学的目的归根到底也是要落实到个体自身上去。个体的成长，个体人格的提升，是最根本的。看过去好像很小，但是往大了看，那是个很宏大的终极目的。个体和集体是统一的，个体不能一味自私，要为着集体一起变好，集体最终仍然要落实到个体上去。个体的人格和境界提升了，社会的水准和境界也就提升了。"君子上达"，就是说，君子求学的目标是要超升人格，这是最终极的目标，比起求官、求财、求名声，都要终极。时常阶段性地评估一下自己，不问挣了多少钱，问一下人格提升了多少。人格的提升永远没有止境，跟人交朋友，也要衡量一下是不是在相互促进对方人格的提升。什么是损友，什么是益友，也要以这个作为评判的标准。

14-25 子曰："古之学者为己，今之学者为人。"

译：孔子说："古代人学习的目的在于成就自己的人格，现代人学习的目的在于取悦他人。"

说：学为己，则学的目的在于成就自己的人格；学为人，则自己成为他人的工具，没有自我人格意识。这一则跟上一则是相互补充的。初看有些莫名其妙，古代的学者是为了自己，现在的学者是为了别人，孔子不是在称赞现在的学者而批评古代的学者吗？恰好相反，孔子恰好是要褒扬古代的学者而批评现在的学者。为人的意思，不是说为了成就别人，而是为了取悦他人。为己的意思，不是说为了自己的私利，而是要成就自己的人格和境界。为己之学也就是本己之学，是内在的自我之学，所学乃身内之物。什么叫身内之物？别人怎么都分不走的。比如说我跟你是好朋友，我读了十本书，我想把所读之书分你一本，那是怎么都分不了的，关系再好都分不了。但是挣的钱就可以，挣了十万，要分你九万都有可能。但是身上的文化水准、人格修养和境界，是怎么都分不了的。这就是身内之物和身外之物的区别。身内之物就是你自己的，与你同在，任何人都分不走，也抢不走。身外之物就不一样，随时会跟你分离开。

14-26 蘧伯玉使人于孔子，孔子与之坐而问焉。曰："夫子何为？"对曰："夫子欲寡其过而未能也。"使者出，子曰："使乎！使乎！"

译：蘧伯玉派人来问候孔子，孔子请他坐下后问他："蘧先生都做些什么事？"使者回答说："蘧先生想减少自己的过失，却总觉得还做不到。"使者离开后，孔子说："好一位使者！好一位使者！"

14-27 子曰："不在其位，不谋其政。"

译：重出，见《泰伯》篇第十四则。

14-28 曾子曰："君子思不出其位。"

译：曾子说："君子思考问题，不越出他的范围。"

14-29 子曰："君子耻其言而过其行。"

译：孔子说："说得多，做得少，君子以之为耻。"

14-30 子曰："君子道者三，我无能焉：仁者不忧，知者不惑，勇者不惧。"子贡曰："夫子自道也。"

译：孔子说："君主有三大德行，我不具备：仁者不忧，知者不惑，勇者不惧。"子贡说："先生是在说自己呀！"

14-31 子贡方人。子曰："赐也贤乎哉？夫我则不暇。"

译：子贡爱品评人物。孔子说："端木赐，你很贤能吗？我就没这个工夫。"

14-32 子曰："不患人之不己知，患其不能也。"

译：孔子说："不担心别人不知道自己，只担心自己没有能力。"

14-33 子曰："不逆诈，不亿不信，抑亦先觉者，是贤乎！"

注：①逆：方向相反，迎的意思，事未至而迎之，即预测、揣度的意思。逆诈，他人未必以诈待我，我先揣度其为诈，是为逆诈。②亿：即臆，臆测，含义与"逆"相似。亿不信：他人未必以不信待我，我先揣度其为不信，是为亿不信。

译：孔子说："不先揣度他人为欺诈，不先臆测他人为不信。但（他人真要是欺诈不信，）又能够先察觉出，这就是贤能吧！"

说：这一则首先在语言上有点难度。"不逆诈"，逆是什么意思？逆就是逆反，相反，逆向，逆最常见的意思就是反向，这里就是相迎、相对的意思。诈就是欺诈，这个好理解。"不逆诈"就是跟人相迎、相对的时候，不把别人当作欺诈。有很多事情是不能确信的，有些事情可以是也可以非，可能是这里，也可能是那里。在这种状态下，每个人的反应不一样，这个时候就见出一个人的修养和品性来。"不逆诈，不亿不信"，这需要对人性有充分的乐观态度。在不知道对方是不是骗自己的时候，首先相信对方不是骗自己。如果对人性没有足够的乐观，就会有相反的心态和态度。这两种心态和态度会导致不同的结果。别人原本值得你信任，你不信他，以后他再也不会想要让你去信，什么事情都不跟你说实话，再不会跟你交心。如果父母这样的话，孩子以后有事情全都藏在心里，再不跟你沟通。朋友也是，以后不再跟你掏心窝。极端的情况，甚至会把人逼上绝路。没有足够的信任，老是把人放到低人格来看待，把人上进的积极心打消，把人自我要求的自尊打碎，他慢慢地也就彻底破罐子破摔，真正成为你所臆想的那样一种人。他人怎么样看一个人，社会怎么样看一个，就把这人导向到所臆想的境地中去了。或许他原本不是那样。所以，不是简单的有个固定不变的人在那里，然后你的内心像镜子一样把人照到你心里。人对人的看法本身就是一个构建的过程，不同人对同一个人会有不同的构建，因而会形成不同的看法。更重要的是，被观照的人并非固定不变，他本身处在一个动态开放的变动之中，你的看法对他的变动可能就会产生较大的影响，关系越是紧密，这影响就会越大。如果乐观一点，对一个处于摇摇欲坠之间的人有充分的信任，有善向的导向，可能就把他挽救了。如果对他的心态和态度有恶向的导向，他可能因此就堕落垮掉了。两种完全不同的心态和态度，会决定他人的结局，也会决定自己的结局。这一点在立人格的当头是很关键的。乐观归乐观，乐观也不是完全傻，如果有不好的苗头，也可以敏锐地发现，这就是智。

14-34 微生亩谓孔子曰："丘何为是栖栖者与？无乃为佞乎？"孔子曰："非敢为佞也，疾固也。"

译：微生亩跟孔子说："孔丘呀，你为何这样栖栖遑遑呢？是要逞口舌之能吗？"孔子说："非敢逞口舌之能，只是社会的顽疾太深了。"

14-35 子曰："骥不称其力，称其德也。"

译：孔子说："称良马为'骥'，不是称许它的力量，而是称许它的仁德。"

说：这是个比喻，以马喻人。孔子评价一个人，首先不是评价他的能力，而是评价他的德性。如果我们的时代能灌输这样一种标准，那才能真正做到人人平等。因为我们时代的价值观是力先于德。人天生下来人就有区别，身高、长相都有差别，智力也有差别，更不要说社会地位、家庭背景等等。人天生下来就不一样，还讲什么人跟人之间的平等呢？所谓的平等，只能在人格上讲。人与人之间在人格上是可以平等的，必须尊重任何一个人，就是社会地位再低下、再贫穷的人，也应该平等视之，这是有教养的人可以做到的，也是进步的社会可以做到的。不是说男女平等吗？如果说女的吃三两饭，男的也吃三两饭，女的拎一百斤的包，男的也拎一百斤的包，这叫作公平平等吗？这是最大的不公。男女天生就有很多差异，生理和心理都有很大的差异，那么男女平等从何谈起？只能讲人格的平等，必须要以同样的敬意来尊重女性和男性，不能有性别的歧视。"骥不称其力，称其德也"，也是从这个意义上讲的，人格是可以平等的，人格的基础在于德。仁德的基础是人的良知良能，天生下来就是人人平等的。良知作为道德的根基的先天条件是一样的，没有差别，人人平等。正是基于这样一个前提，以仁德来评判人，就可以实现人人平等，因为每个人成德的先天条件是一样的，德的成就的高低，全在于个人后天的修为，完全不取决于外在于个体自我的因素。儒家评价人一定是以德为本，认为仁就是人的本质，人之所以为人的东西，就在于良知。西方的思想家怎么来区别人跟动物？在他们看来，人是有理性会使用工具的动物。也就是说有没有理性，会不会使用工具，是区别人和动物的一个标志。中国人却不是这样看，儒家只把仁德看作是人的本质。所以，如果一个人丧失了良知，我们会说他不是人。当我们说一个人禽兽不如的时候，不是说他没知识、没文化、没理性，而是说他没良心，没道德。

14-36 或曰："以德报怨，何如？"子曰："何以报德？以直报怨，以德报德。"

译：有人问："以恩德回报怨恨，怎么样呢？"孔子说："那该如何报德呢？以正直回报怨恨，以恩德回报恩德。"

说：以德报怨如何？这是我们生活中很容易碰到的疑惑。你不是很君子吗，那么别人处处给你使坏，你怎么应付？人家对你有怨恨，你用你的涵养来回报他行不行呢？很有包容，很有耐心，行不行呢？孔子怎么说的，他说："以德报怨，何以报德？"如果以德报怨的话，那么靠什么来报德？不论对我好与对我坏，难道我同样地没有区别地回报吗？所以说，以德报怨是不行的，要的是以直报怨。违法的事情，就用法律来制裁。能挽救的当然挽救，实在感化不了，就要有所惩戒。你对我有怨气，你撒出来了，我如果心里不舒服，也要撒出来。怕的就是匿怨。怨气藏在心里，这是会有问题的。因为这样的话，别人不知道哪里做得不对，不知道是怎么回事，完全不利于问题的处理和矛盾的化解。有怨不撒，长期的结果，不是不报，而是以人格关系破裂为代价的大报。有怨积在心里，没有释放消解的话，怨会越积越深，而对方不知不觉，无从化解，时间长了，人际关系一定会破裂。所以说，要以直抱怨。如果有怨气就宣泄出来让人家知道，人家能改的就改，如果有误会的，就要消除误会。如果说是自己不对的，就需要好好的冷静下来反思。以德报怨是比较糟糕的，因为以德报怨最容易滋养出小人，不管是子女也好，还是朋友也好，如果一味退让，一味隐忍，对方的错误会逐渐地朝你退让的领地蔓延出去。这是一般人的常规的毛病，是人性的弱点所在。以德报怨是不行的，会滋养出小人来。

14-37 子曰："莫我知也夫！"子贡曰："何为其莫知子也？"子曰："不怨天，不尤人。下学而上达。知我者，其天乎！"

译：孔子说："大概没有人知道我吧！"子贡说："为什么说没有人知道你呢？"孔子说："不怨恨天，不责备人，通过对具体的事物的学习，而通达玄深的道理，知道我的，恐怕只有上天吧！"

14-38 公伯寮愬子路于季孙。子服景伯以告，曰："夫子固有惑志于公伯寮，吾力犹能肆诸市朝。"子曰："道之将行也与，命也；道之将废也与，命也。公伯寮其如命何？"

译：公伯寮向季孙控诉子路，子服景伯将此事告诉了孔子，并说："季氏被公伯寮迷惑了，但我还有能力将公伯寮暴尸街头。"孔子说："大道将行，这是命；大道将废，这也是命。公伯寮能拿命怎样呢？"

注：郑玄："肆，陈尸也。大夫以上于朝，士以下于市。"

14-39 子曰："贤者辟世，其次辟地，其次辟色，其次辟言。"

译：孔子说："贤人避开（不好的）世道，其次避开（不好的）地方，其次避开（不好的）脸色，其次避开（不好的）言语。"

14-40 子曰："作者七人矣。"

译：孔子说："这样做的有七个人了。"

14-41 子路宿于石门。晨门曰："奚自？"子路曰："自孔氏。"曰："是知其不可而为之者与？"

译：子路在石门住了一个晚上。（第二天早上进城。）守门的问："从哪里来的？"子路说："从孔子那儿来。"守门的说："是那个知道不可能做到但还是要去做的人吗？"

14-42 子击磬于卫。有荷蒉而过孔氏之门者，曰："有心哉，击磬乎！"既而曰："鄙哉，硁硁乎！莫己知也，斯己而已矣！'深则厉，浅则揭。'"

子曰："果哉！末之难矣。"

译：孔子在卫国的时候敲击磬石。有一个挑着草筐的人从孔子门口经过，说："真有心思呀！还敲着磬呢！"接着又说："这样硁硁作响地敲着，太小心眼了吧！没人知道自己，就作罢吧！'水深就直接涉河，水浅就把裤管卷起来。'"孔子说："果真如此，就没什么难事了。"

14-43 子张曰："《书》云：'高宗谅阴，三年不言。'何谓也?"子曰："何必高宗，古之人皆然。君薨，百官总己以听于冢宰，三年。"

译：子张说："《尚书》有言：'高宗守丧，三年不说话。'这是什么意思?"孔子说："何必高宗，古人都是这样。君主死了，百官总摄己职，各听命于宰相三年。"

注：钱穆："谅阴：字又作梁闇，天子居丧之庐。一梁支脊而无楹柱，茅垂于地，从旁出入，曰梁闇。后代僧人所居曰庵，即闇也。以其檐着地而无牖，故曰闇。以其草覆而不开户宇，故曰菴。其实一也。"

14-44 子曰："上好礼，则民易使也。"

译：孔子说："在上的如果崇尚礼，在下的就容易驱使了。"

14-45 子路问君子。子曰："修己以敬。"曰："如斯而已乎?"曰："修己以安人。"曰："如斯而已乎?"曰："修己以安百姓。修己以安百姓，尧舜其犹病诸！"

译：子路问君子之道。孔子说："修养自己，使自己心敬。"又问："这样就够了吗?"孔子说："修养好自己，以便能使人安心。"又问："这样就够了吗?"孔子说："修养自己，以使百姓安宁。修养自己，以使百姓安宁，这是连尧舜都不能完全做到的。"

14-46 原壤夷俟。子曰："幼而不孙弟，长而无述焉，老而不死，是为贼！"以杖叩其胫。

译：原壤岔开腿坐在地上，孔子说："小的时候不懂礼节，长大了无所称述教导后辈，虽然年老未死，也只是偷生贼活。"说完又用拐杖敲他的小腿。

注：夷：箕踞而坐，古时蛮夷俗坐如此，故谓夷。俟：等待。夷俟：伸两足箕踞而坐。

14-47 阙党童子将命，或问之曰："益者与?"子曰："吾见其居于位也，见其与先生并行也。非求益者也，欲速成者也。"

译：阙党有一个青年来向孔子传话。有人问孔子说："这是个上进的人吗?"孔子说："我看到他坐在成人的座位上，看到他和前辈并行。他不是个上进的人，只是个急于求成的人。"

卫灵公第十五

15-1 卫灵公问陈于孔子。孔子对曰："俎豆之事，则尝闻之矣！军旅之事，未之学也。"明日遂行。在陈绝粮，从者病，莫能兴。子路愠见曰："君子亦有穷乎?"子曰："君子固穷，小人穷斯滥矣！"

译：卫灵公问孔子如何排兵布阵。孔子回答说："与礼仪相关的事，我多少知道点；行军打仗的事，我还没有学过。"于是第二天就离开卫国。在陈国的时候，吃的粮食都没有了，随从的人有的饿病了，不能起来。子路不太高兴地来见孔子，说："君子也会遇到这样的窘境吗？"孔子说："君子遇到窘境能够安守，小人一旦遇到窘境，就放滥起来了。"

说：卫灵公问孔子怎么行军打仗，但孔子不是军事家，他要讲的是王道。诸葛亮好像老谋深算，那只是小说中的形象，事实上诸葛亮是个政事家，不是个很出色的军事家。他可以有宏大的谋略，但是具体的打仗排兵布阵，他也未必很在行。这类事情要让下面的将才来做。所以有将帅之别，将才擅长具体的排兵布阵，帅才擅长宏大的谋略。历史上有很多英雄人物既是将才又是帅才，既是政治家又是军事家。但孔子不是这样的人物。孔子的用心都在世道人心的教化上，这是最根本的。雨果说："多一所学校，少一所监狱。"对于社会来说，政治最直接，教育最根本。政权随时有可能被颠覆，政策更是随时都在变更。如果教育的本根没有立住，政治就会成为无本之木，无源之水。孔子是教育家，他的儒学要讲修养，讲君子的德行，讲王者的仁政。卫灵公问孔子排兵布阵的方法，那肯定是所问非人。

孔子第二天就从卫灵公那里离开了，因为不对路，我跟你讲王道，你要跟我讲军事，那还讲什么呢？离开了以后，孔子流落到了陈国，窘迫到没饭吃的地步。随从的学生们饿得没力气了，病病殃殃的，一群人很是狼狈。所以，我们看到，孔子还要管大家的吃喝。他没有粮食了，学生们就饿得站不起来。这个时候学生子路就有怨气了，李逵、张飞形象的子路就又出来了，他质问孔子：我的老师啊，你这么大能耐，怎么也会到这般田地？孔子的回答很干净利索："君子固穷，小人穷斯滥矣。"君子固穷，不是说君子就一定会受贫穷，这个没有必然的关系。君子可能很多时候都不会贫穷，因为他学了技艺，有文化，他们比一般的老百姓是更不容易受穷的。只是说，君子在穷困的时候，他能安守，心不会很漂浮，即使在窘境，照样坦然自处，照样能安心。小人一旦碰到窘境，胡作非为，没有任何操守可言，放滥乱行。像子路这样的埋怨，是君子行径还是小人行径？孔子在这里对子路似乎是有教训意味的。

15-2 子曰："赐也，女以予为多学而识之者与？"对曰："然，非与？"曰："非也，予一以贯之。"

译：孔子说："端木赐呀，你以为我是广泛学习然后懂得道理吗？"子贡回答说："是呀。难道不是吗？"孔子说："当然不是，我是用一个根本的道理来贯通的。"

15-3 子曰："由，知德者鲜矣！"

译：孔子说："子路呀，懂得德的人实在太少了！"

15-4 子曰："无为而治者，其舜也与！夫何为哉？恭己正南面而已矣！"

译：孔子说："能无为而治的，要数舜了吧！需要做什么呢？只要庄严端正自己，南面而立就可以了。"

说：前面讲到孔子跟道家无为思想有相通的地方，这一则就更加明显了。孔子讲无为而治，我们觉得不可思议。因为不熟悉《论语》，好像总是听到孔子在讲仁、义、忠、信，老子和庄子才讲无为而治。仔细读《论语》，就可以发现孔子道家气息的一面。也不能因此就说孔子不纯粹，应当体察他的全面和圆融。

15-5 子张问行。子曰："言忠信，行笃敬，虽蛮貊之邦行矣；言不忠信，行不笃敬，虽州里行乎哉？立，则见其参于前也；在舆，则见其倚于衡也。夫然后行。"子张书诸绅。

译：子张问通行天下之道。孔子说："言语忠诚信实，行为笃实恭敬，即使远至蛮荒之邦也可以行得通。言语不能忠诚信实，行为不能笃实恭敬，即使近在州县邻里，能行得通吗？站着的时候，仿佛看见它们就在眼前；坐在车上，仿佛看见它们就倚靠在横木上。这样的话，就可以通行天下了。"子张把孔子的这番话记录在绅带上。

说：文化有其共通性，中国人的道理并非只是在中国的国土行得通。儒家讲仁爱，基督教讲博爱，佛教讲慈悲，都是相通的，大道风行天下，只要人性不变，大道就不变，不管在什么国度都是通行的。孔子的仁道有时代性的一面，但更重要的是要看到它跨时代、跨地域的一面。蛮夷没文化教养，但如果你是个有仁德教养的人，人家照样尊重你。反之，如果没有仁德，就算是在自己的老家那都行不通，就算是在自己的屋檐下也都行不通。子张听到孔子的言论，觉得很值得记录，就把它写在了自己的绅带上。可能是因为没有携带纸帛简册之类的工具。但是既然带了笔墨，又如何偏偏没带竹帛。更大的可能应该是觉得孔子说得很好，直接抄录在绅带上，随身穿戴，对自己时时有警醒的作用。

15-6 子曰："直哉史鱼！邦有道，如矢；邦无道，如矢。君子哉蘧伯玉！邦有道，则仕；邦无道，则可卷而怀之。"

译：孔子说："史鱼可真是正直啊！政治清明的时候，他像箭一样直道而行，政治黑暗的时候，他也像箭一样直道而行；蘧伯玉可真是君子啊！政治清明的时候，就出来做官，政治黑暗的时候，就把自己的才能隐藏起来。"

15-7 子曰："可与言而不与言，失人；不可与言而与之言，失言。知者不失人，亦不失言。"

译：孔子说："可以谈得来的人，却不和他交谈，这会错过人才。不可以交谈，却和他交谈，这会浪费唇舌。有智慧的人既不会错过人才，也不会浪费唇舌。"

15-8 子曰："志士仁人，无求生以害仁，有杀身以成仁。"

译：孔子说："仁人志士，不会贪生怕死而牺牲仁，只会杀生取义而成就仁。"

15-9 子贡问为仁。子曰："工欲善其事，必先利其器。居是邦也，事其大夫之贤者，友其士之仁者。"

译：子贡问为仁的方法。孔子说："工人想要做好他的事情，首先须得完善他的器具。居处于一个国家，要选择与做官的人里面的贤者共事，选择与读书人里面的仁者为友。"

15-10 颜渊问为邦。子曰："行夏之时，乘殷之辂，服周之冕，乐则《韶》舞。放郑声，远佞人。郑声淫，佞人殆。"

译：颜渊问治国之道。孔子说："用夏朝的历法，乘殷朝的车子，穿周朝的衣服，乐舞则效法《韶》。舍弃郑国的音乐，远离口舌之徒。郑国的音乐淫秽，口舌之人危险。"

15-11 子曰："人无远虑，必有近忧。"

译：孔子说："人如果没有长远的考虑，就一定会有眼下的忧患。"

15-12 子曰："已矣乎！吾未见好德如好色者也！"

译：孔子说："罢了！我没遇见过喜好德行甚于喜欢美色的。"

15-13 子曰："臧文仲，其窃位者与？知柳下惠之贤而不与立也。"

译：孔子说："臧文仲大概是窃位之徒吧！知道柳下惠贤能，却没有和他共立于朝。"

15-14 子曰："躬自厚而薄责于人，则远怨矣！"

译：孔子说："严格要求自己，宽宏责备别人，这就可以远离怨恨了。"

15-15 子曰："不曰'如之何，如之何'者，吾末如之何也已矣！"

译：孔子说："不问'怎么办，怎么办'的人，我真不知道该拿他怎么办了！"

15-16 子曰："群居终日，言不及义，好行小慧，难矣哉！"

译：孔子说："整天聚在一起，言谈不及道义，喜欢逞小聪明，这就麻烦了！"

15-17 子曰："君子义以为质，礼以行之，孙以出之，信以成之。君子哉！"

译：孔子说："君子应当以义作为他的原则，以合乎礼节的行为来表现，以谦逊的言语来表达，以诚信的操守来完成。这才是君子啊！"

15-18 子曰："君子病无能焉，不病人之不己知也。"

译：孔子说："君子担心自己没有能力，不担心别人不知道自己的能力。"

15-19 子曰："君子疾没世而名不称焉。"

译：孔子说："君子担忧自己至死都没有名声值得称道。"

说：孔子在这里不是要人贪图虚名。在信息不太发达，信息传播很不便利的古代社会，名和实往往是相应的，一个人要有名声，往往首先要做得非常出色。那个时候没有手机，没有网络，信息是点对点的传播。一旦天下人都知道一个人的名声，这个人一定很独到，要么就是伟大的军事家、政治家，要么就是德行和才学非常高的人，才可能被天下人所共识。孔子表面上说的是留名，实际上说的是留德，君子担忧自己一辈子的修为，没有什么值得后人称道的。对于名声，圣贤都不太重视，不管是儒家也好，道家也好，都不太重名声的，尤其是道家，明确说不要名声，圣人无己、无功、无名。儒家不要虚名，道家连实名都不要。儒家最重三不朽，立功、立德、立言，也没有说立名声。

15-20 子曰："君子求诸己，小人求诸人。"

译：孔子说："君子内求于自己，小人外求于他人。"

15-21 子曰："君子矜而不争，群而不党。"

译：孔子说："君子庄矜而与人无争，合群但不结党。"

15-22 子曰："君子不以言举人，不以人废言。"

译：孔子说："君子不因人的言语而举荐他，也不因人的缺陷而否定他的言语。"

说：不因为嘴上说得很好就举荐一个人，而要看他的行为。有些人可能行为上有些毛病，但是他说的话又很有道理，所以不能"以人废言"。逻辑谬误里面有一种"相干谬误"，就是指一个论证所依据的前提与其结论没有真实关联。"相干谬误"里面又有一种"人身攻击论证"，就是不攻击命题的根据，而是将矛头指向命题的提出者，通过诽谤他或指出其特殊的背景来反驳他提出的命题。有时候我们经常把一个人身上的缺点拿来否定他说的话，这在逻辑上是不成立的。人总会有缺陷的，不能因为他身上的缺陷，就说他说的道理有问题，还是要分开来讲。

15-23 子贡问曰："有一言而可以终身行之者乎？"子曰："其恕乎！己

所不欲，勿施于人。"

译：子贡问孔子："是否有一个可以终身奉行的道理?"孔子说："那就是恕，恕就是自己不想要的，不要施加给别人。"

15-24 子曰："吾之于人也，谁毁谁誉? 如有所誉者，其有所试矣。斯民也，三代之所以直道而行也。"

译：孔子说："我对于别人，诋毁了谁? 赞美了谁? 如果有所赞誉，必定是已经考察过的。我所考察过的这种人，正是和夏、商、周三代一样直道而行的人。"

15-25 子曰："吾犹及史之阙文也，有马者，借人乘之。今亡矣夫!"

译：孔子说："我还能看到古史的缺文，有马的人借给别人骑，现在没有了吧!"

15-26 子曰："巧言乱德。小不忍，则乱大谋。"

译：孔子说："花言巧语会败乱道德。小事情不能忍耐，就会败乱大事情。"

15-27 子曰："众恶之，必察焉; 众好之，必察焉。"

译：孔子说："大家一致讨厌的，一定要谨慎考察; 大家一致喜欢的，也一定要谨慎考察。"

15-28 子曰："人能弘道，非道弘人。"

译：孔子说："人能弘扬大道，并非道能弘大人。"

15-29 子曰："过而不改，是谓过矣。"

译：孔子说："犯了过错又不愿意改，那才是真正的过错。"

15-30 子曰："吾尝终日不食，终夜不寝，以思。无益，不如学也。"

译：孔子说："我曾经整天不吃，整夜不睡地去思考，但是没有太大的益处，还不如好好地去学习。"

说：孔子自己做过这种实践，他整天不吃饭，整天不睡觉，就在那里竭尽心力地思考。他通过亲身的实践，认识到闭关式的穷思竭虑没有太多的好处。思考问题不是闭门造车，怎么样才会有思想? 一方面，在日常生活的经验中反思，还有更重要的一方面，就是孔子说的"不如学也"，也就是要学习，去继承前人已有的智慧。人类智慧的精华凝聚在书本里面，需要继承。人类犯过的错误，不用再犯。站在巨人的肩膀上，只要稍微往前迈一点点，就是人类的一大进步，其前提就是要积累前人的智慧。如果没有积累和继承，再怎么思考，跟两千年前的人的想法没有什么差异。没有被人类的文明所化，就跟原始人一样，没有区别，只知道吃饭睡觉，没有什么精神的境界和追求。自然科学，继承起来简单一点，难的是创造。人文之学，继承起来就难一点。

15-31 子曰："君子谋道不谋食。耕也，馁在其中矣；学也，禄在其中矣。君子忧道不忧贫。"

译：孔子说："君子谋道不谋食。如果一味想着耕地，饥饿就可能酝酿在其中，如果能想着学习，俸禄就可能酝酿在其中。君子忧虑无道，不忧虑贫困。"

15-32 子曰："知及之，仁不能守之，虽得之，必失之。知及之，仁能守之，不庄以莅之，则民不敬。知及之，仁能守之，庄能莅之，动之不以礼，未善也。"

译：依靠智慧获得了，如果不能依靠仁德守住，那么即便已经获得，也最终会失去。依靠智慧获得了，依靠仁德守住了，如果不能依靠严肃态度来治理，百姓就不会恭敬。依靠智慧获得了，依靠仁德守住了，依靠严肃能治理了，如果不能以礼来动员他们，这还是不够完善。

15-33 子曰："君子不可小知，而可大受也；小人不可大受，而可小知也。"

译：孔子说："君子不可以用小聪明考验，却可以担当大任。小人不可以担当大任，却可用小聪明考验。"

15-34 子曰："民之于仁也，甚于水火。水火，吾见蹈而死者矣，未见蹈仁而死者也。"

译：孔子说："人民对仁的需要，比对水火的需要还迫切。我见到过践踏水火而死的，但没有见到过践踏仁道而死的。"

15-35 子曰："当仁不让于师。"

译：孔子说："遇上和仁相关的事情，在老师面前也不必谦让。"

15-36 子曰："君子贞而不谅。"

译：孔子说："君子坚守大义，不固守小信。"

15-37 子曰："事君，敬其事而后其食。"

译：孔子说："侍奉君主，认真工作在先，俸禄之事在后。"

15-38 子曰："有教无类。"

译：孔子说："人人都可施教，没有品类之差别。"

15-39 子曰："道不同，不相为谋。"

译：孔子说："主张不同，就没必要共同谋事。"

15-40 子曰："辞，达而已矣！"

译：孔子说："言辞，通达就可以了。"

说：这句话对整个古代中国的文艺观是有较大的影响的。孔子说文辞的目的就在于表达，不是为了搞一些修辞和辞藻。我们现在一致地反对没有实质意义的虚文，可是没有实质意义的虚文在历史上又间歇性地不断出现。真正好的文辞，一定是与道为一的。道不单单是道德和教训，自由性质的审美本身也是道，道家之道就非常与审美接近，甚至几乎是合一的。李白的那些诗词，也是与道相合的，他主要偏向的是道家之道，关乎仁道少一些，关乎逍遥多一些。一种审美的境界、逍遥的境界，在李白身上焕发出来。读李白的诗歌，简直像进入一种仙境，达到一种超脱的存在之境，让人感觉到活着的价值。李白的言辞极其优美，自身具有一种审美价值，但那优美的言辞不是虚词浮藻，其背后含有深厚的道的意蕴。杜甫则比较偏向儒家之道。一种对于天下苍生的关怀，一种仁爱之心的流露，那也是通达于道的。总而言之，他们都能让人通达于存在之境。因为有孔子这样一句话，古代的很多儒生文辞比较朴实，他们讲"文以载道"，可是这道又太过被局限在儒家的范围了。这也是有问题的。道学家的诗词，读起来很枯燥，没什么味道。只有极少数好的，比如说朱熹写的《观书有感》，那是公认的好诗，感性意味和思想深度兼备。而朱熹的其他诗，多数都是比较枯燥的。一味强调思想，那还写什么诗词，直接写大白话不就可以了，就像写公文，把信息传达出来就可以了。"辞，达而已矣"要和"文质彬彬"结合起来看，文和质是可以统一而且相辅相成的。文学真正做得好，通过言辞也能通达于道。感性的生命的体悟，那也是道。不是只有仁、义、礼、智才是道的存在。语言本身有它审美的魅力，真正通向审美的言辞，本身就是道的存在，那是天地境界，是人的自由的存在。

15-41 师冕见，及阶，子曰："阶也。"及席，子曰："席也。"皆坐，子告之曰："某在斯，某在斯。"师冕出，子张问曰："与师言之道与?"子曰："然，固相师之道也。"

译：乐师冕来见孔子。走到阶边了，孔子提醒说："到阶边了。"到座席边了，孔子提醒说："到座席了。"大家都入座了，孔子提醒说："某人在这，某人在这。"乐师冕离开了，子张问："与乐师冕说的那些也是道吗?"孔子说："是呀，这就是辅助瞽师的道呀。"

说：这一则比较长，而且看过去好像有一点婆婆妈妈。细心地体会一下，不要嫌啰嗦，耐一下性子，能够耐得住啰嗦，也是一种修养。父母有时候跟你唠唠叨叨的，你没耐心，就烦他。其实耐心地听到心里去也无所谓，对不对且另说，知道他是啰嗦，是在关心，也无所谓了，大可不必发脾气。婆婆妈妈如果忍耐不了，日常生活中会有很多麻烦，有很多不愉快，跟人会有很多矛盾。因为人多数都是啰嗦的，看不到一个绝对不啰嗦的人。孔子在这里就有点婆婆妈妈。师冕是个乐师，冕是他的名字，师就是乐师。师冕走到阶梯边了，孔子提前告诉他，到阶梯边了；师冕到了席边，孔子告诉他到席边了；大家都入座了，孔子就告诉他，张三坐在这里，李四坐在那里……很啰嗦。所以等到师冕离开了以后，子张就问：你跟师冕说的那些琐碎也是道吗？啰嗦也是道吗？婆婆妈妈也是道吗？孔子回答说：当然呀，这就是辅助瞽师的道。不要觉得啰嗦，要知道乐师是瞎子，瞎子就得告诉他阶梯在那里，要不然容易摔跤；要告诉他座席在哪，张三李四各坐在哪，他才可以找对位置入座，否则哪个是长辈哪个是晚辈，他都不知道。如果边上有他的长辈，也别忘了客气地打招呼，这就是礼。父母为什么容易啰嗦？就是因为小孩子自己不太关心自己，天冷了不知道添衣，肚子饿了不知道及时吃饭。长期这样，父母经常就会提醒要吃饭、要添衣服，不知不觉就会啰嗦起来。因为小孩往往随便跑出去，衣服就穿一件，其实外面天气比较冷。从小就这样，父母习惯了，等你长大了，他们不知不觉，仍然像小时候待你那样啰嗦。等你老了，可能也和父母一样啰嗦。要是能体察到这一点，脾气和性情或许就会温和许多。

季氏第十六

16-1 季氏将伐颛臾，冉有、季路见于孔子，曰："季氏将有事于颛臾。"孔子曰："求！无乃尔是过与？夫颛臾，昔者先王以为东蒙主，且在邦域之中矣，是社稷之臣也。何以伐为？"冉有曰："夫子欲之，吾二臣者，皆不欲也。"孔子曰："求！周任有言曰：'陈力就列，不能者止。'危而不持，颠而不扶，则将焉用彼相矣？且尔言过矣！虎兕出于柙，龟玉毁于椟中，是谁之过与？"冉有曰："今夫颛臾，固而近于费。今不取，后世必为子孙忧。"孔子曰："求！君子疾夫舍曰欲之，而必为之辞。丘也，闻有国有家者，不患寡而患不均，不患贫而患不安。盖均无贫，和无寡，安无倾。夫如是，故远人不服，则修文德以来之。既来之，则安之。今由与求也，相夫子，远人不服而不能来也，邦分崩离析而不能守也。而谋动干戈于邦内。吾恐季孙之忧，不在颛臾，而在萧墙之内也！"

译：季氏将要讨伐颛臾。冉有和子路谒见孔子，说："季氏准备对颛臾采取军事行动。"孔子说："冉求，这不是你的过错吗？那颛臾，以前我们鲁国的国君曾以它为东蒙地区的主人，而且它一向在鲁国边境之内，是鲁国的社稷之臣。为什么要讨伐它？"冉有说："是主上要讨伐它，我们两个都不想。"孔子说："冉求呀，周任曾说过：'能够贡献自己的力量，然后再任职，不能的话，就该停止就职。'倾危而不扶持，颠倒而不匡正，那么还要辅臣干什么用呢？而且你说的也有不对的地方呀！老虎、犀牛从笼槛中逃出来了，龟甲、玉石在匣子中毁坏了，是谁的过错呢？"冉有说："那颛臾，军事牢固而且离费地又近，现在不攻取，一定会成为后世子孙的忧患。"孔子说："冉求呀，想要而不说想要，故意找托辞，君子以之为毛病。我听说，一个国，一个家，不担心稀少只担心不均匀，不担心贫乏只担心不安定。只要平均就不会觉得贫乏，只要和谐就不会觉得稀少，只要安宁也就没有倾覆的危险了。正因如此，远方百姓如果不服从，就修文德来吸引他们。已经来了的，就让他们安宁。现在子路和冉有你们两个，辅助主上，远方百姓没有服从又不愿归顺，国家分崩离析又不能安守，还试图在邦国之内大动干戈。我担心，季氏的忧患不在颛臾，而在自己的门屏之内。"

注：①颛臾（zhuān yú），鲁国的附庸国。②萧墙：萧，通"肃"。古代宫室内作为屏障的矮墙。郑玄："萧之言肃也；墙谓屏也。君臣相见之礼，至屏而加肃敬焉，是以谓之萧墙。"

16-2 孔子曰："天下有道，则礼乐征伐自天子出；天下无道，则礼乐征伐自诸侯出。自诸侯出，盖十世希不失矣；自大夫出，五世希不失矣；陪臣执国命，三世希不失矣。天下有道，则政不在大夫。天下有道，则庶人不议。"

译：孔子说："天下有道，礼乐制度和出兵征伐出于天子；天下无道，礼乐制度和出兵征伐出于诸侯。出于诸侯，那么很少有超过十代而不灭亡的；如果出于大夫，那么很少有超过五代而不灭亡的；如果是大夫的家臣把持国政，那么很少有超过三代而不灭亡的。天下有道，国家的政事不会落到大夫手上。天下有道，老百姓就不会纷纷议论。"

16-3 孔子曰："禄之去公室，五世矣！政逮于大夫，四世矣！故夫三桓之子孙微矣！"

译：孔子说："（鲁国的）爵禄不由公家做主，已经五代了。政权下放到大夫手上，也已经四代了。所以说，三桓的子孙也都衰微了。"

注：三桓：仲孙、叔孙、季孙，三家皆出于桓公。后仲孙氏改称孟氏。此三家至定公时皆衰。

16-4 孔子曰："益者三友，损者三友。友直，友谅，友多闻，益矣；友便辟，友善柔，友便佞，损矣。"

译：孔子说："有三种有益的朋友，有三种有害的朋友：与正直的人交友，与诚信的人交友，与见多识广的人交朋友，这是有益的；与谄媚的人交朋友，与软媚的人交朋友，与油嘴滑舌的人交朋友，这是有害的。"

注：①便：熟习，巧于。②辟：邪辟，偏僻。

16-5 孔子曰："益者三乐，损者三乐。乐节礼乐，乐道人之善，乐多贤友，益矣；乐骄乐，乐佚游，乐宴乐，损矣。"

译：孔子说："有三种有益的快乐，有三种有害的快乐：以礼乐的节制为快乐，以称道他人的长处为快乐，以广交贤能的朋友为快乐，这是有益的；以骄纵为快乐，以沉溺游玩为快乐，以宴饮狂欢为快乐，这是有害的。"

16-6 孔子曰："侍于君子有三愆：言未及之而言，谓之躁；言及之而不言，谓之隐；未见颜色而言，谓之瞽。"

译：孔子说："和君子说话容易有三种过失：还没轮到他说，他急着说了，这是'躁'的毛病；该他说的时候他不说，这是'隐'的毛病；不看人脸色，盲目言说，这是'瞽'的毛病。"

注：①愆：过失。②瞽：盲。

16-7 孔子曰："君子有三戒：少之时，血气未定，戒之在色；及其壮也，血气方刚，戒之在斗；及其老也，血气既衰，戒之在得。"

译：孔子说："君子有三个阶段要警惕：年少的时候，血气未定，要警惕不要迷恋于女色；壮年的时候，血气旺盛，要警惕不要争强斗胜；老年的时候，血气开始衰颓，要警惕不要贪得无厌。"

说：少年的时候情欲旺盛，但是整个人血气不定，要警惕不能迷恋于女色。壮年阶段，血气方刚，人就好斗好争。这好斗好争不单单只是打架，好胜心强，各个地方都想争个输赢。这一阶段比较需要克服的是好胜心。年纪大了，生命力没那么旺盛了，好胜心也变弱了，然而事业有成，手上握住了大把资源，这时候比较需要克服贪欲。要有提携后进的气度，让年轻人有发挥的空间。传统的知识分子比较有这方面的风度，现代的知识分子在这方面相对淡漠好多，先据要路的巨头们，往往是贪得无厌，靠着"棒子"把年轻人压得喘不出气来。

16-8 孔子曰："君子有三畏：畏天命，畏大人，畏圣人之言。小人不知天命而不畏也，狎大人，侮圣人之言。"

译：孔子说："君子有三种敬畏：敬畏天命，敬畏长辈，敬畏圣人的言论。小人不知道什么是天命，对它也就无所敬畏，轻狎长辈，轻侮圣人的言论。"

16-9 孔子曰："生而知之者，上也。学而知之者，次也。困而学之，又其次也。困而不学，民斯为下矣！"

译：孔子说："天生就知道，这是上等的知；学习而知道，这是次一等的知；遇到困惑，然后学习，而后知道，这又次一等；遇到困惑，仍然不学，这种人是最下一等的了。"

16-10 孔子曰："君子有九思：视思明，听思聪，色思温，貌思恭，言思忠，事思敬，疑思问，忿思难，见得思义。"

译：孔子说："君子有九个方面需要反思：看要反思是否看真切了，听要考虑是否听清楚了，表情上要反思是否温和，容貌上要反思是否恭敬，言语上要反思是否信实，办事上要反思是否认真，有疑问要考虑是否能不耻下问，生气时要反思会有什么后患，遇到可得的要反思是否合义。"

说：从第一则到第十则，"子曰"都变成了"孔子曰"，所以这几则文本可能不是孔子的弟子直接记载的，可能是孔子的再传弟子处理过的文本。称谓上疏远了一些，而且文体铺排非常工整，风格鲜明，明显有刻意修辞的用心，极有可能出自一人之手。

16-11 孔子曰："见善如不及，见不善如探汤。吾见其人矣，吾闻其语矣。隐居以求其志，行义以达其道。吾闻其语矣，未见其人也！"

译：孔子说："'看到别人的善行就追赶，生怕赶不上；看见别人的恶行就避开，好像伸手触碰到沸水一样。'我遇到过这样的人，我也听说过他的言语。'隐居起来以成全志向，进则行义以合于道。'我听过这样的言语，但没有见过这样的人。"

16-12（"诚不以富，亦只以异。"）齐景公有马千驷，死之日，民无德而称焉。伯夷、叔齐饿于首阳之下，民到于今称之。其斯之谓与？

译：（"诚非因为她富有，只是你已变心。"）齐景公有马四千匹，死的时候，百姓觉得他没有什么德行值得称道。伯夷叔齐饿死在首阳山下，百姓至今称道他们。说的就是这个吧！

说：（"诚不以富，亦只以异。"）许多人以为此章错简至"子张问崇德辨惑"章。然而放在此章也难以解通。解为"诚不因为他富有，只是因为他与众不同"，与《诗经》本义不合。

16-13 陈亢问于伯鱼曰："子亦有异闻乎？"对曰："未也。尝独立，鲤趋而过庭，曰：'学《诗》乎？'对曰：'未也。''不学《诗》，无以言。'

鲤退而学《诗》。他日，又独立，鲤趋而过庭，曰：'学礼乎？'对曰：'未也。''不学礼，无以立！'鲤退而学礼。闻斯二者。"陈亢退而喜曰："问一得三：闻《诗》，闻礼，又闻君子之远其子也。"

译： 陈亢问伯鱼："你在先生那里听到什么独特的东西吗？"伯鱼回答说："没有啊。（父亲）曾一个人站在庭中，我小步走过。父亲问：'你学《诗经》了吗？'我回答：'还没有呢。'（父亲说）：'不学《诗经》，就不能很好地说话。'我回去以后就开始学《诗经》。又有一天，父亲一人站在那里，我小步走过去。父亲问：'学了礼吗？'我回答说：'没有呢。'（父亲说）：'不学礼，无所立身。'我回去后就开始学礼。我所听闻的就这两件事。"陈亢回去后很高兴地说："问一个问题，我明白了三个道理：明白了《诗》的重要性，明白了礼的重要性，明白了君子对自己的儿子没有偏私。"

说： 伯鱼即孔子的儿子孔鲤。墨子主张无差别的兼爱，爱自己的父母跟爱别人的父母一样。儒家和墨家不一样，主张爱自己的父母要比爱别人的父母多一点。仁爱之情有亲疏远近的差异。这里说"君子之远其子"，那不是跟儒家有等差的仁爱观相矛盾吗？这就特别要注意情和义的区分。自然情感上，确实有爱的亲疏之别，自己的亲人肯定要比别人的亲人要感情深厚一些。但是在义的层面，应该是一视同仁，没有什么不一样的，正义面前，人人平等。

16-14 邦君之妻，君称之曰"夫人"，夫人自称曰"小童"；邦人称之曰"君夫人"，称诸异邦曰"寡小君"；异邦人称之，亦曰"君夫人"。

译： 国君的妻子，国君称之为"夫人"，夫人自称为"小童"；国民称她为"君夫人"，对国外人称她为"寡小君"；国外人称她为"君夫人"。

阳货第十七

17-1 阳货欲见孔子，孔子不见，归孔子豚。孔子时其亡也，而往拜之，遇诸涂。谓孔子曰："来！予与尔言。"曰："怀其宝而迷其邦，可谓仁乎？"曰："不可。""好从事而亟失时，可谓知乎？"曰："不可。""日月逝矣！岁不我与。"孔子曰："诺！吾将仕矣！"

译：阳货想要谒见孔子，孔子不愿相见。阳货于是送来一只小猪。孔子趁他不在家的时候，去回拜他，却在路上遇见了阳货。阳货对孔子说："来，我跟你说。"又接着说："身怀宝德却让国家陷入迷惑，可以算得上是仁吗？"孔子说："不算。""想要有所作为却屡屡失去时机，可以算得上是智吗？"孔子说："不算。""日月轮替，时光流逝，岁不我待。"孔子说："嗯，我很快将要出仕了。"

说：阳货是鲁国大夫季平子的家臣，季氏曾几代掌握鲁国朝政，而阳货又掌握着季氏的家政。季平子死后，阳货专权管理鲁国的政事。后来他与公山弗扰共谋杀害季桓子，失败后逃往晋国。阳货掌权之初，就想把孔子召唤出来，拉到自己的阵营，孔子不愿为其所用，所以有意回避。但是阳货送来拜礼，根据当时的规矩，"大夫有赐于士，不得受于其家，则往拜其门"，所以孔子虽然当时回避了，依礼还是得上门回拜阳货。孔子想继续回避，于是乘阳货不在家的时候前去拜访，不巧的是刚好在路上碰到了阳货。于是被阳货劝说了一番，孔子心意坚定，又觉得没有和阳货争执的必要，于是嘴上说很快就要出仕。其实只是托辞，想尽快摆脱阳货的纠缠，懒得多费唇舌。

17-2 子曰："性相近也，习相远也。"

译：孔子说："人的天性是相近的，由于习染的不同，也就渐渐有了很大的差异。"

说：孔子很少讲性的问题。儒家的性善论是孟子张扬出来的，孔子没有明确提出性本善。性善和性恶，从孟子和荀子那里才开始有分歧，孔子还没有性善和性恶的提法，他只是说了人的天性是相近的，由于后天习染的不同，就有了很大的差异。

17-3 子曰："唯上知与下愚不移。"

译：孔子说："最聪明的人和最愚蠢的人不会改变。"

17-4 子之武城，闻弦歌之声。夫子莞尔而笑，曰："割鸡焉用牛刀？"子游对曰："昔者偃也闻诸夫子曰：'君子学道则爱人，小人学道则易使也。'"子曰："二三子！偃之言是也！前言戏之耳。"

译：孔子到了武城，听到弹琴唱歌的声音。孔子莞尔而笑，说："杀鸡何须用牛刀呢？"子游说："先前我听先生说：'君子学道就能仁爱，小人学道就容易使唤。'"孔子说："学生们！言偃说得对，我刚刚的话只是开个玩笑！"

说：孔子去武城的路上听到有人弹琴唱歌，弹奏的应该是雅乐。孔子听到了，莞尔一笑，说割鸡焉用牛刀。武城这个鸟不拉屎的小地方，居然也有人用高雅的乐器弹奏高雅的音乐。学生子游就听到了，不同意老师的看法，他说：我曾经听先生讲过，君子学道则爱人，平民百姓学道，就容易驱使。所以不论是贵族还是平民，不论君子还是小人，都应该学道。不是说小人就不需要学道。孔子一听，立马改容，跟其他学生说，子游说的是对的，自己只是开了个玩笑。我们可以看到，孔子没有什么成见，没有"我执"，就是这么容易改变自己的立场。我们常见的是，叫别人不用那么认真，自己就开个玩笑而已。孔子见学生认真，自己也由戏谑变得认真。孔子要助长学生的理想主义。这一则可以跟前面一则相呼应，"唯上知与下愚不移"，孔子不自诩上智，他也经常可移。

17-5 公山弗扰以费畔，召，子欲往。子路不悦，曰："末之也已，何必公山氏之之也。"子曰："夫召我者而岂徒哉？如有用我者，吾其为东周乎！"

译：公山弗扰盘踞费地意欲谋反，招孔子去，孔子想去。子路很不高兴，说："难道没有地方可去了吗，何必非得到公山氏那里去呢。"孔子说："有人招我去，难道我会白去吗？如果真有人能用我，或许我可以恢复东周的秩序呢！"

17-6 子张问仁于孔子。孔子曰："能行五者于天下，为仁矣"请问之？

曰："恭、宽、信、敏、惠。恭则不侮，宽则得众，信则人任焉，敏则有功，惠则足以使人。"

译： 子张向孔子问仁。孔子说："能使天下奉行五种德行，就算是仁了。""请问是哪五种德行？"孔子说："恭、宽、信、敏、惠。恭敬则别人不轻易侮辱自己，宽厚则能赢得大众，诚实就能得到信任，机敏就能有所成功，恩惠则足以驱动别人。"

17-7 佛肸召，子欲往。子路曰："昔者由也闻诸夫子曰：'亲于其身为不善者，君子不入也。'佛肸以中牟畔，子之往也，如之何？"子曰："然，有是言也。不曰坚乎，磨而不磷？不曰白乎，涅而不缁？吾岂匏瓜也哉？焉能系而不食？"

译： 佛肸招孔子，孔子想去。子路说："过去我曾听先生说过：'有亲自做了不善的勾当的人，君子不到他那里去。'佛肸盘踞中牟意欲叛乱，先生想去他那里，是什么原因？"孔子说："是的，我是说过那样的话。不是说，真正坚硬的东西，磨也磨不坏吗？不是说，真正白的东西，染也染不黑吗？我难道是匏瓜吗？怎么能老是挂着而不采食呢？"

注： ①佛肸（bì xī），春秋末年晋卿赵鞅的家臣，为中牟的县宰。②不磷：不敝不伤。

17-8 子曰："由也，女闻'六言六蔽'矣乎？"对曰："未也。""居！吾语女。好仁不好学，其蔽也愚；好知不好学，其蔽也荡；好信不好学，其蔽也贼；好直不好学，其蔽也绞；好勇不好学，其蔽也乱；好刚不好学，其蔽也狂。"

译： 孔子说："子路呀，你听说过'六言六蔽'吗？"子路回答说："没有呀。""你坐下！我告诉你：崇尚仁而不崇尚学习，这种人的弊端是容易愚昧；推崇智慧而不推崇学习，这种人的弊端是容易放荡；崇尚信用而不崇尚学习，这种人的弊端是容易受到伤害。崇尚正直而不崇尚学习，这种人的弊端是容易急切尖刻；崇尚勇德而不崇尚学习，这种人的弊端是容易生祸乱；崇尚刚强而不崇尚学习，这种人的弊端是容易狂妄。"

17-9 子曰："小子！何莫学夫《诗》？《诗》可以兴，可以观，可以群，可以怨。迩之事父，远之事君，多识于鸟兽草木之名。"

译：孔子说："同学们！为什么不好好学习《诗经》呢？《诗经》可以感兴，可以观风俗之盛衰，可以使人合群，可以用来怨刺；近了说可以侍奉父母，远了说可以侍奉君主；可以广泛地认识鸟兽草木的名称。"

说：孔子讲到《诗经》几个方面的价值和功能。可以扩展开来，不单单只是《诗经》的价值和功能，可以扩展为整个艺术的价值和功能。

第一，"可以兴"。兴就是兴起，兴起仁爱之心。仁爱之心许多时候是被遮蔽的，处在麻木的状态，于是需要有诗歌来唤醒。因为诗歌是感性的，是贯穿情感的。《诗经》主要就是讲男女之情、兄弟之情、父母子女之情、朋友之情。它就是靠这些人的本能情感来焕发沉睡的仁心，将人从麻木不仁的状态重新唤醒，让人知冷热，活活泼泼的，有一颗容易被人感动的心。别人痛，自己也痛，别人乐，自己也乐。

第二，"可以观"。观什么呢？观风俗之盛衰。诗歌有地域特色，可以反映出不同地域的风情，也可以反映出百姓的心理状况。到了乱世的时候，大街上经常就会有一些儿童出来唱童谣。这些歌谣不是无中生有的，它们一般是由文化人编造的，然后让人唱出来，可以反映民心之所向。

第三，"可以群"。道家注重个体，退隐到深山大泽，一个人都可以。儒家就是退隐，也要带上童子五六人，这就是儒家的群的观念。《诗经》是情感的，情感是交互的，领悟了这个道理，才容易跟人打成一片，要不然身上到处是棱角，到处是毛刺，很难交往和群处。独生子女相对更不知道怎么跟人交往，因为从小习惯了自我本位主义。在家里始终都是父母围绕着他转，进入社会以后，别人不再围绕着他转，心里就有失落感，比较容易变得孤僻。《诗经》温柔敦厚，没有太过激烈的情感，也较少自我本位的思维方式，能使人容易群处。

第四，"可以怨"。有怨气的时候，可以委婉地表达出来，这个时候就可以借助《诗经》，不是那么直接，也不会太过尖锐。朋友之间、父母之间，都可以用《诗经》劝谕。尤其是君臣之间的关系，原本就严肃，用《诗经》劝谕就很温婉，很正式又很和气。冒失进谏，把君主惹恼了，最终受害的是百姓。所以谏臣要改变君主的态度，需要懂得进谏的艺术，古代最常见的方式就是引经据典，《诗经》是其中之一。

第五，"多识于鸟、兽、草、木之名"。"多识于鸟、兽、草、木之名"的意义在哪里？西方人经常批判中国式的博学，觉得中国的读书人很博学，好像百科大词典，什么都知道，但是没有什么意义。西方人重逻辑，讲体系，知识好像非得成严密庞大的体系才有意义。所以他们容易看到理性的作用，不易看到感性的作用。后现代主义思想出来以后，我们才更能领会"多识于鸟、兽、草、木之名"的意义。"多识于鸟、兽、草、木之名"，不是让人背一些名称，好像背词典一样。那些名称是活泼的，要展开生命。比如读了《诗经》的"关关雎鸠"，就会对雎鸠有所认识，同时这认识是在情感中展开的。一切周遭的鸟、兽、草、木等事物，会慢慢地跟自己生发出情感意味来，物不是死物，是有生命的，世界就在"多识于鸟、兽、草、木之名"中变得丰富，变得生机盎然。在科技化的时代，物成了抽象的概念，生命干瘪了，被抽象了，就剩下干瘪瘪的抽象的观念和概念，活活泼泼的情感展开的场域都被遮蔽了。艺术是具体的、感性的，它不抽象，所以很多东西看过去很零碎，都是一个个的。但正是因为零碎，所以才见出丰富。如果说一个教室里面，教师能够把每个学生的名字都叫得出来，老师和学生有了生命的展开，这种课堂就会很不一样。如果说名字都叫不上来，师生关系肯定是要差很多，那是干瘪的，没有真正敞开。这就是"多识于鸟兽草木之名"的意义所在，不是要把现实世界都概念化、干瘪化，而是要把它具体化、感性化。不要嫌它零碎，零碎有零碎的意义。要说抽象，抽象到最后就是什么都没有。"道生一，一生二，二生三，三生万物"，道的展开过程原本就是越来越琐碎的过程。逆向的过程是由万归一，最终复归于无。如果把视角放在"一"上面，那就永远只有"一"；如果把视角放在万物上，世界就丰富多彩了。

17-10 子谓伯鱼曰："女为《周南》《召南》矣乎？人而不为《周南》《召南》，其犹正墙面而立也与！"

译： 孔子对伯鱼说："你学习过《周南》《召南》了吗？做人如果不学习《周南》《召南》，就如同正对着墙壁站立一样。"

说： 这一则和上一则呼应。如果没有感性的艺术的熏陶，世界就是隔着的，也就是所谓的"正墙面而立"。眼前被一道墙阻隔住了，什么都看不到，不能跟世界沟通。对着墙，面着壁，眼睛看到的就只是一堵墙。如果没有感性，世界是不会敞开的。不要以为世界好像向每个人开放，好像世界客观存在在那里，向每一个人平等地敞开。世界的物和人，许多时候不会敞开，只是死的，勾不起什么情感的体验。艺术是感性的，它可以帮助人们沟通世界，展开生命。如果集中心力读一段时间诗歌，或许就会发现有一个新的世界在敞开，从而得到一种前所未有的体验。世界敞开了，曾经立在面前的那堵墙，一下子被推倒了。

17-11 子曰："礼云礼云，玉帛云乎哉？乐云乐云，钟鼓云乎哉？"

译：孔子说："礼呀！礼呀！岂仅仅是指玉帛这些礼物之类吗？乐呀！乐呀！岂仅仅是指钟鼓这些乐器之类吗？"

说：孔子的一个很大的贡献在于，他用内在情感的仁取代了外在形式的礼的位置。中国礼乐文明到了春秋战国的时候基本沦为一种形式，已经没有生命力了，所以孔子就喊出来，礼乐不只是那些钟鼓玉帛，更重要的是要有仁的情感。他要把礼本位转变为仁本位。

17-12 子曰："色厉而内荏，譬诸小人，其犹穿窬之盗也与？"

译：孔子说："外表严厉内心却软弱，借用老百姓的话说，这种人就是穿墙打洞的盗贼吧！"

注：荏：柔弱。

17-13 子曰："乡原，德之贼也！"

译：孔子说："一乡之所愿，是道德上的贼啊！"

注：乡原：即乡愿，一乡之所愿，也就是老好人。

17-14 子曰："道听而涂说，德之弃也。"

译：孔子说："路上听到只言片语，就向四处传播，那是道德的末流。"

17-15 子曰："鄙夫可与事君也与哉？其未得之也，患得之；既得之，患失之。苟患失之，无所不至矣。"

译：孔子说："鄙陋的人啊！怎么可以和他一起共事呢？在没有得到职位的时候，担心得不着，得到了呢，又担心失去；害怕失去的时候，就会无所不用其极。"

17-16 子曰："古者民有三疾，今也或是之亡也。古之狂也肆，今之狂也荡；古之矜也廉，今之矜也忿戾；古之愚也直，今之愚也诈而已矣。"

译：孔子说："古代的人有三种毛病，现在连这三种毛病都看不到了。古代的狂是率性，现在的狂是放荡；古代的矜是廉隅峭厉，现代的矜是忿戾好争；古代的愚是直率，现代的愚是欺诈。"

17-17 子曰："巧言令色，鲜矣仁。"

译：重出，见《学而》第三章。

17-18 子曰："恶紫之夺朱也，恶郑声之乱雅乐也，恶利口之覆邦家者。"

译：孔子说："厌恶紫色夺去了朱色的地位，厌恶郑声乱坏了雅乐，厌恶逞口舌的颠覆了国家。"

17-19 子曰："予欲无言。"子贡曰："子如不言，则小子何述焉？"子曰："天何言哉？四时行焉，百物生焉，天何言哉？"

译：孔子说："我不想再多说什么！"子贡说："先生如果不说，那我们传述什么呢？"孔子说："上天又说了些什么呢？然而四季照样运转有序，百物照样生长不停，上天又说了些什么呢？"

说：这里关涉一个大问题，就是语言和存在的关系。孔子在这里有着和道家一样的体悟。庄子提倡不言说，一言说就背离大道了。言语就是概念和观念，是人的意识。意识是很有限的，对道的体认很多都需要依赖无意识。不要言语，因为言语不那么精确，言语一出来，往往就会偏颇，朝一个方向发展，不全面。孔子在这里也体会到了言语的局限性。大道和宇宙的运行不息，都不需要依赖语言。事情本身在展开，不在于说话就展开得好，不说话就展开得不好。哲学主要是以言语为载体的，但是儒家等都发现了言语的局限性，对言语有一种无奈感。比如"爱"这个概念，每个人的感觉是不一样的，粗糙之处有相通，精细之处那是人人有别的，同一个概念怎么能把它们区分出来呢？又比如，告诉你肉很好吃，到底怎么好吃法，如果不亲自尝一口，怎么用言语表述都没用。而且，有时候言语还会遮蔽事物。事物本来有很多面，一旦用言语表述了一面以后，就敞开了这一面，其他的面都看不到了。这是言语最大的毛病。所以说，言语一方面促成了我们把眼前这口井挖得很深，但是它又让我们忘掉了，原来的地面是多么地广阔和丰富。特定的言语又让我们拘泥于深入特定的一口井，而让我们遗忘了在旁边还可以挖出别的井，说不定可以挖得更深，水更加清澈，更加甘甜。但是因为眼前的这口井的遮蔽，其他的可能性都已经被完全遗忘掉了。

17-20 孺悲欲见孔子，孔子辞以疾。将命者出户，取瑟而歌，使之闻之。

译：孺悲想要拜见孔子，孔子以疾病为由推辞了。传话的人刚出了门，孔子却弹琴唱歌，让孺悲听到。

说：孺悲拜见孔子，但是孔子不想见，就托辞告诉他自己生病了。传达命令的人出了门口以后，孔子又故意弹起瑟来，使孺悲听到。这是为了什么？难道要故意气一气孺悲？当然不是，孔子不至于如此小心眼。他那样做的目的，就是要让孺悲知道，其实自己是在家的，而且没有生病，还可以弹瑟。既然可以弹瑟，那从体力上讲，见一面总是没问题的，但是我不想见你，我很委婉地拒绝了你，你也不必再来。如果不弹瑟，孺悲可能以为孔子真的是因为生病不见，那他下次就可能还会再来。这就找了不必要的麻烦。所以孔子首先很委婉地把他拒绝了，等孺悲出去以后，用瑟声间接告诉他下次不必再来。

17-21 宰我问："三年之丧，期已久矣！君子三年不为礼，礼必坏；三年不为乐，乐必崩。旧谷既没，新谷既升，钻燧改火，期可已矣！"子曰："食夫稻，衣夫锦，于女安乎？"曰："安！""女安则为之！夫君子之居丧，食旨不甘，闻乐不乐，居处不安，故不为也。今女安，则为之。"宰我出，子曰："予之不仁也！子生三年，然后免于父母之怀。夫三年之丧，天下之通丧也。予也，有三年之爱于其父母乎？"

译：宰我问孔子："守丧三年，期限好像久了些；君子三年不为礼，礼就要荒疏了，三年不为乐，乐就要堕失了；旧谷吃完，新谷又出来，打火用的木头经过一个轮回，一年就够了吧？"孔子说："三年期间，你吃好的稻米，穿好的衣服，你安心吗？"宰我回答："安心。"孔子说："安心你就去做吧；君子在守丧三年期间，吃好的不觉得味美，听音乐不觉得快乐，住在宫室里，也总觉得不安心，所以才守丧三年；如果你守丧一年觉得安心，你就去做吧。"宰我离开后，孔子说："宰我真是不仁呀；小孩生下来，三年后才离开父母的怀抱。三年的丧期，是社会上通行的丧期。宰予对父母有三年的爱心吗？"

注：钻燧改火：即钻木取火，其所取木头，四季有所不同，春用榆柳，夏用枣杏，秋用柞楢，冬用槐檀，一年一个周期。

说：这一则涉及孔子对道德的心理根基的看法，它恰好说明仁（安与不安的恻隐之心）是孝的根本，而不是孝为仁的根本。孔子道德哲学的根基在于人的心理直觉，基本上可以说，孔子是道德直觉主义，以情感为本位，道德要诉诸情感直觉。什么该做，什么不该做，西方的许多思想家依赖于逻辑的思辨。苏格拉底就说，人之所以会犯错，是因为他的无知。有时候好心做了坏事，因为他不知道自己做的是坏事。这种情况确实存在，但是好心做坏事的无心之失，我们未必会说那是道德上的过失。你是做了错事，但初衷是好的，所以顶多说你好心办坏事，不会说你这个人不是好人。康德的伦理学就着重探讨过动机对于道德的决定性。中国的思想家们觉得道德判断不需要太多的思辨，事情该不该做，没有说要先考量一番，推论一番，就靠着直觉，扪心自问，凭着良心，靠着良知良能这一天赋的本能直觉。

父母死掉了，为什么要守丧，而且是三年？宰我就展开了逻辑的思辨和考量。不论是农事生产，还是礼乐之用，三年的丧期都显得太久了。宰我是从道理上在思考。孔子则基于情感的直觉来说事，他质问宰我，父母去世，三年之内，锦衣玉食，喝酒吃肉，声色逸居，自己安不安心。宰我说能安心，然后孔子说，能安心那就按你安心的方式去做。也就意味着，在孔子看来，所有的礼制，都是依人情而发的，靠着人的感情直觉来制定了一些礼则。礼不是外在施加的束缚，它本身就是情感的外化。但孔子最终还是指责宰我不仁，他的理由是，小孩生出来，三年以内，主要都在父母怀抱里面长大。基于这样一个事实来确定守孝三年的丧期，理由确实有些牵强。但是"三年之丧，天下之通丧也"，这个理由就比较具有决定性了。古代社会的人不守三年之丧会不安心，这当然不是天生的，而是基于当时的习俗和文化氛围。因为大家都守丧三年，觉得那是应该，你突然不守三年，心里是会不安的。所以，安与不安，是受到了当时的习俗和文化氛围的影响的。道德的定性离不开社会心理。很明显，我们现在都不守丧三年了，也没几个人会觉得不安心，因而也就无所谓不道德。在孔子的年代，不守丧三年就会认为是不道德。正是由于社会的心理基础对于道德的决定性影响，所以孔子把道德的心理基础诉诸人心的安与不安才会有它的有效性。当然，道德直觉主义不能说是百分之百有效，不排除有特殊的复杂的情境，依靠安与不安的直觉难以判断道德的是非对错。而逻辑理性同样也不能百分之百有效，诉诸逻辑理性与诉诸良知本能，同样不能走到极端。安与不安里面本身蕴含有一定的逻辑理性的成分，逻辑理性也同样不能离开感性的直觉。就现实性而言，多数情况下，依靠良知的直感道德判断仍然是有效的。这种有效性甚至要超过逻辑理性的判断。逻辑的局限是很大的，尤其是在道德和审美的层面。越是诉诸逻辑的思辨，往往是越辩越乱，争论一出，是非无定。宰我对于三年之丧的质疑便是一例。非但三年之丧，就算是要不要扶老太太过马路这样简单的道德问题，如果完全诉诸逻辑推理，必定可以掀起各执一词、难以平息的是非争论。

17-22 子曰："饱食终日，无所用心，难矣哉！不有博弈者乎？为之犹贤乎已！"

译：孔子说："整天吃饱，无所事事，也很难过啊！不是还有六博和弈棋吗？玩一玩，比什么都不做要好呀！"

17-23 子路曰："君子尚勇乎？"子曰："君子义以为上。君子有勇而无义为乱，小人有勇而无义为盗。"

译：子路说："君子崇尚勇吗？"孔子说："君子以义为上。君子有勇而无义容易为乱，小人有勇而无义容易为盗。"

17-24 子贡曰："君子亦有恶乎？"子曰："有恶。恶称人之恶者，恶居下流而讪上者，恶勇而无礼者，恶果敢而窒者。"曰："赐也亦有恶乎？""恶徼以为知者，恶不孙以为勇者，恶讦以为直者。"

译：子贡说："君子也有厌恶的东西吗？"孔子说："有厌恶的东西。厌恶讲别人坏话的人，厌恶在下位而谤讪在其上位的人，厌恶有勇无礼的人，厌恶果敢而执拗不通的人。"孔子说："端木赐你呢，你有厌恶的东西吗？""厌恶剽窃他人而自以有智的人，厌恶不逊而自以为有勇的人，厌恶揭人隐私而自以为直的人。"

注：徼（jiāo）：抄袭、窃取。

17-25 子曰："唯女子与小人为难养也。近之则不孙，远之则怨。"

译：孔子说："小人和女人是最难相处的，亲近就对你不逊，疏远就对你怨恨。"

说：有人根据樊迟问学稼那一则，说孔子歧视劳动百姓。有人又根据这一则，说孔子歧视女性，把女人当作小人。同样地，我们首先要看一下孔子为什么会有这样的感慨。这里可以从侧面看到，孔子其实是不善于跟女人打交道的，他在女人面前有一种无奈，不能左右逢源，得心应手。孔子是至大至刚的一种人格，在女人面前，他有些捉襟见肘。他对女性的心理缺乏深入的了解，或者即使有深入的了解，但是不愿屈从迎合。现在的心理学对两性心理的差异已经有了比较深入的研究，把男性和女性的生理和心理差异研究得较为透彻。西方人对女性的认识，比中国人要早要深。中国人对于女性取得较为清楚的认识，是非常晚近的事情。中国的男性对女性的认识一直都比较粗浅。中国女性在传统社会确实是受压抑得多。古代中国的文化名人中女性占比极少，说明她们的聪明才智远没有被充分地发挥。

孔子对女性取得一个认识——"近之则不孙，远之则怨"。这是基于生活的经验。他发现小人也有这个特点。于是就把二者关联起来类比。他发现女人很难应付，小人也很难应付。"近之则不孙，远之则怨"，这个距离感是比较难把握的。孔子有这个感慨，乃是基于经验的事实。

孔子、孟子、子思都有离婚的记载，这是非常有意思的一个历史现象。《礼记·檀弓上》载："伯鱼之母死，期而犹哭。夫子闻之曰：'谁与哭者?'门人曰：'鲤也。'夫子曰：'嘻，其甚也!'伯鱼闻之，遂除之。"孔颖达注："时伯鱼母出，父在"。伯鱼就是孔鲤，孔子的儿子，他的母亲也就是孔子的妻子。"伯鱼母出"，就是说孔子和他妻子离婚了。事情可不可靠不好说，孔颖达是个大学者，他应该不会乱说，但是我们不知道他的依据何在。《荀子·解蔽篇》载："孟子恶败而出妻。"据此，则孟子也离过婚。《礼记·檀弓上》载："子上之母死而不丧。"郑玄注："子上，孔子曾孙，子思（伋）之子，名白，其母出。"据此，则孔子的孙子子思也离过婚。通过这些记载，我们可以看到，先秦的婚姻还是比较随性的，没我们想象得那般死板。我们也可以看到儒家的圣贤们在男女关系上的尴尬。

用儒家的教义来处理两性关系，往往都会碰钉子。《论语》讲到君主与臣下的关系，讲到父母跟子女的关系，讲到老师跟学生的关系，讲到朋友跟朋友的关系，但是几乎没有讲到男人跟女人的关系。汉代有所谓"三纲五常"。"三纲者，何谓也。谓君臣、父子、夫妇也。"（《白虎通义》）"五常之道，仁、义、礼、智、信也。"（《论衡》）三纲有夫妇的一维，但是不够深入，而且是男本位，以妻事夫，夫为妻纲。也就是说，中国古代社会男女之间的性别张力，是靠着牺牲女性来缓解的，女性依附于男性。中国古代社会以夫为妻纲，男女关系确实也达到一种和谐。古代的离婚率是非常低的，他们的家庭确实达到了一定的和谐。不离婚不单单是因为思想不开化，怕丢脸。而是他们确实达到了一种相对和谐的相处模式，能够在相互接受的范围内维持下去，没必要离。一个为主位，一个为次位，就不会有太多的冲撞，一定程度上确实能化解两性的张力。中国传统家庭的幸福指数也比我们现在要高。女性的一方牺牲了一些，因而达到了一种相对的和谐。但这种和谐是一种不平等的和谐。到了男女平等的现代社会，这种不平等的和谐就维持不下去了。由男权社会进入男女平等的社会，这种和谐就被打破了，而且新的和谐秩序尚未重建。这是对儒学现代化的一大考验，应该有充分的注意。

女性已经有了平等意识的觉醒，但是对于和谐的两性关系，男女两性都还没有足够的觉醒。倒不是意愿上觉醒不足，大家都希望和谐，但是怎么做才能和谐，需要培养和具备什么样的素质才能和谐，我们是尚未觉醒的。就事实而言，我们目前是还没有达到以前的和谐度的，所以斗争更加厉害了。这就给我们提出了新的挑战。如何在男女平等的前提下，保持男女关系的和谐，这就是一个新的问题。这个问题传统儒家没有解决，新思想也没有解决。理论上也没有解决，事实上没有解决。当然解决也是相对的，因为每个个体差异都很大。从思想上到底能不能解决，这也是个问题。或许永远不可能解决，也可能会有一些更好的解决办法，比如某一种思想风行开来，或许能有助于促进两性关系的和谐。这只能说是抱着一种乐观的信心。时代需要有这样的思想出现，我们是非常期待的。

17-26 子曰："年四十而见恶焉，其终也已！"

译：孔子说："到了四十岁还被厌恶，这种人也就差不多完了。"

微子第十八

18-1 微子去之，箕子为之奴，比干谏而死。孔子曰："殷有三仁焉。"

译：微子选择了离开，箕子选择了充当奴隶，比干选择了进谏而死。孔子说："殷朝有三个仁人。"

18-2 柳下惠为士师，三黜。人曰："子未可以去乎？"曰："直道而事人，焉往而不三黜？枉道而事人，何必去父母之邦？"

译：柳下惠为典狱官，三次被罢黜。有人问："你为什么不离去呢？"回答说："以正直之道办事，到哪里不都要被多次罢黜？以枉曲之道办事，又何必离开自己的祖国呢？"

18-3 齐景公待孔子曰："若季氏则吾不能，以季、孟之间待之。"曰："吾老矣！不能用也。"孔子行。

译：齐景公说到孔子的待遇："我不能像对待季氏那样对待他，可以用介于季氏和孟氏之间的待遇。"又说："我老了，不能用他了。"孔子于是离开了。

18-4 齐人归女乐，季桓子受之，三日不朝，孔子行。

译：齐人送来歌姬舞女，季桓子接受了，三天不上朝。孔子于是离开了。

18-5 楚狂接舆歌而过孔子曰："凤兮！凤兮！何德之衰？往者不可谏，来者犹可追。已而！已而！今之从政者殆而！"孔子下，欲与之言。趋而辟之，不得与之言。

译：楚国狂人接舆从孔子的车子边走过，嘴里唱着歌："凤啊！凤啊！世德怎么衰颓到这般地步了呢？已经发生的不能再劝谏了，还没发生的却来得及。算了吧！算了吧！现在从政的那些人都是倾危之人啊！"孔子从车子上下来，想和他交谈。接舆小步快走避开了孔子,孔子不得和他交谈。

18-6 长沮、桀溺耦而耕。孔子过之,使子路问津焉。长沮曰:"夫执舆者为谁?"子路曰:"为孔丘。"曰:"是鲁孔丘与?"曰:"是也。"曰:"是知津矣!"问于桀溺,桀溺曰:"子为谁?"曰:"为仲由。"曰:"是鲁孔丘之徒与?"对曰:"然。"曰:"滔滔者,天下皆是也,而谁以易之?且而与其从辟人之士也,岂若从辟世之士哉?"耰而不辍。子路行以告,夫子怃然曰:"鸟兽不可与同群!吾非斯人之徒与而谁与?天下有道,丘不与易也。"

译: 长沮、桀溺两人并头而耕,孔子路过,让子路去向他们问路。长沮说:"那个在车上执着马绳的人是谁?"子路说:"是孔丘。"长沮说:"是鲁国的孔丘吗?"子路说:"是的。"长沮说:"那他自己该知道路吧。"子路又问桀溺。桀溺说:"你是谁?"子路说:"我是仲由。"桀溺说:"是鲁国孔子的学生吗?"子路回答:"是的。"桀溺说:"像滔滔洪水一样的到处都是,你们和谁一起去改变它呢?你为什么选择追随那避人的人,而不选择跟随我这样避世的人呢?"说完继续不停地耕种。子路把事情经过告诉了孔子。孔子怅然而叹:"鸟兽是不能和它同群的,我不和这群人同群,我和什么人同群呢?如果天下真的太平,我就不需要掺和到里面了。"

说: 这个事件大概发生在现在武汉的新洲,新洲有问津书院,据说始建于西汉时期,被称为中国最古老的"大学",曾与岳麓书院、东林书院、白鹿洞书院齐名。先秦时期,荆楚一带分散有较多的隐者。上一则的狂人接舆即楚国隐者。老子和老庄的思想就萌发在荆楚这一带。荆楚巫祝文化盛行,自然环境多丘陵多山,多江河湖泊,易诞生浪漫气息浓厚、充满神仙幻想的思想和文化。

隐者一般而言是很超脱很平淡的,但是我们看到的先秦的很多隐者,身上都有很多棱角,有些甚至还有点小心眼。隐逸文化催生的人格,一方面很自由、很超脱,一方面很冷峻、很傲慢,有时候还有点小心眼,容不下许多事。道家超脱于现实之上,有非常强烈的批判现实的一面。庄子的批判是比较宏大的,站位很高,如果得其末不得其本,很容易变得小心眼,大事小事都看不顺眼,这就因药成病了。"是知津矣",这玩笑就开得有点小心眼,没有大气象。人家来问路,得知是孔丘,就要损他一下,讽刺他能耐大就应该知道怎么走,硬是不告诉他怎么走。

18-7 子路从而后,遇丈人,以杖荷蓧。子路问曰:"子见夫子乎?"丈人曰："四体不勤，五谷不分，孰为夫子？"植其杖而芸。子路拱而立。止子路宿，杀鸡为黍而食之，见其二子焉。明日，子路行以告。子曰："隐者也。"使子路反见之。至则行矣。子路曰："不仕无义。长幼之节，不可废也；君臣之义，如之何其废之？欲洁其身而乱大伦！君子之仕也，行其义也。道之不行，已知之矣！"

译： 子路追随孔子一行人，却落在了后面，途中遇到一个老人，用拐杖挑着除草的工具。子路问："老人家，看到过我的老师吗？"老人说："四肢不勤劳，五谷还不能区分，哪里知道谁是你老师？"说完便立住手杖，到田里去耕地。子路拱手站立在旁边。老人留子路过夜，杀鸡做饭给子路吃，并让自己的两个儿子出来拜见。第二天，子路赶上了孔子，并把事情告诉了他。孔子说："真是隐者啊。"孔子让子路再回去拜见老人。子路到了老人那里，老人已经离开了。子路说："不出仕是不义的。长幼礼节，不能废弃；君臣之义，又怎么能废弃呢？想保持自身的贞洁，却乱了大伦。君子出来做官，只是行其所宜。至于道不能推行，我们早就知道的。"

说： 隐者抨击儒生们"四体不勤，五谷不分"。读书人为什么不从事体力劳动，这是个很有意思的话题。孟子专门对这个问题做了回应。他对脑力劳动和体力劳动分工的合理性做出了一定的阐释。从孟子的逻辑出发，社会的产生以及政治权力的形成就有了合理性。而这种合理性，在道家那里是得不到承认的。不要劳动分工，谁都不要依赖谁，因而谁都不要剥削谁，不要社会，也不要政治，不要讲什么脑力劳动和体力劳动的分工。自耕自种，自给自足，谁都不要剥削谁。所以我们可以看到，隐者往往有个特点，他们一定是自己耕种。根源也就在这个地方。如果不自己耕种，吃的东西从哪里来？如果要依赖别人，社会就必定产生，政治的压迫和经济的剥削就必然产生。个体必须要独立起来，才能真正从根子上讲自由。必须要自己耕种，最基本的吃的东西一定靠自己亲力亲为。所以，那些隐者隐居起来都会从事耕种，靠自耕来维持生存。如果要靠着别的什么手艺活来隐居，那就不彻底。不会说靠给别人修一下瓦、补一下墙，或者别的什么手艺，然后换点钱或者换点粮食来维持生计。这样一搞，整个社会就又会被牵扯出来，社会的体制也就被牵扯出来，政治权力也一定会牵扯出来。如此，隐者（道家）反对儒家礼制的根基也就不复存在。唯一的办法就是自耕自种，自给自足，只有这样才能从根子上把道家所批判的政治和社会制度给消解掉。

孔子为什么一听子路的转述就知道荷蓧丈人不是农夫而是隐者呢？因为不是隐者，就说不出来那样的话来。通过丈人的批判言辞，孔子可以判断那丈人是有一定文化修养的隐者。

18-8 逸民：伯夷、叔齐、虞仲、夷逸、朱张、柳下惠、少连。子曰："不降其志，不辱其身，伯夷、叔齐与！"谓："柳下惠、少连，降志辱身矣！言中伦，行中虑，其斯而已矣。"谓："虞仲、夷逸隐居放言，身中清，废中权。我则异于是！无可无不可。"

译：遗逸的人有：伯夷、叔齐、虞仲、夷逸、朱张、柳下惠、少连。孔子说："不降低自己的志向，不辱没自己的身份的，有伯夷、叔齐。"又说："柳下惠、少连，降低志向，辱没身份，但言语合乎伦理，行为符合思虑，能如此也就算了。"又说："虞仲、夷逸隐居而放弃自己的言论，他们自身能清廉，废弃也能合乎权衡。我和他们不一样，我没有什么一定可以，没有什么一定不可以。"

18-9 大师挚适齐，亚饭干适楚，三饭缭适蔡，四饭缺适秦，鼓方叔入于河，播鼗武入于汉，少师阳、击磬襄入于海。

译：大师挚去了齐国，亚饭干去了楚国，三饭缭去了蔡国，四饭缺去了秦国。打鼓的方叔到了黄河边，摇小鼓的武去到了汉水边，伴奏的阳、敲磬的襄去到了海滨。

说：以上统统都是官方乐队中各司一职的人物。天下大乱的时候，运转礼乐的那些人员也就散播到四方去了。这是天下大乱、礼崩乐坏的一个表征。

18-10 周公谓鲁公曰："君子不施其亲，不使大臣怨乎不以。故旧无大故，则不弃也，无求备于一人。"

译：周公对鲁公说："君子不怠慢他的亲人，不让臣下报怨没被重用。老臣旧人没有大的过错，就不要废弃。不要对一个人责备求全。"
注：施：弛，怠慢。

18-11 周有八士：伯达、伯适、仲突、仲忽、叔夜、叔夏、季随、季骈。

译：周代有八个士君子：伯达、伯适、仲突、仲忽、叔夜、叔夏、季随、季骈。

子张第十九

《子张》篇应该是孔子去世后，孔子的再传弟子们记载的孔子弟子的相关言行与事迹。《子张》篇有一半都与子夏有关，许多甚至直接记载子夏的言论。我们可以推想，《子张》篇可能是出自子夏的门人之手。

19-1 子张曰："士见危致命，见得思义，祭思敬，丧思哀，其可已矣。"

译：子张说："读书人在危难面前可以献出生命，在利益面前便考虑是否应得。祭祀注重肃敬，丧事注重哀情，这样就可以了。"

19-2 子张曰："执德不弘，信德不笃，焉能为有？焉能为亡？"

译：子张说："执守道德却不能光大，相信道德却不能坚定，怎么算是有？怎么算是没有？"

19-3 子夏之门人问交于子张。子张曰："子夏云何？"对曰："子夏曰：'可者与之，其不可者拒之！'"子张曰："异乎吾所闻！君子尊贤而容众，嘉善而矜不能。我之大贤与，于人何所不容？我之不贤与，人将拒我，如之何其拒人也？"

译：子夏的学生向子张请教交友之道。子张说："子夏是怎么讲的呢？"子夏的学生回答："子夏说：'可以交往的就同他交往，不可以交往的就拒绝与他交往。'"子张说："我所学到的交友之道和这有些差异啊，'君子尊重贤能的人而又能包容普通的人，能褒赞有长处的人而又能鼓励没长处的人。'我如果真是大贤，对什么人不能包容呢？如果我不够贤能，别人或许就会拒绝我，那还轮得到我去拒绝别人吗？"

说：这一则可以透露出信息，孔子应该是去世了。子夏的门人问子张交友

239

之道，为什么不去问孔子呢？应该是孔子不在了，就问老师的同门，看看有没有什么不同的说法。子张就问子夏的弟子，子夏是怎么说的，这里就是相互切磋了。子夏的态度是"可者予之，其不可者拒之"，子张的态度是"君子尊贤而容众，嘉善而矜不能"。子夏和子张的态度是不一样的，那么哪一个高明一些？一个往左边打，一个往右边打，无所谓高低。子夏和子张其实关注的点是不一样的，他们的着眼点不一样，两人的态度都能从孔子那里找到依据。不要听到子张那样一说，就好像觉得子夏不对。子夏讲的也有他的道理，因为孔子有一个原则，就是择人而交，择世而处。有些人适合交往的就多交往，不适合交往的就不太交往。道不同，不相为谋，孔子的这个原则在《论语》的许多处都有体现。子张讲的是能不能容众的问题，那些才能一般，甚至才能低下的人，能不能包容他们？那当然要包容，这个肯定也符合孔子的教义。子夏和子张讲的不是一个层面。所以不能以非此即彼的眼光看问题。两个人在争论的时候，争论的是不是同一个点，这个特别要注意，要不然很多时候会做无谓之争。

19-4 子夏曰："虽小道，必有可观者焉，致远恐泥，是以君子不为也。"

译：子夏说："即便是小道，也一定有它的可观之处，但是小道钻研得精深了，就容易偏颇拘泥，所以君子不做钻研小道这种事情。"

说：再琐碎、再细枝末节的东西，里面都会有许多门道。但在这些方面花费太多精力，就会在人格修养上有所偏离，妨碍钻研大道。这种观念对中国人对待艺术的态度有较大影响。琴、棋、书、画，都可以消遣，孔子也讲了，吃饱了饭，闲着没事干的时候，下下棋也是很好的。但是不能太过于钻研，钻研得太深了，就会偏离大道。这观念要辩证地看待。它的好处就是可以引导我们发挥健全的人性，在专业化越来越精细的当代社会，艺术也好，其他任何专业也好，已经太专门了。结果就如西方思想家们所说，我们健全的人性被撕裂了，逐渐成为单向度的人。完全全面是不可能的，但是有相对的全面，德性、审美、宗教，就人的心性来说，是比科学与技术要全面一些的。没有健全的心性，便成为一个机器人，成为社会大机器的一颗螺丝钉，没有个体独立的价值。没有获得感，没有幸福感，没有价值感。所以钻研专业的同时，一定不能忽视了健全的人性。就此而言，子夏的提点也就有价值。但其缺点就是易导致对技能的忽视。重道不重技的观念对古代中国科学技术的发展就起到较大的阻碍作用。

中国科学不发达，不是中国人能力不行，这与古代知识分子的思想观念有着决定性的干系。不单是儒家，道家、佛家都对科学技术有一定的排斥。所以任何事情要看到它的利弊，看到它的两面性。就像子夏的这样一句话，它同时可以起到积极和消极的作用。在急切需要发展科学技术的年代，这句话的消极作用就会彰显。反之，在专业分工极度精细专门、人性逐渐被异化的当代社会，这句话的积极意义就又开始彰显。

19-5 子夏曰："日知其所亡，月无忘其所能，可谓好学也已矣。"

译：子夏说："每日知道一点自己所没掌握的，每月不忘掉自己所掌握的，这就算是好学了。"

19-6 子夏曰："博学而笃志，切问而近思，仁在其中矣。"

译：子夏说："学习广博，志向坚定，切实地发问，踏实地思考，仁德就体现在其中了。"

19-7 子夏曰："百工居肆以成其事，君子学以致其道。"

译：子夏说："工人们浸泡在制造场所，以做好他们的事情，君子则浸泡在学习中，以达成道。"

19-8 子夏曰："小人之过也必文。"

译：子夏说："小人犯了过错，也一定要文饰一番。"

19-9 子夏曰："君子有三变：望之俨然，即之也温，听其言也厉。"

译：子夏说："君子有三个变化：远远看去感到他很庄严可畏；接近他却感到他的温和可亲；听他的言论又感觉他很严厉不苟。"

19-10 子夏曰："君子信而后劳其民，未信则以为厉己也；信而后谏，未信，则以为谤己也。"

译：子夏说："君子取信于民而后才劳使其民，如果尚未取信就劳使，那么百姓就会觉得是在折腾他们。取信于人而后才向人进谏，如果尚未取信而进谏，别人会以为是在诬谤自己。"

19-11 子夏曰："大德不逾闲，小德出入可也。"

译：子夏说："德行大的方面不逾越界限，小的地方有所出入也是可以的。"

19-12 子游曰："子夏之门人小子，当洒扫应对进退则可矣。抑末也，本之则无，如之何？"子夏闻之，曰："噫，言游过矣！君子之道，孰先传焉？孰后倦焉？譬诸草木，区以别矣。君子之道焉可诬也？有始有卒者，其惟圣人乎！"

译： 子游说："子夏的门人后生们，可以做一些打扫门庭、接待宾客、应对进退的事情，只不过是些细枝末节，根本却还没有立住，这怎么行呢？"子夏听说了，说："噫！子游说得不对呀！君子之道，哪些是先传授的？哪些又是后传授的？就像草木，只不过为了区别（才有所谓的本和末）。君子之道，可以枉诬吗？有始有终的，只有圣人了吧！"

说： 子夏的学问比较琐碎，他比较具体，也比较笃实，继承了孔子日常化的一面。这一点从前面子夏的言论中大体可以认识到一个梗概。这一则就有比较集中的体现了。子游评价子夏的门人，说让他们做一些诸如打扫门庭、接待宾客的琐碎事还可以，但是也只能做些细枝末节的事情，根本却还没立住。按子游的思想，要讲仁德，就要从天道和人性出发，抓住最根本之处，再来讲细枝末节。从子游的这个批判，可以看到子夏的学术风范。子夏治学和修身的路径，可能有点接近朱熹的格物致知，从一件一件具体的事情上去格，最后通达于大道。王阳明的方法刚好相反，自上而下，直指本心。把良知良能握住了，其他势如破竹，都不在话下。子夏听到了子游的批判，就出来辩驳，并提出一个问题：君子之道，哪些在先，哪些在后？要说先立住本，本和末能区分开来吗？本里面有末，末里面有本，就像草木，本末原本一体，只不过为了区别才有所谓的本和末，没有离本之末，也没有离末之本。有始有终，本末俱全的，只有圣人才能做到。至于常人，总是只能在本和末这两端各执一偏。总是有个先后，总得有个方法和侧重，这个顺序和侧重，总是有所偏颇，那么到底谁对谁错，哪个当先，哪个当后？自上而下也可以，自下而上也可以。两头俱足，就达到圣人的境界了。子夏教学生，就从细枝末节入手，打扫应对，更加切近实际，更加容易上手。会把自己家里的东西收拾得干干净净，那么做事情慢慢地就会有条理，慢慢地就会懂得孝顺，懂得忠信，等等。这里也不好说子游和子夏孰优孰劣，方法和路径本身无好坏，不同对象，不同情境，就会有不同的方法。

19-13 子夏曰："仕而优则学，学而优则仕。"

译：子夏说："做官有余力就去学习，学习有余力就去做官。"

注：优：有余力。

19-14 子游曰："丧致乎哀而止。"

译：子游说："丧事只要极尽了哀情也就可以了。"

19-15 子游曰："吾友张也，为难能也！然而未仁。"

译：子游说："我的朋友子张，算是难能可贵的了，但还算不上仁。"

19-16 曾子曰："堂堂乎张也，难与并为仁矣。"

译：曾子说："子张真是高大堂皇呀，很难和他一起追求仁道。"

19-17 曾子曰："吾闻诸夫子：人未有自致者也，必也亲丧乎！"

译：曾子说："我听先生说：人没有能自己竭尽其情的，有的话一定是遇到了父母之丧。"

19-18 曾子曰："吾闻诸夫子：孟庄子之孝也，其他可能也，其不改父之臣，与父之政，是难能也。"

译：曾子说："我听先生说：'孟庄子的孝，其他方面或许可以达到，在不更改父亲的臣僚，不更改父亲的政事方面，是很难达到的。'"

19-19 孟氏使阳肤为士师，问于曾子。曾子曰："上失其道，民散久矣！如得其情，则哀矜而勿喜。"

译：孟氏让阳肤做典狱官，阳肤向曾子请教。曾子说："在上位的失道，民心涣散已经很久了！如果能审出实情，就要哀怜同情，不要自喜明察。"

19-20 子贡曰："纣之不善，不如是之甚也。是以君子恶居下流，天下之恶皆归焉。"

译：子贡说："纣王的罪恶，没有大家说得那么严重。所以君子憎恶居处下流之地，一旦居处在下流之地，天下的罪恶就都流归到你那里去了。"

19-21 子贡曰："君子之过也，如日月之食焉。过也，人皆见之；更也，人皆仰之。"

译：子贡说："君子的过错，就好像日食和月食，有过错了，大家都会看见；一旦改过了，大家又都仰望。"

19-22 卫公孙朝问于子贡曰："仲尼焉学?"子贡曰："文武之道，未坠于地，在人。贤者识其大者，不贤者识其小者，莫不有文武之道焉。夫子焉学? 而亦何常师之有?"

译：卫国的公孙朝问子贡说："仲尼的学问从哪里学来?"子贡说："文武之道，还没有坠落失传，尚在人间。贤能的人学得其中的大端，不那么贤能的人学得其中的末节。无处不有文武之道。先生哪里不能学? 又哪里有固定的师法对象呢?"

19-23 叔孙武叔语大夫于朝曰："子贡贤于仲尼。"子服景伯以告子贡，子贡曰："譬之宫墙，赐之墙也及肩，窥见室家之好；夫子之墙数仞，不得其门而入，不见宗庙之美、百官之富。得其门者或寡矣，夫子之云不亦宜乎!"

译：叔孙武叔在朝堂上对官员们说："子贡要比仲尼贤能。"子服景伯把这话告诉了子贡。子贡说："这就好比房屋的围墙，我的墙只有肩膀那么高，可以看到我房屋里面的华丽；先生的围墙有几仞高，没有从他的正门进入，就根本看不到他里面的宗庙之美、百官之富。能从他家正门而入的人是很少的。武叔先生说这样的话，也是很正常的。"

19-24 叔孙武叔毁仲尼。子贡曰："无以为也! 仲尼不可毁也。他人之贤者，丘陵也，犹可逾也；仲尼，日月也，无得而逾焉。人虽欲自绝，其何伤于日月乎? 多见其不知量也!"

译：叔孙武叔诋毁孔子。子贡说："不要这样啊，仲尼不可以诋毁的。别人的贤能就好像丘陵，可以被超越；仲尼，就好比日月，没有办法超越。人要自己避开太阳月亮，这对于太阳月亮又有什么伤害呢? 只是让人看到他的不自量罢了。"

19-25 陈子禽谓子贡曰："子为恭也，仲尼岂贤于子乎?"子贡曰："君子一言以为知，一言以为不知，言不可不慎也。夫子之不可及也，犹天之不可阶而升也。夫子之得邦家者，所谓立之斯立，道之斯行，绥之斯来，动之斯和。其生也荣，其死也哀，如之何其可及也?"

译：陈子禽对子贡说："你是谦恭了，仲尼怎么能比你更贤能呢？"子贡说："一句话就可以表现一个人的智识，一句话也可以表现一个人的不智，所以说话不可以不慎重。夫子的高大不可及，正像天空不能够顺着梯子爬上去一样。夫子如果得到邦国的重用，那就会像人们说的那样，教百姓立于礼，百姓就会立于礼，要引导百姓，百姓就会跟着走；安抚百姓，百姓就会归顺；动员百姓，百姓就会齐心协力。（夫子）活着是十分荣耀的，（夫子）死了是极其可惜的。我怎么能赶得上他呢？"

说：连续四则，都是表达子贡对孔子人格的膜拜。通过子贡的言论，可以看到孔子的人格在当时对他的学生们造成了多大的感染力。这种人格的感染力可以穿透时空，隔着两千多年再来读《论语》，孔子的人格感染仍然在发生效力。那些直接受到他的教育，整天跟他在一起相处的学生们，受他的感染更是巨大。这人格力量独一无二，很难有超越这种人格力量的存在。整个中国两千多年，出现了那么多文人，那么多思想家，诸如李白、苏东坡、朱熹这些人，跟孔子比起来，那还是相差好远的。孟子被后人视为亚圣，从他的文字和言论中，仍然可以感觉到，其人格境界与孔子的人格境界还是差了较大一截。

尧曰第二十

20-1 尧曰："咨！尔舜，天之历数在尔躬。允执其中。四海困穷，天禄永终。"舜亦以命禹。

曰："予小子履，敢用玄牡，敢昭告于皇皇后帝：有罪不敢赦。帝臣不蔽，简在帝心。朕躬有罪，无以万方；万方有罪，罪在朕躬。"

周有大赉，善人是富。

"虽有周亲，不如仁人。百姓有过，在予一人。"

谨权量，审法度，修废官，四方之政行焉。兴灭国，继绝世，举逸民，天下之民归心焉。所重：民、食、丧、祭。宽则得众，信则民任焉，敏则有功，公则说。

译：尧说："呀！你，舜！上天的命数已经降落到你的身上了。牢牢把握住中庸之道！如果天下百姓遭受困厄贫穷，你的天数也就结束了。"舜又把这话交托给禹。

（汤）说："我小子履，谨用黑色牡牛作祭，禀告于皇皇上天：如果有罪恶，不敢请求赦免。上帝的臣民不能遮蔽隐瞒，上帝心中一切明了！我自己有罪，与天下百姓无关；天下百姓有罪，罪责在我一人。"

周朝大赐，使善人都富贵起来。

"虽有至亲，却不如有仁人；老百姓有罪过，罪过都归我一人。"

谨慎制定度量衡，审查法律制度，废弃的官职重新修立，天下的政事就能得到推行。复兴被灭亡的国家，延续快断绝的后代，推举隐逸的人才，天下的百姓就会归心了。需要注重的有：人民、粮食、丧礼、祭祀。宽厚则赢得大众，诚实就能得到信任，机敏就能有所成功，公正则人心服悦。

20-2 子张问于孔子曰："何如斯可以从政矣？"子曰："尊五美，屏四恶，斯可以从政矣。"子张曰："何谓五美？"子曰："君子惠而不费，劳而不怨，欲而不贪，泰而不骄，威而不猛。"

子张曰："何谓惠而不费？"子曰："因民之所利而利之，斯不亦惠而不费乎？择可劳而劳之，又谁怨？欲仁而得仁，又焉贪？君子无众寡，无小大，无敢慢，斯不亦泰而不骄乎？君子正其衣冠，尊其瞻视，俨然人望而畏之，斯不亦威而不猛乎？"

子张曰："何谓四恶？"子曰："不教而杀谓之虐；不戒视成谓之暴；慢令致期谓之贼；犹之与人也，出纳之吝，谓之有司。"

译：子张向孔子求教："怎么样才可以从政？"孔子说："尊崇五美，摒除四恶，就可以从政了。"子张问："什么是五美？"孔子说："君主给人恩惠却不费损，能驱动百姓却又不招致怨言，有所求但又不贪婪，庄重但又不骄傲，威严但又不凶猛。"

子张问："怎样算是给人恩惠却不费损？"孔子说："就着百姓的利益而施与利益，这不就是给人恩惠却不费损吗？选择可以驱使的驱使，又有谁会怨恨呢？求仁而得仁，又怎么算是贪婪呢？君子待人，不论人多人少，不论是大事小事，都不敢怠慢，这不就是庄重而不骄傲吗？君子端正衣服和帽子，正目而视，俨然自重，别人看着心生敬畏，这不就是威严但又不凶猛吗？"

子张问："什么是四恶？"孔子说："不教育便刑杀，谓之虐；不先告诫而只看结果，谓之暴；命令懈怠而突然限期，谓之贼；同样是要给人的，但在出手之际吝啬，谓之有司。"

注：有司：管事者，地位卑微，此处意谓小家子气。

20-3 孔子曰："不知命，无以为君子也；不知礼，无以立也；不知言，无以知人也。"

译：孔子说："不知道天命，就不能成为君子；不知道礼，就不能立身；不知道一个人的言论，就无从知道这个人。"